21 世纪高等学校
经济管理类规划教材
高校系列

U0585551

EXCEL IN ACCOUNTING AND FINANCIAL MANAGEMENT

Excel 在会计和财务管理中的应用

+ 崔婕 主编
+ 姬昂 崔杰 副主编

ECONOMICS AND MANAGEMENT

人民邮电出版社
北京

图书在版编目（CIP）数据

Excel在会计和财务管理中的应用 / 崔婕主编. --
北京：人民邮电出版社，2014.12（2018.7重印）
21世纪高等学校经济管理类规划教材. 高校系列
ISBN 978-7-115-35972-8

Ⅰ. ①E… Ⅱ. ①崔… Ⅲ. ①表处理软件－应用－会
计②表处理软件－应用－财务管理 Ⅳ. ①F232
②F275-39

中国版本图书馆CIP数据核字(2014)第134368号

内 容 提 要

　　本书以图文并茂的方式，结合大量实例和详尽的操作步骤说明，向读者全面地介绍了 Excel 2010 在会计核算与财务管理中的具体运用。本书共分三大部分：第一部分由浅入深地介绍了 Excel 2010 的基础知识；第二部分介绍了如何利用 Excel 2010 对会计日常账务核算进行处理；第三部分介绍了如何利用 Excel 2010 进行企业常见的资产管理以及财务分析等。

　　本书实例丰富、针对性强，既可以作为高等院校信息系统、信息管理专业、会计电算化及相关专业的教材，又可作为 Excel 会计应用的培训教材，也可以作为广大 Excel 使用者的参考书。

◆ 主　　编　崔　婕
　　副主编　姬　昂　崔　杰
　　责任编辑　许金霞
　　责任印制　彭志环

◆ 人民邮电出版社出版发行　　北京市丰台区成寿寺路 11 号
　　邮编　100164　　电子邮件　315@ptpress.com.cn
　　网址　http://www.ptpress.com.cn
　　三河市君旺印务有限公司印刷

◆ 开本：787×1092　1/16
　　印张：17　　　　　　　　2014 年 12 月第 1 版
　　字数：456 千字　　　　　2018 年 7 月河北第 5 次印刷

定价：37.00 元

读者服务热线：(010)81055256　印装质量热线：(010)81055316
反盗版热线：(010)81055315
广告经营许可证：京东工商广登字 20170147 号

前言 Preface

Excel 是 Office 系列软件中用于创建和维护电子表格的应用软件，它不仅具有强大的制表和绘图功能，而且还内置了数学、财务、统计和工程等多种函数，同时也提供了数据管理与分析等多种方法和工具。通过它可以进行各种数据处理、统计分析和辅助决策操作，因此被广泛地运用于财务、会计、管理工作等方面。

本书以图文并茂的方式，结合大量实例和详尽的操作步骤说明，向读者全面地介绍了 Excel 2010 在会计和财务管理中的具体运用。本书共分三大部分：第一部分由浅入深地介绍了 Excel 2010 的基础知识；第二部分介绍了如何利用 Excel 2010 对会计日常账务核算进行处理；第三部分介绍了如何利用 Excel 2010 进行企业常见的资产管理以及财务分析等。各章的具体内容如下。

第 1～2 章主要让读者了解 Excel 2010 的工作界面，掌握单元格和工作表编辑的操作方法，掌握公式、函数等功能在 Excel 中的应用；第 3 章在读者掌握基本知识的基础上，介绍了 Excel 数据管理与分析、Excel 的图表、Excel 图形与艺术字等高级功能的使用，使读者对 Excel 的掌握再上一个新台阶；第 4～6 章结合会计工作的账务处理程序，分别讲解了如何利用 Excel 编制会计凭证、登记账簿和编制会计报表等；第 7 章是运用 Excel 进行会计核算的综合案例，通过这些案例，读者对使用 Excel 进行会计核算会有更深入、更全面的认识；第 8 章介绍了利用 Excel 管理应收账款，主要包括对现有应收账款统计、对逾期应收账款进行分析以计提坏账准备等；第 9 章介绍了 Excel 在工资账务处理流程中的应用，主要包括工资数据的查询、汇总分析等；第 10 章介绍了 Excel 在固定资产管理的运用，主要包括如何计算固定资产的累计折旧、账面价值等；第 11 章介绍了 Excel 针对编制完成的财务会计报表进行财务分析的应用，主要包括利用 Excel 对企业财务报表进行比率分析、趋势分析、比较分析和综合财务分析等。

本书实例丰富、针对性强，既可作为高等院校信息系统、信息管理专业、会计电算化及相关专业的教材，又可作为 Excel 会计应用的培训教材，也可以作为广大 Excel 使用者的参考书。

本书为河南省高等学校青年骨干教师资助计划（课题号码：2014GGJS—154）阶段性成果，是多人智慧的结晶。编者都是从事多年教学工作并有丰富实践经验的老师。本书由崔婕担任主编，负责大纲拟定、全书总纂，姬昂、崔杰担任副主编。具体编写分工如下：崔杰编写第1、2、9章；崔婕编写第3~6章；姬昂编写第7、8、10、11章。除以上编者外，本书编纂工作还得到了高光辉、董帅、付强等人的支持与帮助，在此特向他们表示感谢。在本书的编写过程中，参考了一些相关著作和文献，在此向这些著作文献的编者深表感谢。

由于编者水平有限，本书难免存在不足之处，欢迎广大读者批评指正。

编　者

2014 年 5 月

目 录 Contents

Excel 概述 | 第1章

Excel 是微软公司开发的用于进行图表数据处理的工具，是目前市场上最强大的电子表格制作软件，它和 Word、PowerPoint、Access 等软件一起，构成了 Microsoft Office 办公软件的完整体系。Excel 不仅具有强大的数据组织、计算、分析和统计功能，还可以通过图表、图形等多种形式把处理结果形象地显示出来，并且能够方便地与 Office 其他软件互相调用数据，能够通过 Internet 功能实现资源共享。Excel 自发布以来得到了广大用户的普遍认可，至今已发布了多个版本，本书以 Excel 2010 为基础来介绍相关内容。

对于未曾用过 Excel 的用户来说，第一次运行 Excel 时，一定会因不熟悉 Excel 的界面、菜单栏和工具栏而不知所措。本章的主要目的便是帮助初学者建立对 Excel 的感性认识。实际上，Excel 的工作界面与 Office 系列的其他软件的工作界面类似。如果你曾经用过 Office 的其他软件，那么就可以轻松掌握本章内容。

学习目标

- 认识 Excel 的工作界面
- 熟悉自定义工作环境

1.1 | Excel 的工作界面

随着计算机对人类社会的全方位渗透，面向各行各业的计算机应用应运而生。电子报表软件为人们提供了一种高效的数据通信、组织、管理和分析工具，备受众人瞩目。作为办公自动化不可缺少的 Excel 正是其中的佼佼者。

Excel 2010 的工作界面主要由标题栏、"文件"按钮、功能区、名称框、编辑栏、工作区和滚动条等部分组成，如图 1-1 所示。

图 1-1　Excel 2010 的工作界面

1.1.1 标题栏

标题栏位于 Excel 窗口的最上方，用于显示当前工作簿和窗口名称，由控制菜单图标、快速访问工具栏、工作簿名称和控制按钮等组成，如图 1-2 所示。标题栏的最右端是对 Excel 窗口进行操作的 3 个按钮，分别为"最小化"按钮 −、"最大化"/"还原"按钮 □ 和"关闭"按钮 ×，单击相应按钮即可对窗口进行相应的操作。

图 1-2　标题栏

1.1.2 快速访问工具栏

图 1-3　快速访问工具栏

快速访问工具栏是 Excel 左上角一个工具栏，其中包含"保存"按钮 □、"撤销"按钮 ↶ 和"恢复"按钮 ↷ 等。图 1-3 所示为快速访问工具栏。

快速访问工具栏可以放置在功能区的下方。右击快速访问工具栏，在弹出的快捷菜单中选择"在功能区下方显示快速访问工具栏"命令，如图 1-4 所示，快速访问工具栏将移动到功能区的下方，效果如图 1-5 所示。

图 1-4　"在功能区下方显示快速访问工具栏"命令　　　图 1-5　快速访问工具栏移动到功能区的下方

单击快速访问工具栏右侧的"自定义快速访问工具栏"按钮 ▾，在弹出"自定义快速访问工具栏"菜单如图 1-6 所示，选择"在功能区下方显示"命令，也可以将快速访问工具栏移动到功能区下方。

图 1-6　自定义快速访问工具栏

1.1.3 "文件"按钮

在 Excel 2010 中添加了"文件"按钮。单击"文件"按钮，将打开"文件"面板（Microsoft Office Backstage），Microsoft Office Backstage 视图取代了传统的文件菜单，用户只需通过单击鼠标，即可执行与工作簿相关的各项操作，如图 1-7 所示。

图 1-7 "文件"面板

1.1.4 功能区

Excel 2010 放弃了沿用多年的下拉菜单，将各个命令经过精心的组织，以功能区全新的面貌出现。功能区位于标题栏的下方，由一排选项卡组成较宽的带形区域，其中包含各种按钮和命令，如图 1-8 所示。默认情况下，功能区由文件、开始、插入、页面布局、公式、数据、审阅、视图和加载项 9 个选项卡组成。

图 1-8 功能区

各选项卡的名义如下。

（1）选项卡：每个选项卡代表在 Excel 中或者执行的一组的核心任务，如图 1-9 所示。

（2）组：每个选项卡包含一些功能类似的组并且将组中相关项显示在一起，如图 1-9 所示。

（3）命令：选项卡的各种按钮或者菜单项，如图 1-9 所示。

图 1-9 选项卡、组、命令

图 1-10　下拉库

使用功能区的方法很简单，只需单击需要使用的功能按钮即可。鼠标指向某个功能按钮并在其上停留片刻，将会出现该按钮的功能说明。

有些功能按钮含有下拉箭头，单击该箭头可以打开下拉库，从中可以选择该功能的子功能，如图 1-10 所示，下拉库在很大程度上将复杂的对话框设置简化。

如果需要将功能区最小化，以便为工作区留出更多的空间。可以将鼠标移至功能区，点击右键，在弹出"自定义快速访问工具栏"菜单，选择"功能区最小化"命令，如图 1-11 所示，功能区将会隐藏起来。

图 1-11　功能区最小化

1.1.5　"启动器"按钮

"启动器"按钮 位于选项卡中某个组中的右下方，单击如图 1-12 所示的剪贴板的"启动器"按钮即可打开对应组的对话框或者任务空格。

图 1-12　"启动器"按钮

1.1.6　名称框与编辑栏

名称框和编辑栏位于功能区的下方，如图 1-13 所示。名称框用于显示当前活动单元格的地址或单元格定义的名称、范围和对象。编辑栏用于显示当前活动单元格中的数据或公式。

图 1-13　名称框和编辑栏

1.1.7　工作区

工作区是 Excel 的主要工作区域，是由行线和列线组成的表格区域，用于显示或者编辑工作表中的数据。它是占据屏幕最大且用于记录数据的区域，所有的信息都将存放在这张表中。图 1-14 所示为工作区。

图 1-14　工作区

1.1.8　"工作表"标签

"工作表"标签位于工作表区域的左下方，如图 1-15 所示。"工作表"标签用于显示工作表的名称，可以通过单击这些标签来切换工作表，即只需单击"工作表"标签就可以激活相应的工作表。

图 1-15　"工作表"标签

1.1.9　状态栏

状态栏位于工作表区域的下方，如图 1-16 所示，在状态栏中不仅可以显示当前命令或操作的相关信息，而且可以根据当前的操作显示相应的提示信息。

图 1-16　状态栏

默认情况下，在状态栏的右侧显示"视图"工具栏。"视图"工具栏中列有"视图快捷方式"按钮 、"显示比例"按钮 和"显示比例"区域 。使用"视图"工具可以快速选择合适的视图方式和设置工作表编辑区的显示比例。

1.1.10　水平、垂直滚动条

水平、垂直滚动条分别位于工作表区域的右下方和右边，如图 1-1 所示。水平、垂直滚动条用于在水平、垂直方向改变工作表的可见区域。滚动条的使用方法有以下 3 种。

（1）单击滚动条两端的方向键，单击一次则工作表区域向指定的方向滚动一个单元格位置；如果按住鼠标，则工作表区域将一格一格地持续滚动。

（2）单击滚动条内的空白区，工作表区域将以一次一屏的频率向指定的方向滚动。

（3）拖动滚动条中的小方块，在拖动的过程中，屏幕将显示所移动到的行号或者列号，释放鼠标后，工作表区域将显示所移动到的区域。

1.1.11　Excel 2010 的新功能

Excel 2010 的工作界面相比 Excel 2003 有了新的变化，同时也新增了一些功能。

1. 迷你图功能

迷你图是 Excel 2010 中的一个新功能，借助迷你图功能，用户可以在同一单元格中创建小图表，从而快速查看数据模型，如图 1-17 所示。迷你图可以显示一系列数值的趋势，或者可以突出显示最大值和最小值。

图 1-17　迷你图表

2. 智能粘贴功能

Excel 2010 的粘贴功能有较大改进，菜单的格式的改变使粘贴更加易于使用，如图 1-18 所示。粘贴菜单上的图表会根据复制的源对象来自动调整各自的功能。

图 1-18　智能粘贴功能

1.2　自定义工作环境

用户在使用 Excel 2010 进行数据处理时，对工作环境中的某些参数进行设置，如设置工作表中网格线的颜色、设置是否显示滚动条等，可以通过系统设置来实现。

1.2.1　设置屏幕显示

工作表的多数操作都与定制的屏幕显示相关。例如，在工作表窗口中是否显示网格线，单元格中是否显示公式或值，以及显示或隐藏批注等。更改屏幕显示通常使用如图 1-19 所示的"视图"选项卡。

图 1-19 "视图"选项卡

"视图"选项卡主要由以下 4 个选项组组成，其中各选项组的含义如下。

1. "工作簿视图"选项组

该选项组用于控制查看、显示或者预览文档的外观。

2. "显示/隐藏"选项组

该选项组用于控制是否在 Excel 2010 中显示编辑栏、网格线和标题的窗口，用户只需选中或取消相应的命令按钮即可。

3. "显示比例"选项组

该选项组用于控制文档的缩放显示，使文档缩放为用户所需的比例。单击"显示比例"按钮，选择所需的显示比例，然后单击"确定"按钮即可。

4. "窗口选项"选项组

该选项组用于设置工作窗口显示要求。

1.2.2 设置默认值

如果不对 Excel 2010 进行设置，Excel 2010 系统将自动使用其默认设置。在实际应用中，如果一些经常用的默认值不符所需，可以对其修改。

1. 设置工作表中的字体、大小以及工作表的数量

单击"文件"按钮，在打开的"文件"面板中，单击"选项"按钮，在打开的"Excel 选项"对话框中单击"常规"标签，如图 1-20 所示。在"新建工作簿时"组合框中单击"使用的字体"的下拉箭头，从该下拉列表中选择需要使用的字体，单击"字号"的下拉箭头，从该下拉列表中选择需要使用的字号，然后单击"确定"按钮即可设置工作表中的字体及其大小。在"新建工作簿时"组合框中的"包含的工作表数"文本框中输入所需工作表的数量，然后单击"确定"按钮即可设置工作簿中工作表的数量。

图 1-20 "Excel 选项"对话框"常用"标签

2. 设置默认文件位置

单击"文件"按钮，在打开的"文件"面板中，单击"选项"按钮，打开的"Excel选项"对话框中单击"保存"标签，如图1-21所示。在该选项卡的"默认文件位置"文本框中，输入默认文件夹的路径，然后单击"确定"按钮即可设置默认文件位置。除此之外，在"Excel选项"页面还可以对自定义功能区、快速访问工具栏等进行设定。

图1-21 "Excel选项"对话框"保存"标签

1.2.3 自定义状态栏

在状态栏上单击鼠标右键，在弹出的快捷菜单中可以选择或撤选菜单项，来实现在状态栏上显示或隐藏的信息。如图1-22所示。

图1-22 "自定状态栏"菜单

1.2.4 自定义快速访问工具栏

如果要自定义快速访问工具栏，单击快速访问工具栏右侧的"自定义快速访问工具栏"按钮，在弹出的"自定义快速访问工具栏"菜单中选择其中的命令，添加后，此命令前会出现√标记。若要将从快速访问工具栏中移除，则把√标记取消即可。例如，图1-23所示为"自定义快速访问工具栏"菜单。单击"新建"命令，将"新建"按钮添加到快速访问工具栏中，添加效果如图1-24所示。

图 1-23 "自定义快速访问工具栏"菜单

图 1-24 添加"新建"按钮

  Excel 2010 将某些早期版本中功能设定为选择性命令,如果要在 Excel 2010 中使用这些命令,选择"其他命令"选项,弹出"Excel 选项"对话框,在左侧的窗格中选择"快速访问工具栏"选项卡,如图 1-25 所示。在右侧窗格中单击"添加"按钮,将左侧列表中的命令添加到右侧列表中,即可添加到快速访问工具栏中。当不需要该命令时,在右侧的命令列表中选中要删除的命令,单击"删除"按钮,即可从快速访问工具栏中移除。

图 1-25 Excel 选项——快速访问工具栏

1.2.5 自定义功能区

  Excel 2010 中可以将功能区最小化,以便扩大工作区的显示范围。单击选项卡右侧的按钮,即可将功能区最小化。最小化后的功能区只显示选项卡的名称,单击任一选项卡,选项卡则会浮于工作区的上方,单击工作区,选项卡就会消失。单击选项卡右侧的按钮,即可将功能区按照默认形式显示。

  功能区中的各选项卡可由用户自定义,包括功能区这种选项卡、组、和命令的添加、删除、重命名以及次序调整等操作。在功能区的空白处单击鼠标右键,在弹出的快捷菜单中选择"自定义功能区"选项,打开"Excel 选项"对话框,在左侧的窗格中选择"自定义功能区"选项卡,如图 1-26所示,在右侧的窗格中可以实现功能区的自定义。

图 1-26　Excel 选项——自定义功能区

　　单击"自定义功能区"窗格下方的"新建选项卡"按钮，系统自动创建一个选项卡和一个组，单击"确定"按钮，功能区中即会出现新建的选项卡和组。如图 1-27 所示。在"自定义功能区"窗格右侧的列表中选择新添加的选项卡，单击"删除"按钮，即可从功能区删除此选项卡。

图 1-27　新建选项卡结果

　　在"自定义功能区"窗格中右侧的列表中选择任一选项卡，单击下方的"新建组"按钮，系统会在此选项卡中创建组，单击"确定"按钮即可。结果如图 1-28 所示。在"自定义功能区"窗格右侧的列表中选择添加的组，单击"删除"按钮，即可从选项卡中删除此组。

图 1-28　新建选项组结果

　　在"自定义功能区"窗格中单击右侧的列表中要添加命令的组，再单击左侧列表中要添加的命令，然后单击"添加"按钮，即可将此命令添加到指定的组中，单击"确定"按钮即可在功能区找到这些命令。结果如图 1-29 所示。但命令只能添加到自定义组中。在右侧列表中单击"删除"按钮，即可从组中删除此命令。

图 1-29　在自定义组中添加命令结果

在"自定义功能区"窗格中右侧的列表中选择任一选项卡，单击下方的"重命名"按钮，在弹出的"重命名"对话框中输入名称，单击"确定"按钮即可。重命名组、命令的操作和重命名选项卡的一致。重命名后的功能区如图 1-30 所示。可以通过在"自定义功能区"窗格右侧的"上移"、"下移"按钮来调整选项卡、组、命令的次序。

图 1-30　重命名选项卡和组结果

本章小结

通过本章的学习，读者应该对 Excel 的工作界面有全面的认识，并对 Excel 的基本操作有所了解。读者应该掌握的内容如下：熟悉 Excel 的工作界面，知道各部分的名称、用途；学会使用水平、垂直滚动条；了解 Excel 的菜单类型并掌握其操作方法；学会识别各种命令符号的含义，掌握快捷键的使用；学会使用 Excel 对话框，了解对话框中的各种选项及其操作方法。

思考练习

1. 填空题

（1）在 Excel 2010 中添加了_____按钮。单击该按钮，在打开的 Microsoft Office Backstage 视图取代了传统的文件菜单，用户只需通过单击鼠标，即可执行与工作簿相关的各项操作。

（2）_____用于显示工作表的名称，还可以进行工作表切换，只需要单击_____就能够激活相应的工作表。

（3）快速访问工具栏 Excel 标志右边的一个工具栏，其中包含_____、____和____。

（4）默认情况下，Excel 功能区有_____、_____、_____、_____、_____、_____等选项卡。

（5）标题栏的最右端是对 Excel 窗口进行操作的 3 个按钮，分别是_____、_____和_____按钮。

（6）编辑栏可以用来_____。

2. 上机操作题

在"快速访问工具栏"中添加"打印预览"命令。

第2章 Excel 进阶

作为功能强大的电子表格软件，Excel 具有很强的数据计算功能。用户可以在单元格中直接输入公式或者使用 Excel 提供的函数对工作表中的数据进行计算与分析。通过本章的学习，读者应能够熟练使用 Excel 的基本功能进行数据计算。

学习目标
- 掌握 Excel 的基本操作
- 了解 Excel 的公式并熟练运用
- 了解 Excel 的常用函数并可以灵活运用

2.1 基本操作

Excel 的基本操作主要包括 Excel 的基本操作对象、创建工作表、编辑工作表和修饰工作表等内容，下面分别进行详细介绍。

2.1.1 Excel 的操作对象

Excel 的基本操作对象包括单元格、工作表、工作簿和工作范围，以下分别对其进行介绍。

1. 单元格

单元格是工作簿的基本对象的核心，也是组成 Excel 工作簿的最小单位，如图 2-1 所示，图中的白色长方格就是单元格。单元格可以记录字符或者数据。在 Excel 的操作中，一个单元格内记录信息的长短并不重要，关键是以单元格作为整体进行操作。实际上，单元格的长度、宽度及单元格内字符串的类型是可以根据需要进行改变的。

图 2-1 单元格示例

单元格可以通过位置标识，每一个单元格均有对应的列号（列标）和行号（行标）。一般来说，如图 2-1 所示，B2、C4、D6 等就是相应单元格的位置，可以向上找到列号字母，再向左找到行号数字，将它们结合在一起就可以作为该单元格的标识。

2. 工作表

使用工作表可以对数据进行组织和分析，可以同时在多张工作表上输入并编辑数据，并且可以对来自不同工作表的数据进行汇总计算。在创建图表之后，既可以将其置于源数据所在的工作表上，也可以放置在单独的图表工作表上。如图 2-2 所示，工作表由单元格组成，纵向为列，分别以字母命名（A，B，C，…）；横向为行，分别以数字命名（1，2，3，…）。

工作表的名称显示于工作簿窗口底部的工作表标签上。要从一个工作表切换到另一工作表进行编辑，可以单击"工作表"标签。活动工作表的名称以下划线显示。可以在同一工作簿内或两个工作簿之间对工作表进行改名、添加、删除、移动或复制等操作。

如图 2-2 所示的工作表，当前的名字为 Sheet 2。每张工作表均有一个标签与之对应，标签上的内容就是工作表的名称。一张工作表最多可以有 65536 行、256 列数据。将鼠标移到工作表中的某一单元格上单击，该单元格的边框将变为粗黑线，表示该单元格已被选中。在图 2-2 中，选中的单元格是 C6，即 C 列第 6 行。在工作表中选中单元格后，即可输入字符串、数字、公式和图表等信息。

图 2-2　工作表

3. 工作簿

Excel 工作簿是计算和储存数据的文件，每一个工作簿都可以包含多张工作表，因此，可在单个文件中管理各种类型的相关信息。如图 2-2 所示的工作簿就有 3 个工作表，分别是 Sheet 1、Sheet 2 和 Sheet 3，当前的工作表是 Sheet 2。

在工作簿中，要切换到相应的工作表，只需单击工作表标签，相应的工作表就会成为当前工作表，而其他工作表就被隐藏起来。如果想要在屏幕上同时看到一个工作簿的多个工作表（比如 Sheet 1 和 Sheet 2），只需打开该工作簿并且显示其中的一个工作表 Sheet 1，然后执行以下操作步骤。

（1）选择"窗口"|"新建窗口"命令。

（2）单击新建窗口中的 Sheet 2。

（3）选择"视图"|"全部重排"命令，如图 2-3 所示。

图 2-3　"视图"|"重排窗口"命令

图 2-4　"重排窗口"对话框

（4）在如图 2-4 所示的"重排窗口"对话框中，选择"垂直并排"选项，单击"确定"按钮，如图 2-5 所示，就可以在同一个工作簿中同时看到工作簿 02 章的 Sheet 1 和 Sheet 2 工作表。

可以根据需要决定一个工作簿包含多少工作表，具体操作步骤如下。

（1）单击"文件"按钮，在打开"文件"面板，单击"选项"按钮，如图 2-6 所示。

图 2-5　一个工作簿显示多个工作表　　　　　　　　图 2-6　"选项"按钮

（2）打开"Excel 选项"对话框中，修改"新工作簿内的工作表数"文本框中的数字，然后单击"确定"按钮，如图 2-7 所示。

图 2-7　设置工作表的数目

　　　　设置了工作簿中的工作表数后，以后新建的工作簿就将采用新的工作表数目，当前工作簿的工作表数并不改变，而且，实际上一个工作簿中的工作表可以任意增加和删减，上述方法只是用来设置新建工作簿中的工作表数目。

4. 选取工作范围

在 Excel 中的范围是指一组选定的单元格，它们可以是连续的，也可以是离散的，如图 2-8 所示。如果选定一个范围后再进行操作，则这些操作将作用于该范围内的所有单元格。例如，可以对一个范围内的单元格同时设置大小、边框和注释。当然，范围由用户选定，它可以是一个单元格，也可以是许多单元格，甚至是整个工作表和整个工作簿。

图 2-8　工作范围

工作范围是一个单元格的操作很简单，只要单击该单元格就可以选中这个工作范围。但是，工作范围一般都是选中若干个单元格，这又分为以下几种情况。

（1）如果要选中工作表中的一片连续区域，可以在要选区域一角的单元格上单击并按住鼠标左键，然后拖动鼠标，这时屏幕上会出现一片黑色区域，当这片黑色区域刚好覆盖要选中的区域时，释放鼠标左键，此区域就被选中为工作范围。

（2）如果要选择几片不相连的区域或单元格，可以按住 Ctrl 键，再选择单个或多个单元格即可选定所需的工作范围。

（3）如果要选中一行或一列，可以单击列号区的字母或者行号区的数字，则该列或者该行就被选中为工作范围。

（4）如果单击行号区和列号区的交界处，即选中左上角的单元格。则整个工作表都被选中为工作范围。

2.1.2　创建工作簿

创建工作簿也就是新建一个 Excel 文档，可使用以下几种常用方法创建工作簿。

方法一：启动 Excel 2010，Excel 将自动创建一个空白工作簿，如图 2-9 所示。

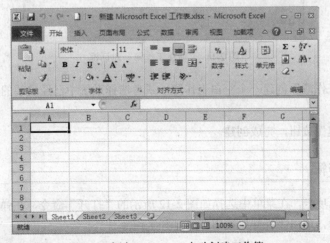

图 2-9　启动 Excel 2010 自动创建工作簿

方法二：使用"新建"按钮创建工作簿。

启动 Excel 2010，单击"快速访问"工具栏中的"新建"按钮，Excel 将创建一个名为工作簿

1 的空白工作簿，如图 2-10 所示。

图 2-10　使用"新建"按钮创建工作簿

方法三：使用"文件"选项卡。

（1）单击"文件"选项卡，在菜单中选择"新建"命令，弹出如图 2-11 所示的"新建工作簿"对话框。

图 2-11　"新建工作簿"对话框

（2）选择"空工作簿"创建一个空白工作簿，或者选择系统中已经安装的创建模板创建一个基于模板的工作簿。

（3）单击"创建"按钮，完成创建。

2.1.3　打开工作簿

单击"文件"选项卡，在菜单中选择如图 2-12 所示的"打开"命令，在弹出的"打开"对话框中选择所需的工作簿，单击"打开"按钮即可打开工作簿。

2.1.4　保存工作簿

通过以下步骤完成保存工作簿的操作。

（1）单击"文件"选项卡，在菜单中选择 "保存"命令，或者选择"另存为"命令，弹出如图 2-13 所示的"另存为"对话框。

图 2-12 "打开"对话框

图 2-13 "另存为"对话框

（2）在"文件名"组合框中输入"销售收入表"。

（3）单击【保存】按钮，完成操作。

这样即可将新文件命名为"销售收入表"。由于采用了默认工作路径，所以这个工作表被存放在 Office 所在驱动器的"My Documents"目录下，也可以根据需要选择工作路径。

在图 2-13 中的"保存类型"下拉列表框中可以改变文件的格式，这样可以在其他程序中使用 Excel 制作的电子表格。

当工作告一段落或者需要进行其他工作的时候，就需要对已经完成的工作进行保存。保存操作可以将所完成的操作从内存中储存到硬盘上。在实际使用 Excel 的过程中，随时保存十分必要，这样可以避免数据的意外丢失。

使用以下设置还可以实现对文件的自动定时保护。

单击"文件"选项卡，选择"选项"|"保存"命令，在打开的"自定义工作簿的保存方法"对话框中设置保存自动恢复信息的时间间隔，如图 2-14 所示，一般系统默认的时间间隔为 10min，可以根据实际需要进行设置。

图 2-14　文件自动定时保护设置

2.1.5　数据输入

要创建工作表，就必须在单元格中输入数据。当启动所需的输入法并选中目标单元格后，即可开始输入数据。在工作表的单元格中，可以使用两种基本数据格式：即常数和公式。常数是指文字、数字、日期和时间等数据；而公式则是指包含等号"="的函数、宏命令等。

在向单元格中输入数据时，需要掌握以下 3 种基本输入方法。

（1）单击目标单元格，然后直接输入。

（2）双击目标单元格，单元格中会出现插入光标，将光标移到所需的位置后，即可输入数据（这种方法多用于修改单元格中的数据）。

（3）单击目标单元格，再单击编辑栏，然后在编辑栏中编辑或修改数据。

1．输入文本

文本包括汉字、英文字母、特殊符号、数字、空格以及其他能够从键盘输入的符号。在 Excel 中，一个单元格内最多可容纳 32767 个字符，编辑栏可以显示全部的字符，而单元格内最多只可以显示 1024 个字符。

在向单元格中输入文本时，如果相邻单元格中没有数据，那么 Excel 允许长文本覆盖其右边相邻的单元格；如果相邻单元格中有数据，则当前单元格只显示该文本的开头部分。要想查看并编辑单元格中的所有内容，可以单击该单元格，此时编辑栏会将该单元格的内容显示出来，如图 2-15 所示。

图 2-15　显示单元格中的所有内容

在输入文本的过程中，文本会同时出现在活动单元格和编辑栏中，按 BackSpace 键可以删除光标左边的字符；如果要取消输入，可单击编辑栏中的"取消"按钮，或按 Esc 键。

在单元格中输入文本后，如果要激活当前单元格右侧相邻的单元格，可按 Tab 键；如果要激活当前单元格下方相邻的单元格，可按 Enter 键；如果要使当前单元格成为活动单元格，可单击编辑栏中的"输入"按钮。

默认情况下，按 Enter 键后单元格会向下移动。如果要改变按 Enter 键后单元格的移动方向，具体操作步骤如下：

（1）单击"文件"选项卡，选择"选项"‖"高级"命令，弹出如图 2-16 所示的"使用 Excel 时采用的高级选项"对话框。

图 2-16　设置单元格的移动方向

（2）单击"方向"下拉箭头，选择单元格移动的方向。（该下拉列表中包含"向下"、"向右"、"向上"和"向左"4 个选项）。

（3）单击"确定"按钮，完成设置。

2．输入数字

数字也是一种文本，和输入其他文本一样，在工作表中输入数字也很简单。要在一个单元格中输入一个数字，首先用鼠标或键盘选定该单元格，然后输入数字，最后按 Enter 键。

在 Excel 中，可作为数字使用的字符包括：0、1、2、3、4、5、6、7、8、9、-、( )、.、e、E、,、/、$、¥、%。

在单元格中输入数字时，有一点与其他文本不同，即单元格中的数字和其他文本的对齐方式不同。默认情况下，单元格中文本的对齐方式为左对齐，而数字却是右对齐。如果要改变对齐方式，可以在"单元格格式"对话框中进行设置（将在后续章节中介绍）。

在向单元格中输入某些数字时，其格式不同，输入方法也不相同。下面着重介绍分数和负数的输入方法。

（1）输入分数的方法如下。

在工作表中，分式常以斜杠"/"来分界分子和分母，其格式为"分子/分母"，但日期的输入方法也是以斜杠来分隔年月日，如"2012 年 6 月 28 日"可以表示为"2012/6/28"，这就有可能造成在输入分数时系统会将分数当成日期的错误。

为了避免发生这种情况，Excel 规定：在输入分数时，须在分数前输入 0 作区别，并且 0 和分子之间用空格隔开。例如，要输入分数 7/8，需输入"0 7/8"。如果没有输入 0 和一个空格，Excel 会将该数据作为日期处理，认为输入的内容是"7 月 8 日"，如图 2-17 所示。

（2）输入负数的方法如下。

在输入负数时，可以在负数前输入减号"-"作为标识，也可以将数字置于括号"( )"中，例如，在选定的单元格中输入"(1)"，再按 Enter 键，即显示为-1。

图 2-17　没有输入"0"和空格后的显示结果

3. 输入日期和时间

日期和时间实际上也是一种数字，只不过有其特定的格式。Excel能够识别绝大多数用普通表示方法输入的日期和时间格式。在输入 Excel 可以识别的日期或时间数据之后，该日期或时间在单元格中的格式将变为 Excel 某种内置的日期或时间格式。

（1）输入日期的方法如下。

用户可以使用多种格式来输入一个日期，可以用斜杠"/"或"-"来分隔日期的年、月和日。传统的日期表示方法是以两位数来表示年份的，如 2012 年 6 月 28 日，可表示为 12/6/28 或 12-6-28。当在单元格中输入 12/6/28 或 12-6-28 并按 Enter 键后，Excel 会自动将其转换为默认的日期格式，并将两位数表示的年份更改为 4 位数的表示年份。

默认情况下，当用户输入以两位数字表示的年份时，会出现以下两种情况。

① 当输入的年份为 00～29 之间的两位数年份时，Excel 将解释为 2000～2029 年。例如，如果输入日期 29/6/28，则 Excel 将认为日期为 2029 年 6 月 28 日。

② 当输入的年份为 30～99 之间的两位数年份时，Excel 将解释为 1930～1999 年。例如，如果输入日期 30/6/28，则 Excel 将认为日期为 1930 年 6 月 28 日，如图 2-18 所示。

图 2-18　输入 30/6/28 后显示的结果

为了尽可能地避免出错，建议用户在输入日期时不要输入以两位数字表示的年份，而要输入 4 位数字表示的年份。

如图 2-18 所示的是多种日期显示格式中的一种。如果要设置日期的其他显示格式，具体操作步骤如下。

① 选中目标单元格。

② 选择"开始"|"单元格"|"格式"|"设置单元格格式"命令，如图 2-19 所示。

③ 在"设置单元格格式"对话框中切换"数字"选项卡，然后选择"分类"列表框中的"日期"选项，如图 2-20 所示。

④ 在"类型"列表框中列出了日期的所有显示格式，选择所需的格式，然后单击"确定"按钮。

（2）输入时间的方法如下。

在单元格中输入时间的方式有两种：即按 12 小时制或按 24 小时制输入。二者的输入方法不同。

如果按 12 小时制输入时间，要在时间数字后加一空格，然后输入 a(AM)或 p(PM)，字母 a 表示上午，p 表示下午。例如，下午 4 时 30 分 20 秒的输入格式为：4:30:20p。而如果按 24 小时制输入时间，则只需输入 16:30:20 即可。如果用户只输入时间数字，而不输入 a 或 p，则 Excel 将默认是上午的时间。

图 2-19 选择"开始" | "单元格" | "格式" | "设置单元   图 2-20 "数字"选项卡

格格式"命令

在同一单元格中输入日期和时间时，须用空格分隔，否则 Excel 将把输入的日期和时间当作文本。在默认状态下，日期和时间在单元格中的对齐方式为右对齐。如果 Excel 无法识别输入的日期和时间，也会把它们当作文本，并在单元格中左对齐。此外，要输入当前日期，可使用 Ctrl+; 组合键；而要输入当前时间，则使用 Ctrl+Shift+; 组合键。

4．输入公式

公式指的是一个等式，利用它可以从已有的值计算出一个新值。公式中可以包含数值、算术运算符、单元格引用和内置等式（即函数）等。

Excel 最强大的功能之一是计算。用户可以在单元格中输入公式，以便对工作表中的数据进行计算。只要输入正确的计算公式，经过简单的操作步骤后，计算的结果将显示在相应的单元格中。如果工作表内的数据有变动，系统会自动将变动后的答案计算出来。

在 Excel 中，所有的公式都以等号开始。等号标志着数学计算的开始，它也告诉 Excel 将其后的等式作为一个公式来存储。公式中可以包含工作表中的单元格引用。这样，单元格中的内容即可参与公式中的计算。单元格引用可与数值、算术运算符以及函数一起使用。

要输入公式，具体操作步骤如下。

（1）选中要输入公式的单元格。

（2）在单元格中输入一个等号"="。

（3）输入公式的内容，如 3+5，A2+A3 或 A1+5 等。

（4）按 Enter 键，完成。

5．输入符号和特殊字符

（1）输入符号。如果要输入键盘上没有的符号，具体操作步骤如下。

① 选中目标单元格。

② 选择"插入"|"文本"|"符号"命令,打开"符号"选项卡,如图 2-21 所示。

图 2-21 "符号"选项卡

③ 在该选项卡的列表框中选择所需的符号,然后单击"插入"按钮。

④ 此时"取消"按钮将变为"关闭"按钮,单击该按钮,即可在单元格中输入所需的符号。

(2)输入特殊字符。如果要输入键盘上没有的特殊字符,具体操作步骤如下。

① 选中目标单元格。

② 选择"插入"|"特殊符号"命令,打开"插入特殊符号"对话框,如图 2-22 所示。

图 2-22 "特殊字符"选项卡

③ 在该对话框中选择"特殊符号"选项卡,在"特殊符号"选项卡的列表框中选择所需的特殊符号,然后单击"插入"按钮。

④ 此时"取消"按钮将变为"关闭"按钮,单击该按钮,即可在单元格中输入所需的特殊符号。

6. 输入多行数据

如果希望在一个单元格中输入两行数据,那么只要同时按 Enter 和 Alt 键就可以在第二行开始输入了,如图 2-23 所示。

选择"开始"|"单元格"|"格式"|"设置单元格"命令,在"设置单元格格式"对话框中的文本控制选项卡下单击"自动换行"选项,如图 2-24 所示,Excel 会自动将超出单元格宽度的内容转到第二行显示。

7. 数据的快速填充

在表格中经常要输入一些有规律的数据,如果按常规逐个输入这些数据,则既费时又容易出错。下面介绍如何又快又准确地输入这些有规律的数据。

图 2-23　输入多行数据　　　　　　　图 2-24　"自动换行"选项

（1）在多个单元格中输入相同的数据。

如果表格中有很多单元格的内容是相同的，显然逐个单元格重复输入是很麻烦的。有没有一次就可以填充多个单元格的方法呢?答案是肯定的。

首先选择需要输入相同数据的多个单元格，然后输入数据。这时候，只在活动单元格（最后选取的单元格）中显示输入的内容，如图 2-25 所示。

图 2-25　输入数据

最后，同时按 Ctrl 和 Enter 键，在所有选中的单元格中都将出现相同的输入数据。

一定要同时按 Ctrl 和 Enter 键。如果只按 Enter 键，那么只会在活动单元格中输入数据。

（2）自动完成输入功能。

如果在单元格中输入的起始字符与该列已有单元格中的内容相符，那么 Excel 可以自动填写其余的字符，如图 2-26 所示。

按 Enter 键可以接受自动提供的字符。如果不想采用，继续输入就可以忽略它。按 BackSpace 键可以清除自动提供的字符。

自动完成功能还有另外一种形式。如图 2-27 所示，右击单元格，然后在弹出的快捷菜单中选择"从下拉列表中选择"命令，Excel 将列出所在列所有相邻单元格中的内容供用户选择。

图 2-26　自动完成　　　　　　　　图 2-27　选择列表

（3）自动填充。

如果需要输入的数字或文字数据并不是完全一样，而是遵循某种规律，那么该如何处理呢？例如，需要输入从 1～100 作为编号。显然，逐个手动输入是很麻烦的。这时就需要用到 Excel 的自动填充功能在连续的单元格内产生有规律的序列了。

首先，应建立一段有规律的数据，然后选中它们。这段有规律的数据既可以在同一列，也可以在同一行，但是必须在相邻的单元格中。

假设建立了从 2～4 的一个序列，如图 2-28 所示。

单击按住填充控制点，向下拖动到合适的位置后释放鼠标，Excel 就会按照已有数据的规律来填充选中的单元格，如图 2-29 所示。

图 2-28　自动填充前

图 2-29　自动填充后

自动填充还有另外一种方式。如果用鼠标右键拖动填充控制点，那么将会弹出如图 2-30 中所示的快捷菜单。在这个快捷菜单中，可以改变填充的方式或指定填充的规律。各命令含义如下。

①"复制单元格"指用选中的单元格中的内容填充到拖动范围内其他的单元格中。

②"以序列方式填充"指按照选中的单元格中数据的规律进行填充。

③"仅填充格式"指仅仅填充格式而不会填充数据。

④"不带格式填充"指按照新单元格的格式填充数据。

⑤"等差序列"和"等比序列"分别指根据已有的数据按照等差序列或等比序列的规律填充其他单元格。选择"序列"命令，将打开"序列"对话框。在该对话框中，可以设置自动填充的规律。单击"确定"按钮即可完成自动填充操作。

使用 Excel 处理日常事务时，经常需要填充日期序列。Excel 提供了十分方便的日期填充功能。首先在单元格中输入一个日期，例如，2012-7-7，然后用鼠标右键拖动填充控制点，在打开的快捷菜单中选择日期的填充方式，结果将用日期填充拖动的区域。如图 2-31 所示，一共有 4 种填充方式："以天数填充"指依次填入以输入日期开始的每一天；"以工作日填充"指跳过周六和周日，只填充工作日；"以月填充"指填充每月中和输入日期同处在一天的日期；"以年填充"指填充每年中和输入日期处在同一月、同一天的日期（即仅改变年份）。

图 2-30　填充的方式

图 2-31　日期的填充方式

（4）用户自定义填充序列。

Excel 本身提供了 11 种预定义的序列，除此之外，还允许用户根据实际需要自定义序列。自定义序列的具体操作步骤如下。

① 单击"文件"选项卡，选择"选项"|"高级"命令。

② 在"Excel 选项"对话框中"常规"中单击"编辑自定义列表"按钮，如图 2-32 所示。

③ 弹出"自定义序列"文本框，对话框左侧有系统已经默认定义好的序列；如要定义一个新序列，在右侧输入新的序列数据，序列内容之间按 Enter 键隔开，如输入"中，法，美"，如图 2-33 所示。

④ 单击"添加"按钮，此时自定义序列下方出现新建序列内容。

⑤ 单击"确定"按钮完成自定义序列的设置，并返回工作界面。

图 2-32 "编辑自定义列表"按钮

图 2-33 自定义填充序列的设置

此时，单击工作表中的某一单元格，输入"中"，然后向右拖动填充柄，释放鼠标即可得到自动填充的"中，美，法"序列内容，如图 2-34 所示。

图 2-34 自定义填充序列

2.1.6 编辑工作表

建立工作表之后，用户需要根据实际需求，利用 Excel 提供的编辑功能，对工作表中的数据进行修改和调整，使其符合实际需要。Excel 提供了强大的编辑功能，用于对工作表及其数据进行各种操作。

本小节将详细介绍工作表的基本操作，如工作表的拆分与冻结、工作表和工作簿的保护、模板应用。通过学习本小节内容，应掌握工作表数据的编辑方法。

1. 工作表的基本操作

一个工作簿中最多可以包含 255 个工作表。下面将介绍如何对这些工作表进行操作。

（1）激活工作表。要激活一个工作表，可以使用以下方法之一。

方法一：单击工作簿底部的"工作表"标签。

方法二：使用键盘，按 Ctrl + Page Up 组合键激活当前页的前一页工作表，然后按 Ctrl + PageDown 快捷键激活当前页的后一页工作表。

方法三：使用工作表"标签滚动"按钮。当在工作簿中显示不了过多的工作表标签时，可以单

图 2-35 "标签滚动"按钮

击"标签滚动"按钮对"工作表"标签进行翻页。"标签滚动"按钮在工作簿的左下方，如图 2-35 所示。

如果要滚动显示其他工作表标签，在所需方向上连续单击"标签滚动"按钮中的滚动箭头，直到所需"工作表"标签显示在屏幕上；如果要一次滚动多个工作表，按 Shift 键，再单击"标签滚动"按钮中的标签滚动箭头；如果要显示最前或者最后一个工作表，则可以单击"标签滚动"按钮左侧或者右侧的标签滚动按钮。

如果右击"标签滚动"按钮，则可以直接从弹出的当前工作簿的所有工作表列表中选择需要切换到的"工作表"标签。

（2）插入和删除工作表。在编辑过程中，经常要在一个已有的工作表中插入一个新的工作表，可以使用以下操作方法之一。

方法一：选择"开始"|"单元格"|"插入"|"插入工作表"命令，如图 2-36 所示。

图 2-36 "开始"|"单元格"|"插入"|"插入工作表"命令

方法二：选择工作表，单击"插入工作表"按钮⬚。

如果要删除某个工作表，可以使用以下操作方法之一。

方法一：选中要删除的工作表，选择"开始"|"单元格"|"删除"|"删除工作表"命令。

方法二：在需要删除的工作表标签上单击鼠标右键，从弹出的快捷菜单中选择"删除"命令。

注意　一张工作表被删除以后将无法恢复，所以在删除之前要慎重考虑。

（3）移动和复制。Excel 的工作表可以在一个或者多个工作簿中移动。如果要将一个工作表移动或者复制到不同的工作簿时，两个工作簿必须是打开的。

① 使用菜单。使用菜单移动或复制工作表的具体步骤如下。

第一步：右键单击要移动的工作表。

第二步：选择"移动或复制工作表"命令，打开"移动或复制工作表"对话框，如图 2-37 所示。

图 2-37 "移动或复制工作表"对话框

第三步：在"移动或复制工作表"对话框中的"工作簿"下拉列表框中选择需要移到的工作簿，然后在"下列选定工作表之前"列表框中选择要移至位置之后的工作表，如果是要移动，则取消选中"建立副本"复选框，如果要复制，则应选中"建立副本"复选框，最后单击"确定"按钮。

② 使用鼠标。单击需要移动的工作表标签，将它拖动到指定的位置，然后释放鼠标。在拖动的过程中鼠标变成一个小表和一个小箭头。如果是复制操作，则需要在拖动鼠标时按住 Ctrl 键。

 若将一个工作表从一个工作簿移动到另外一个工作簿，而目标工作簿含有与此工作表同名的工作表，Excel 将自动改变此工作表的名称并使之变为唯一的名称。例如，Sheet 2 变为 Sheet 2（2）。

（4）对多个工作表同时进行操作。可以一次对多个工作表进行操作，方法是先选中多个工作表，然后执行移动、复制和删除等操作。选择多个工作表的方法有以下两种。

① 单击工作表标签的同时按 Ctrl 键，则该工作表与以前选择的工作表同时被选中。

② 单击工作表标签的同时按 Shift 键，则选中连续的工作表。

 要取消选中工作表中的其中一个，可以按 Ctrl 键的同时单击该工作表标签。如果要取消所有被选中的工作表，可以右键单击某个选中的"工作表"标签，然后在弹出的快捷菜单中选择"取消成组工作表"命令；或者不按键盘，直接单击一个未选中的工作表标签。

（5）重命名工作表。为工作表起一个有意义的名称，以便于辨认、查找和使用是很有必要的。为工作表命名有以下 3 种方法。

方法一：单击工作表标签（如表 Sheet 1），然后选择"格式"|"工作表"|"重命名"命令，此时工作表标签 Sheet l 的颜色变黑，如图 2-38 所示，输入新的工作表名称后如图 2-39 所示。

图 2-38 重命名工作表

图 2-39 重命名工作表后

方法二：在工作表标签上单击鼠标右键，从弹出的快捷菜单中选择"重命名"命令，工作表标签颜色变黑后，输入新的工作表名称即可。

方法三：工作表标签的颜色变黑后，输入新的工作表名称即可。

（6）隐藏工作表。如果不希望被他人查看某些工作表，可以使用 Excel 的隐藏工作表功能将工作表隐藏起来。隐藏工作表还可以减少屏幕上显示的窗口和工作表，避免不必要的改动。例如，可隐藏包含敏感数据的工作表。当一个工作表被隐藏后，它的标签也被隐藏起来。隐藏的工作表仍处于打开状态，其他文档仍可以利用其中的信息。

图 2-40 快捷菜单

隐藏工作表的操作步骤如下。

① 右键单击需要隐藏的工作表，出现如图 2-40 所示快捷菜单。

② 选择"隐藏"命令，选定的工作表将被隐藏。

不能将工作簿中所有的工作表都隐藏起来，每一个工作簿至少应有一个可见的工作表。

显示隐藏的工作表的步骤如下。

① 右键单击工作表，选择"取消隐藏"命令，打开如图 2-41 所示的"取消隐藏"对话框。

② 在"取消隐藏"对话框中选择需要取消隐藏的工作表，然后单击"确定"按钮即可。

图 2-41 "取消隐藏"对话框

2. 拆分和冻结工作表

Excel 提供了拆分和冻结工作表窗口的功能，利用这些功能可以更加有效地利用屏幕空间。拆分和冻结工作表窗口是两个非常相似的功能。

拆分工作表窗口是把工作表当前活动的窗口拆分成若干窗格，并且在每个被拆分的窗格中都可以通过滚动条来显示工作表的每一个部分。所以，使用拆分窗口功能可以在一个文档窗口中查看工作表不同部分的内容，如图 2-42 所示。

冻结工作表窗口功能也是将当前工作表活动窗口拆分成窗格，所不同的是，在冻结工作表窗口时，活动工作表的上方和左边窗格将被冻结，即当垂直滚动时，冻结点上方的全部单元格不参与滚动；当水平滚动时，冻结点左边的全部单元格不参与滚动。通常情况下冻结行标题和列标题，然后通过滚动条来查看工作表的内容，如图 2-43 所示。

图 2-42 拆分工作表窗口　　　　　图 2-43 冻结工作表窗口

（1）拆分工作表。拆分工作表的操作步骤如下。

① 选定拆分分隔处的单元格，该单元格的左上角就是拆分的分隔点。

② 选择"视图"|"窗口"|"拆分"命令，如图 2-44 所示。

③ 工作表窗口将拆分为上下左右 4 个部分，如图 2-42 所示。

图 2-44 "视图"|"窗口"|"拆分"命令

所谓拆分框就是位于垂直滚动条和水平滚动条之间的横格条。

被拆分的窗口还可以进行还原。取消拆分窗口有以下两种方法。

方法一：单击拆分窗口的任一单元格，选择"视图"|"窗口"|"拆分"命令。

方法二：在分割条的交点处双击；如果要删除一条分割条，在该分割条上方双击。

（2）冻结工作表。对于比较大的工作表，屏幕无法在一页里同时显示标题和数据。这就需要冻结工作表。

Excel 提供的冻结工作表窗口功能可以将工作表中选定的单元格的上窗格和左窗格冻结在屏幕上，使得在滚动工作表时屏幕上一直显示行标题和列标题，而且使用冻结工作表窗口功能不影响打印。

① 冻结工作表的步骤如下。

第一步：选择一个单元格作为冻结点，在冻结点上方和左边的所有单元格都将被冻结，并保留在屏幕上。

第二步：选择"视图"|"窗口"|"冻结窗格"|"冻结拆分窗格"命令，如图 2-45 所示。

第三步：冻结拆分窗口后，工作表将变为如图 2-43 所示。拖动垂直/水平滚动条，可保持显示冻结区域中行/列的数据。

图 2-45　冻结工作表窗口

② 撤销冻结。要撤销被冻结的窗口，可以选择"视图"|"窗口"|"冻结窗格"|"取消冻结窗格"命令。

3. 保护工作表和工作簿

如果必须放下手中的工作，但又不想退出 Excel，此时可以为工作表和工作簿建立保护，这样能防止因误操作而造成对工作表数据的损害。

（1）保护工作表。保护工作表功能可以防止修改工作表中的单元格、Excel 宏表、图表项、对话框编辑表项和图形对象等。保护工作表的具体操作步骤如下。

① 激活需要保护的工作表。

② 选择"审阅"|"更改"|"保护工作表"命令，打开"保护工作表"对话框，如图 2-46 所示。

③ 在"保护工作表"中选择保护的选项并输入密码后，单击"确定"按钮。输入密码（可选）可以防止未授权用户取消对工作表的保护。密码可以为字母、数字和符号，并且区分大小写。密码的长度不能超过 255 个字符。

④ 弹出"确认密码"对话框，如图 2-47 所示，再次输入密码，单击"确定"按钮。

若有人试图修改受保护的工作表，这时就会弹出如图 2-48 所示的警告对话框。

图 2-46 "保护工作表"对话框图　　　　　　2-47 "确认密码"对话框

图 2-48 工作表受到保护后

（2）保护工作簿。保护工作簿功能可以保护工作簿的结构和窗口，防止对工作簿进行插入、删除、移动、隐藏、取消隐藏以及重命名工作表等操作；保护窗口不被移动或改变大小。启用保护工作簿功能的操作步骤如下。

① 激活需要保护的工作簿。

② 选择"审阅"|"更改"|"保护工作簿"命令，如图 2-49 所示。

③ 弹出"保护结构和窗口"对话框，选择需要保护的选项并输入密码，然后单击"确定"按钮，如图 2-50 所示。

图 2-49 "审阅"|"更改"|"保护工作簿"命令　　图 2-50 "保护结构和窗口"对话框

④ 弹出"确认密码"对话框，再次输入密码，单击"确定"按钮。

"保护结构和窗口"对话框中各选项及其含义如下。

● "结构"：保护工作簿的结构，避免删除、移动、隐藏、取消隐藏、插入工作表或者重命名工作簿。

● "窗口"：保护工作簿的窗口不被移动、缩放、隐藏、取消隐藏或关闭。

● "密码（可选）"：与"保护工作表"中的密码功能相同，可以防止未授权用户的非法操作。

（3）取消保护。如果要取消工作表或者工作簿的保护状态，可以选择"审阅"|"更改"|"撤销工作表保护"命令。

如果原来没有设置密码，选择所需命令即可取消保护；如果原来设置了密码，选择所需要的命令后将打开"撤销工作表保护"对话框或"撤销工作簿保护"对话框，输入正确的密码后，单击"确定"按钮即可取消保护。

2.1.7 修饰工作表

一个专业的电子表格不仅需要有翔实的数据内容和公式分析、统计功能，而且还应配有外观。

本小节将通过对表格外观参数（文字大小、字体、颜色、对齐方式、单元格的边框线、底纹以及表格的行高和列宽等）的设置来美化工作表，从而更有效地显示数据内容。

1. 设置单元格格式

可以对 Excel 中的单元格设置各种格式，包括设置单元格中数字的类型、文本的对齐方式、字体、单元格的边框以及单元格保护等。不仅可以对单个单元格和单元格区域可以设置格式，还可以同时对一个或多个工作表设置格式。设置单元格的格式的操作步骤如下。

① 选择需要进行格式设置的单元格或者单元格区域。

② 选择"开始"|"单元格"|"格式"|"设置单元格格式"命令，或者在选中的单元格上单击鼠标右键，在弹出的快捷菜单中选择"设置单元格格式"命令，打开"设置单元格格式"对话框，如图 2-51 所示。

图 2-51 "设置单元格格式"对话框

③ 在"单元格格式"对话框中设置单元格的格式，然后单击"确定"按钮即可。

（1）设置数据的对齐方式。

为了排版整齐，单元格中的数据一般需要对齐。默认情况下，单元格中的文字是左对齐，数字是右对齐。

如果需要改变数据的对齐方式，将"设置单元格格式"对话框切换到"对齐"选项卡，如图 2-52 所示，在"对齐"选项卡中进行文本对齐方式的设置。

① 设置水平对齐方式。"水平对齐"下拉列表框中包含常规、左（缩进）、居中、靠右、填充、两端对齐、跨列居中和分散对齐等选项，默认选项为常规，即文本左对齐，数字右对齐，逻辑值和错误值则居中对齐。

② 设置垂直对齐方式。"垂直对齐"下拉列表框中包含常规靠上、靠下、居中、两端对齐和分散对齐等选项，默认选项为常规选项，即文本靠下垂直对齐。"缩进"列表框是将单元格内容从左向

右缩进，缩进的单位是一个字符。

图 2-52 "对齐"方式

③ 设置文本控制选项。"文本控制"包括"自动换行"、"缩小字体填充"和"合并单元格"3个复选框。

● "自动换行"复选框：选中该复选框，单元格中的文本自动换行，行数的多少与文本的长度和单元格的宽度有关。

● "缩小字体填充"复选框：选中该复选框，Excel 会根据列宽自动缩小单元格中字符的大小，使之一致。

● "合并单元格"复选框：选中该复选框，所选单元格将被合并成一个单元格，如果所选的单元格都有数据，则单击"确定"按钮后，Excel 会弹出一个消息框，提示只保留左上方单元格内容，单击消息框的"确定"按钮即可。

图 2-53 对齐方式的快捷键

④ 设置文本的旋转方向。"方向"用来改变单元格中文本旋转的角度，例如，要将文本从右上往左下转，使用负数，反之使用正数。"开始"选项卡中提供了常用的文本对齐方式的快捷键，如图 2-53 所示。利用这些按钮可以大大提高工作效率。

（2）设置单元格字体。

要设置单元格字体，将"设置单元格格式"对话框切换到"字体"选项卡，如图 2-54 所示，然后在"字体"选项卡中对字体、字形、字号、下划线、颜色和特殊效果进行设置。

图 2-54 "字体"选项卡

① 设置字体、字形、字号。Excel 提供的字体包括宋体、仿宋体和楷体等各种字体，可以在"字体"列表框中选择任意一种字体。Excel 提供的字形包括常规、倾斜、加粗和加粗倾斜，可以在"字形"列表框中选择任意一种字形。字体的大小由字号决定，可用字号取决于打印机和文本所用的字体，在"字号"列表框中选择一种字号以设置文本或者数字的大小。

② 设置下划线、颜色。打开"下划线"或者"颜色"下拉列表框，根据需要选择不同的下划线类型或者颜色。

③ 设定普通字体。选中"普通字体"复选框，"字体"选项卡中的各个选项将重置为默认值。

④ 设置特殊效果。特殊效果包括"删除线"、"上标"和"下标"3 个选项。

● "删除线"复选框：选中该复选框可以产生一条贯穿字符中间的直线。

● "上标"和"下标"复选框：选中这两个复选框可以将选中的文本或数字设置为上标或者下标。

"开始"选项卡提供了常用的单元格字体格式设置的工具按钮，如图 2-55 所示。利用这些按钮可以使工作变得方便。

（3）设置单元格边框。

在工作表中给单元格添加边框可以突出显示工作表数据，使工作表更加清晰明了。要设置单元格边框，将"设置单元格格式"对话框切换到"边框"选项卡，如图 2-56 所示，然后在该选项卡中进行设置即可。

图 2-55　单元格字体格式设置的工具按钮

图 2-56　"边框"选项卡

技巧　　可以利用边框产生三维效果，方法是将浅色作为背景色，以白色作为边框顶部和左部的颜色，黑色作为边框底部和右部的颜色，这样就会产生凸的效果，反之则产生凹的效果。

（4）设置单元格图案。

如果想改善工作表的视觉效果，可以为单元格添加图案，Excel 提供了设置单元格图案的方法。要设置单元格图案，将"设置单元格格式"对话框切换到"图案"选项卡，如图 2-57 所示，然后在"图案"选项卡中进行图案的设置。

在"图案"选项卡中可以对单元格的底色、单元格底纹的类型和颜色进行设置。在"示例"预览框中可以预览设置的效果。

（5）单元格保护。

可以为单元格设置保护，防止非法的修改。在此之前必须设置工作表保护。当设置工作表保护后，只需将"设置单元格格式"对话框切换到"保护"选项卡，如图 2-58 所示，即可对单元格进行保护设置。

图 2-57 "图案"选项卡   图 2-58 "保护"选项卡

当定义一个单元格格式后，又要把这个单元格格式用于另外的单元格时，使用格式刷功能便能够快速实现。选中已经定义了格式的单元格或范围，单击"常用"工具栏中的"格式刷"按钮，然后单击需要复制单元格格式的单元格或单元格区域。

2. 格式化行和列

为了使工作表更加美观，需要适当地调整工作表的列宽和行高。适当的调整会有助于在一页中显示更多的数据，甚至在一行或者一列中隐藏保密的数据。

（1）调整行高和列宽。

在 Excel 中，工作表默认行高为 14.25，列宽为 8.38。想要改变行高和列宽，可以使用鼠标直接在工作表中进行修改，也可以利用菜单进行修改。

方法一：将鼠标移到行号区数字上、下边框或列号区字母的左、右边框上，按住鼠标左键并拖动调整行高或列宽至所需位置后释放鼠标即可。

方法二：选择"开始"|"单元格"|"格式"|"列宽"命令，打开"列宽"对话框，如图 2-59 所示。在"列宽"文本框中输入列宽值，然后单击"确定"按钮即可。

如果选择"开始"|"单元格"|"格式"|"自动调整列宽"命令，Excel 将自动调整列宽，使之适合列中最长的单元格的高度。

调整行高和调整列宽的操作相似，只是应选择"开始"|"单元格"|"格式"|"行高"命令。

图 2-59 "列宽"对话框

（2）隐藏与取消隐藏。

要将某些行和列隐藏起来，首先选中需要隐藏的行的行号区数字或列的列号区字母，然后选择"开始"|"单元格"|"格式"|"隐藏或取消隐藏"命令，最后在子菜单中选择需要隐藏的内容即可，如图 2-60 所示。

图 2-60 "开始"|"单元格"|"格式"|"隐藏或取消隐藏"命令

要将隐藏的行和列显示出来，首先选择包含隐藏行或列的上下行行号区数字或上下列的列号区字母，然后选择"开始"|"单元格"|"格式"|"隐藏或取消隐藏"命令，最后在子菜单中选择"取消隐藏"命令即可。

3. 自动套用格式

Excel 为用户提供了多种工作表格式，用户可以使用"自动套用格式功能"为自己的工作表穿上一件 Excel 自带的"修饰外套"，这样既可以美化工作表，还能节省大量的时间。

自动套用格式具体操作步骤如下。

（1）打开需要套用格式的工作表。

（2）选择"开始"|"式样"|"套用表格格式"命令，如图 2-61 所示，其中提供了多种可供选择的式样。

图 2-61 "开始"|"式样"|"套用表格格式"命令

（3）单击需要选择套用的格式，如中等深浅 27，弹出如图 2-62 所示的"创建表"对话框。

（4）选择需要套用的区域，单击"确定"按钮返回工作表，套用格式化后的效果如图 2-63 所示。

图 2-62 "创建表"对话框

图 2-63 套用格式化后的效果

4. 使用样式

为了方便使用者，Excel 提供了将数字、对齐、字体、边框、图案和保护等格式设置成样式的方法。可以根据需要将这几种格式组合成样式，并赋予名称。当需要设置工作表的格式时，只要使用样式功能将所定义的样式应用于选中的单元格区域，而不必使用"设置单元格格式"功能逐项设置。

（1）使用样式：选择"开始"|"样式"|"单元格样式"命令，即可使用样式功能，如图 2-64 所示。

图 2-64 选择"开始"|"样式"|"单元格样式"命令

Excel 提供了多种预定义的样式，如图 2-65 所示。选定单元格，单击需要的样式即可。

图 2-65 "样式"对话框

当 Excel 提供的样式不能满足需求时，可以采用自定义样式。新建自定义样式的具体操作步骤如下。

① 选择要添加样式的工作簿。

② 选择"开始"|"样式"|"单元格样式"|"新建单元格样式"命令，打开如图 2-65 所示的"样式"对话框。

③ 在"样式名"文本框中输入样式名，单击"格式"按钮，在弹出的"设置单元格格式"对话框中设定单元格样式。

④ 单击"确定"按钮，返回"样式"对话框，再单击"确定"按钮即可。

（2）合并样式：如果要把一个已经设置了样式的工作簿应用于另一个工作簿，可以使用合并样式功能。合并样式的具体操作步骤如下。

① 打开源工作簿（已经设置好样式的工作簿）和目标工作簿（要并入样式的工作簿），并激活目标工作簿。

② 在目标工作簿上选择"开始"|"样式"|"单元格样式"|"合并样式"命令，打开如图 2-66 所示的"合并样式"对话框。

③ 在"合并样式"对话框中的"合并样式来源"列表框中选择源工作簿，然后单击"确定"按钮即可。

图 2-66 "合并样式"对话框

2.1.8 打印工作表

打印是电子表格软件的一个重要内容，这是使用电子表格的一个关键步骤。事实上，当在屏幕上编制好工作表后，Excel 就会按默认设置安排好打印过程，只需要单击"标准"工具栏中的"打印"按钮即可开始打印。但是，不同行业的用户需要的报告样式是不同的，每个用户都会有自己的特殊要求。为方便用户，Excel 通过页面设置、打印预览等命令提供了许多用来设置或调整打印效果的实用功能，本小节将介绍怎样利用这些功能，以便打印出完美的、具有专业化水平的工作表。

1. 预览打印结果

在准备打印和输出工作表之前，有一些工作要做。例如，可以使用"打印预览"功能来快速查看打印面的效果，然后通过"页面设置"相关功能高速预览效果与最终期望的输出结果之间的差距，以达到理想的打印结果。

例如，打开"宏达公司五月份 1 旬销售情况"工作表，如图 2-67 所示，这个工作表由表格和曲线图两部分组成。

下面，查看"宏达公司五月份 1 旬销售情况"的打印预览结果，具体操作步骤如下。

（1）选中"宏达公司五月份 1 旬销售情况"。

（2）单击"文件"选项卡，选择"打印"选项，在窗口的右侧可以看到预览的结果，如图 2-68 所示。

图 2-67　宏达公司五月份 1 旬销售情况

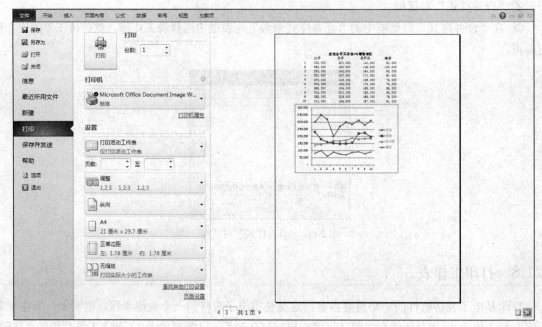

图 2-68　打印预览

　　预览窗口底部状态栏信息"第 1 页　共 1 页"说明这个工作表内容需要用 1 页纸打印出来，Excel 对于超过一页信息的内容，根据打印纸张的大小自动进行分页处理，单击 "下一页" ◄ 1　共2页 ► 按钮，依次浏览剩余几页的打印预览效果。

　　（3）单击功能区某一选项卡，将退出打印预览模式，返回工作表的常规显示状态。

　　2．打印设置

　　按以上步骤打印出的工作表显然还不能满足要求，能否通过一些操作使得打印结果更加符合要求呢？

　　（1）设置纸张方向。

　　可以按纵向和横向两个方向来设置文件的打印方向。纵向是以纸的短边为水平位置打印；横向是以纸的长边为水平位置打印。具体操作步骤如下。

　　① 选择"页面布局"选项卡。

　　② 单击"纸张方向"按钮，选择"纵向"或者"横向"命令，如图 2-69 所示，完成纸张方向

的设置。

（2）设置纸张大小。

选择"页面布局"|"页面设置"|"页面布局"命令，用户可以在该命令的下拉列表中选择需要的纸张大小，单击选择的纸张大小即可，如图 2-70 所示。

图 2-69　"纸张方向"按钮

图 2-70　"纸张大小"按钮

（3）设置缩放比例。

"页面布局"选项卡中有一个"调整为合适大小"选项组，如图 2-71 所示。用户可以通过单击"缩放比例：100%正常尺寸"选项中间的向上或向下的箭头，或者在选项中的小方框内输入数字来设置放大或缩小打印的工作表比例。Excel 允许用户将工作表缩小到正常大小的 10%，放大到 400%。

图 2-71　"调整为合适大小"选项组

（4）设置页边距。

页边距是指工作表中打印内容与页面上、下、左、右页边的距离，正确地设置页边距可以使工作表中的数据打印到页面的指定区域中，具体操作步骤如下。

① 选择"页面布局"选项卡。

② 单击"页面设置"组中的"启动器"按钮，弹出"页面设置"对话框。

③ 选择如图 2-72 所示的"页边距"选项卡。

图 2-72　"页边距"选项卡

④ 输入页边距、页眉和页脚的数值，或者单击文本框右边的向上或向下的箭头，也可以调整页边距。设置"页眉、页脚"距页边的距离的方法同上。只是页眉和页脚距页边的距离应小于工作表上端和下端页边距。

⑤ 单击"确定"按钮，完成设置。

在"居中方式"选项组中，选中"水平"复选框，工作表在水平方向居中；选中"垂直"复选框，工作表在垂直方向居中。若两个复选框都选中，则工作表位于页面中间。

（5）设置页眉页脚。

页眉是打印在工作表顶部的眉批或文本或页号。页脚是打印在工作表底部的眉批或文本或页号。用户可以选择 Excel 提供的页眉和页脚，如果页眉和页脚列表框中没有用户需要的格式，还可以自己定义页眉和页脚。具体操作步骤如下。

① 选择"页面布局"选项卡。

② 单击"页面设置"组中的"启动器"按钮，弹出"页面设置"对话框。

③ 选择"页眉/页脚"选项卡，单击"自定义页眉"或"自定义页脚"按钮，如图 2-73 所示。

④ 弹出"页眉"或"页脚"对话框，如图 2-74 所示。可以通过对话框中的"文字"、"页号"、"总页数"、"日期"、"时间"、"文件名"和"标签名"按钮定义页眉或页脚。

图 2-73 "页眉/页脚"选项卡

图 2-74 "页眉"对话框

（6）设置打印网络线与标题。

通常，网格线与标题是用户根据需要设计的。打印前，用户可以选中"页面布局"选项卡"工作表"选项组中的"网格线打印"或者"标题打印"选项，如图 2-75 所示。

（7）设置打印区域。

Excel 默认的打印区域是整个工作表，通过打印区域的设置，也可打印需要的局部工作表内容，具体操作步骤如下。

① 选择单元格区域。

② 选择"页面布局"选项卡。

③ 选择"打印区域"|"设置打印区域"命令，如图 2-76 所示。

④ 设置为打印区域的单元格区域将被虚线框中，效果如图 2-77 所示。

⑤ 单击"文件"选项卡，选择"打印"选项，检查打印结果，可以达到看到打印局部内容的目的，如图 2-78 所示。

图 2-75 "网格线打印"选项　　　　图 2-76 "打印区域"|"设置打印区域"命令

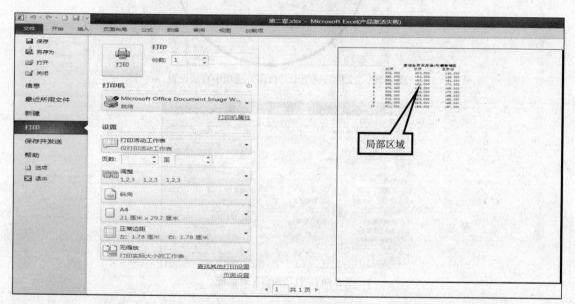

图 2-77 虚线框中打印区域

图 2-78 预览局部打印

如果打印工作仅是进行以下简单的打印设置，也可直接在"文件"选项卡 "打印"选项中直接设置，如图 2-79 所示。

3. 打印

打印工作表，可以通过按组合键 Ctrl+P 或者单击"Office"按钮，选择"开始"|"打印"命令，都可以打开如图 2-80 所示的"打印内容"对话框，进行完所需要的设置后，单击"确定"按钮执行打印命令。

下面介绍"打印内容"对话框中的主要选项。

● "选定区域"单选按钮：选中此选项后，只打印工作表中的选定单元格区域。

● "选定工作表"单选按钮：选中此选项后，打印当前工作表的所有区域，按选择的页号逐页打印。如果没有定义打印页号区域，则打印整个工作表。

● "整个工作簿"单选按钮：选中此选项后，打印工作簿的整个打印区域。

● "打印份数"列表框：可以选择打印的份数；当份数大于 1 时，可以选择分页打印。

图 2-79 "文件"选项卡"打印"选项中直接设置

图 2-80 "打印内容"对话框

● "全部"单选按钮：打印所选工作表的全部内容。

● "页"单选按钮：打印"由…到…"组合框中指定的页。

● "属性"按钮：单击此按钮将打开当前打印机的"属性"对话框。

● "打印到文件"复选框：如果用户要将选定的范围保存到硬盘或软盘上，保存为 Excel 的打印输出格式，可以选择此项。

● "预览"按钮：显示打印预览窗口。

2.2 公式

本节介绍公式的一些基本概念和语法，然后详细介绍如何建立、修改、移动和复制公式，公式的引用，公式的审核，用数组公式进行计算等内容。

2.2.1 公式概述

公式主要用于计算。可以说，没有公式的 Excel 就没有使用价值。使用公式可以进行简单的计算，如加、减、乘和除等；也可以完成很复杂的计算，如财务、统计和科学计算等；还可以使用公式进行比较或者操作文本和字符串。工作表中需要计算结果时，使用公式是最好的选择。

简单地说，公式就是一个等式，或者说是连续的一组数据和运算符组成的序列。

考察以下公式：（1）"=10*2/3+4"；（2）"=SUM(Al:A3)"；（3）"=B5&C6"。

第一个公式是用户所熟悉的，只是等号左边是省略的单元格。第二、第三个公式可能以前没有接触过。在 Excel 中，公式有其本身的特点，并且有自己的规定，或者叫做语法。

在工作表单元格中输入公式以后，公式的结果就会显示在工作表中。要想查看产生结果的公式，只需选中该单元格，公式就会出现在公式栏中。要在单元格中编辑公式，双击该单元格或者按 F2 键。

下面介绍公式中的运算符和公式的运算顺序。

1. 运算符

在 Excel 中，运算符可以分为 4 类：算术运算符、比较运算符、文本运算符和引用运算符。

用户通过算术运算符可以完成基本的数学运算，如加、减、乘、除、乘方和求百分数等，如表 2-1 所示的是 Excel 中所有的算术运算符。

表 2-1   Excel 中的算术运算符

公式中使用的符号和键盘符	含　　义	示　　例
+	加	8+8
−	减	8−8
−	负号	−8
*	乘	8*8
/	除	8/8
^	乘方	8^8
%	百分号	88%
( )	括号	(3+3)*3

比较运算符用于比较两个数值，并产生逻辑值 TRUE 和 FALSE，如表 2-2 所示的是 Excel 中所有的比较运算符。

表 2-2   Excel 中的比较运算符

公式中使用的符号和键盘符	含　　义	示　　例
=	等于	C1=C2
>	大于	C1>C2
<	小于	C1<C2
>=	大于等于	C1>=C2
<=	小于等于	C1<=C2
<>	不等于	C1<>C2

文本运算符可以将一个或者多个文本连接为一个组合文本。文本运算符只有"&"，其含义是将两个文本值连接或串联起来产生一个连续的文本值，如 CLASS&ROOM 的结果是 CLASSROOM。

引用运算符可以将单元格区域合并运算，如表 2-3 所示的是 Excel 中所有的引用运算符。

表 2-3   Excel 中的引用运算符

公式中使用的符号和键盘符	含 义	示 例
：（冒号）	区域运算符，对于两个引用之间，包括两个引用在内的所有单元格进行引用	A1:B5
，（逗号）	联合运算符，将多个引用合并为一个引用	SUM(Al:B2, A3:A4)
（空格）	交叉运算符，产生同时属于两个引用的单元格区域的引用	SUM(A4:H4 B3:B8)

2. 运算顺序

当公式中既有加法、减法，又有乘法、除法，也有乘方，Excel 是怎样确定其运算先后顺序呢？这就需要理解运算符的运算顺序，也就是运算符的优先级。对于同级运算，则按照从等号开始从左到右进行运算；对于不同级的运算符，则按照运算符的优先级进行运算。如表 2-4 所示的是常用运算符的运算优先级。

表 2-4   公式中运算符的优先级

运 算 符	说 明
：（冒号）	区域运算符
，（逗号）	联合运算符
（空格）	交叉运算符
（　）	括号
–（负号）	如：-5
%	百分号
^	乘方
*和/	乘和除
+和–	加和减
&	文本运算符
=、<、>、>=、<=、<>	比较运算符

3. 文本运算

文本运算符（&）用于连接字符串，例如公式："我爱"&"伟大的"&"中国"的结果是"我爱伟大的中国"。当然，文本运算符还可以连接数字，例如，公式=12&34 的结果是 1234 字符串。

 当用&来连接数字时，数字串两边的双引号可以没有，但对于连接一般的字母、字符串和文本时，双引号不可去掉，否则公式将返回错误值。

4. 比较运算

比较运算符可以对两个数字或者两个字符串进行比较，以产生逻辑值 TRUE 或 FALSE。例如公式=200<400 的结果是 TRUE；而公式=100>400 的结果则是 FALSE。

 用比较运算符对字符串进行比较的时候，Excel 会先将字符串转化成内部的 ASCII 码，然后再作比较。因此公式="AB" > "BC"的结果是 FALSE。

5. 数值转换

在公式中，每个运算符都需要特定类型的数值与之对应。如果输入数值的类型与所需的类型不同，Excel 有时可以对这个数值进行转换。下面举几个例子来说明公式中数值的转换。

例如公式= "1" + "2"，产生的结果是 3。这是因为使用 "+" 时，Excel 会认为公式中运算项为数值。虽然公式中的引号说明 "1" 和 "2" 是文本型数字，但 Excel 会自动将文本数字转换成数值。又例如公式= "1" + "$2.00"，结果也是 3，其原因与此相同。又例如，使用函数的公式=SQRT("9")，则公式也会先将字符 "9" 转换成数值 9，然后再计算 SQRT() 函数，即对 9 的开方（有关函数的使用参看本章后面的章节），得到结果 3。

例如公式="A"&TRUE，产生的结果是 ATRUE。这是因为需要文本时，Excel 会自动将数值和逻辑型值转换成文本。

6. 日期和时间

在 Excel 中，不仅可以对数字或者字符进行运算，同样可以对日期进行运算。Excel 会将日期存储为一系列的序列数，而将时间存储为小数，因为时间可以被看成日期的一部分。

用户可以用一个日期减去另外一个日期来计算两个日期的差值。例如，公式="98/10/1"-"97/8/1" 的结果为 426。即 98 年 10 月 1 日和 97 年 8 月 1 日之间相差 426 天。

同样可以对日期进行其他的混合运算，例如，公式="98/10/1"-"97/8/1"/"98/10/1"的结果为 36068.01。

当在 Excel 中输入日期，并且年份输入为两位数时，Excel 会将在 00～29 之间的输入数解释为 2003～2029 年，而将在 30～99 之间的输入数解释为 1930～1999 年。例如，对于 12/7/7，Excel 会认为这个日期为 2012 年 7 月 7 日，而将 95/10/1 认为是 1995 年 10 月 1 日。

---

7. 语法

所谓公式的语法，就是公式中元素的结构或者顺序。Excel 中的公式遵循一个特定的语法：最前面是等号 "="，后面是参与运算的元素和运算符。元素可以是常量数值、单元格引用、标志名称以及工作表函数。

2.2.2 公式的基本操作

公式的运用在 Excel 中占有很重要的地位。下面介绍公式的一些基本常用操作。

1. 建立公式

公式的建立在前面的一些例子中都曾经提到过，这一节正式介绍怎样通过键盘和公式选项板来创建公式。

（1）输入公式。用键盘创建公式的操作步骤如下。

① 选择要输入公式的单元格。

② 先输入等号 "="，然后输入计算表达式；如果使用的是函数向导向单元格输入公式，Excel 会自动在公式前面插入等号。

③ 按 Enter 键完成公式的输入。

如果在某一区域内输入同一个公式，单个输入显然太慢了。这时可以选中该单元格区域，输入所需要的公式，然后按 Ctrl+Enter 键，则 Excel 会自动将所有单元格都粘贴上该输入公式。这不仅对公式有效，而且对其他文本和字符都有效。

（2）公式选项板。使用公式选项板来输入公式。如果创建含有函数的公式，那么公式选项板有助于输入工作表函数和公式。

要显示公式选项板，可以单击编辑栏中的按钮 f_x，在弹出如图 2-81 所示的"插入函数"对话框中选择需要的函数。点击该函数后，会出现如图 2-82 所示"函数参数"对话框，当在公式中输入函数时，公式选项板会显示函数的名称、函数中的每个参数、函数的当前结果和整个公式的结果等。

图 2-81 "插入函数"对话框

图 2-82 输入函数的公式选项板

下面以计算 10、25、30 的平均值为例来说明公式选项板的使用，这里要借助 AVERAGE 函数。操作步骤如下。

① 选中一个单元格。

② 单击编辑栏中的 f_x 按钮，将会弹"插入函数"对话框中。选择需要的函数 AVERAGE。

③ 在"函数参数"对话框公式选项板的函数 AVERAGE 参数栏中分别输入 10、25 和 30。

④ 输入完毕后，计算结果将出现在公式选项板上，如图 2-82 所示。

⑤ 单击"确定"按钮完成公式的输入，完整的公式将出现在编辑栏中，而计算结果就会显示在所选单元格上。

2. 修改公式

如果发现某个公式有错误，就必须对该公式进行修改。对公式的修改非常简单。

（1）单击包含需要修改公式的单元格。

（2）在编辑栏中对公式进行修改。如果需要修改公式中的函数，则替换或修改函数的参数。

3. 公式的移动和复制

如果要将含有公式的单元格整个（包括格式、边框等）移动或者复制到另外的单元格或区域，可以按照前面章节介绍的移动和复制单元格的方法，也可以只粘贴单元格的公式。

如图 2-83 所示，在单元格 A1 中有一个公式=40+50*3，现在要将它移动或者复制到 C3 单元格，可以按照如下步骤进行操作。

① 单击 A1 单元格。

② 单击"常用"工具栏中的"剪切"（进行移动操作）或者"复制"按钮（进行复制操作）。

③ 在 C4 单元格上单击鼠标右键，在弹出的快捷菜单中选择"选择性粘贴"命令，如图 2-84 所示。

图 2-83　单元格中的公式　　　　　　图 2-84　"选择性粘贴"对话框

④ 在"选择性粘贴"对话框中选中"公式" fx 单选按钮。

⑤ 单击"确定"按钮，完成移动或者复制操作。

2.2.3　公式的引用

每个单元格都有自己的行、列坐标位置，在 Excel 中将单元格行、列坐标位置称之为单元格引用。在公式中可以通过引用来代替单元格中的实际数值。在公式中不但可以引用本工作簿中任何一个工作表中任何单元格或单元格组的数据，也可以引用其他工作簿中的任何单元格或者单元格组的数据。

引用单元格数据以后，公式的运算值将随着被引用的单元格数据变化而变化。当被引用的单元格数据被修改后，公式的运算值将自动修改。

1. 引用的类型

为满足用户的需要，Excel 提供了 3 种不同的引用类型：相对引用、绝对引用和混合引用。在引用单元格数据时，要弄清这 3 种引用类型。

（1）绝对引用。绝对引用是指被引用的单元格与引用的单元格的位置关系是绝对的，无论将这个公式粘贴到哪个单元格，公式所引用的还是原来单元格的数据。绝对引用的单元格名称的行和列前都有符号"$"，例如，$A$l、$D$2 等。

（2）相对引用。相对引用的格式是直接用单元格或者单元格区域名，而不加符号"$"，例如，A1，D2 等。使用相对引用后，系统将会记住建立公式的单元格和被引用的单元格的相对位置关系，在粘贴这个公式时，新的公式单元格和被引用的单元格仍保持这种相对位置。

如图 2-85 所示的是包含 4 位学生成绩的成绩表。要计算 4 个人各科的平均分和总评成绩。

	A	B	C	D	E	F
1						
2	所占比例	30%	30%	30%	10%	
3						
4		语文	数学	英语	体育	总评
5	美美	88	92	88	98	
6	露露	85	90	89	89	
7	小强	96	85	78	93	
8	小峰	87	89	84	95	
9	平均分					

图 2-85　成绩表

计算平均分的公式是 4 人成绩的平均值。

计算总评成绩的公式是：总评成绩=语文*30%+数学*30%+英语*30%+体育*10%；各科在总评中所占比例已经列于第二行。

运用绝对引用和相对引用计算平均分和总评成绩的操作步骤如下。

① 在单元格 B9 中输入公式=AVERAGE(B5，B6，B7，B8)；在这个公式中，对单元格 B5～B8 都使用了相对引用。

② 确定以后，可以在单元格 B9 中得到计算结果。下面将单元格 B9 的公式复制到 C9、D9、E9、F9 中，复制完成后，用户就会发现这些单元格中的公式与 B9 单元格的公式不同了。原来公式中的 B 分别被改为 C、D、E 和 F。这就是相对引用。

③ 在单元格 F5 中输入公式=B5*$B$2+C5*$C$2+D5*$D$2+E5*$E$2。

在这个公式中，对单元格 B5～D5 都使用了相对引用，而对 B2～D2 则采用了绝对引用。下面将单元格 F5 的公式复制到 F6、F7 和 F8 中，复制完成后，可以发现这些单元格中，公式相对引用的单元格名称变了，而绝对引用的单元格名称没有改变。这时可以按 Ctrl+` 快捷键（用来切换查看公式还是公式的结果的快捷键）来查看工作表的所有公式。

（3）混合引用。若符号$在数字之前，而字母前没有$，那么被应用的单元格的行位置是绝对的，列位置是相对的。反之，行的位置是相对的，而列的位置是绝对的。这就是混合引用，例如，$E3 或者 E$3。

2．引用同一工作簿中的单元格

在当前工作表中可以引用其他工作表中单元格的内容。例如，当前的工作表是 Sheet 1，如果要在 A1 单元格中引用工作表 Sheet 3 中 B6:B8 的内容之和，有以下两种方法。

（1）直接输入。在 Sheet 1 中选择 A1 单元格，输入 "=SUM(Sheet3！B6:B8)"，然后按 Enter 键。

（2）用鼠标选择需要引用的单元格。在 Sheet 1 中选择 A1 单元格，输入 "=SUM("；单击 Sheet 3 工作表的标签；在 Sheet 3 中选择 B6:B8 单元格，然后按 Enter 键。

注意　当编辑栏中显示 Sheet 1 中 A1 单元格的公式 "=SUM(Sheet3！B6：B8" 时，此公式还缺少一个 "）"，这时可以在编辑栏中补上 "）"，也可以直接按 Enter 键，Excel 会自动加上一个 "）"

3．引用其他工作簿中的单元格

在当前工作表中可以引用其他工作簿中的单元格或者单元格区域的数据或者公式。例如，当前的工作簿是 "工作簿2"，如果 "工作簿" 的 Sheet 1 工作表中的 A1 单元格要引用 "工作簿 1"（文件存放的路径是 "C:\My Documetns\工作簿 1.xls" 中的$B$3:$B$4 单元格中的数据，可以按以下步骤进行操作。

（1）直接输入。在 Sheet 1 中选择 A1 单元格，输入 "= SUM('C:\My Documetns\[工作簿 1.xls]Sheet1'!$B$3:$B$4)"，然后按 Enter 键。

（2）选择需要引用的单元格。在 Sheet 1 中选择 A1 单元格，输入 "=SUM（"，打开 "工作簿 1"，在其中单击工作表 Sheet 1 的标签，在 Sheet 1 中选择$B$3:$B$4 单元格，然后按 Enter 键，关闭 "工作簿 1"。

为了便于操作和观察，可以选择 "窗口"|"重排窗口" 命令，接着单击 "确认" 按钮或者按 Enter 键，使 "工作簿 1" 和 "工作簿 2" 同时显示在屏幕上，然后再进行上述的操作。

2.2.4 公式的错误与审核

审核公式对公式的正确性来说至关重要，它包括循环引用、公式返回的错误值、审核及检查等内容。

1. 循环引用

使用公式时引用公式自身所在的单元格，这时公式将把它视为循环引用。所谓公式的循环引用，指的是公式直接或者间接引用该公式所在的单元格的数值。在计算循环引用的公式时，Excel 必须使用前一次迭代的结果来计算循环引用中的每个单元格。而迭代的意思就是重复工作表直到满足特定的数值条件。如果不改变迭代的默认设置，Excel 将在 100 次迭代以后或者两个相邻迭代得到的数值变化小于 0.001 时停止迭代运算。

在使用循环引用时，可以根据需要来设置迭代的次数和迭代的最大误差，在 Excel 中默认的迭代次数为 100 次。

更改默认的迭代设置操作步骤如下。

（1）单击"文件"选项卡，选择"Excel 选项"|"公式"命令，打开如图 2-86 所示的"Excel 选项"对话框。

图 2-86 "Excel 选项"对话框

（2）选中"迭代计算"选项。

（3）根据需要在"最多迭代次数"文本框中和"最大误差"文本框中输入进行迭代运算时的最多迭代次数和最大误差。

（4）单击"确认"按钮，完成设置。

2. 公式返回的错误值

如果输入的公式不符合格式或者其他要求，就无法在 Excel 工作表的单元格中显示运算结果，该单元格中会显示错误值信息，如"#####!"、"#DIV/01"、"#N/A"、"# NAME?"、"#NULL!"、"#NUM!"、"#REF!"、"#VALUE!"。了解这些错误值信息的含义有助于用户修改单元格中的公式。表 2-5 所示为 Excel 中的错误值及其含义。

表 2-5　　　　　　　　　　　　　　　　错误值及其含义

错　误　值	含　义
#####!	公式产生的结果或输入的常数太长，当前单元格宽度不够，不能正确地显示出来，将单元格加宽即可避免这种错误
#DIV/0!	公式中产生了除数或者分母为 0 的错误，这时候就要检查是否存在以下几种情况：（1）公式中是否引用了空白的单元格或数值为 0 的单元格作为除数；（2）引用的宏程序是否包含有返回"#DIV/0!"值的宏函数；（3）是否有函数在特定条件下返回"#DIV/0！"错误值
#N/A	引用的单元格中没有可以使用的数值，在建立数学模型缺少个别数据时，可以在相应的单元格中输入#N/A，以免引用空单元格
# NAME?	公式中含有不能识别的名字或者字符，这时候就要检查公式中引用的单元格名称是否输入了不正确的字符
#NULL!	试图为公式中两个不相交的区域指定交叉点，这时候就要检查是否使用了不正确的区域操作符或者不正确的单元格引用
#NUM!	公式中某个函数的参数不对，这时候就要检查函数的每个参数是否正确
#REF!	引用中有无效的单元格，移动、复制和删除公式中的引用区域时，应当注意是否破坏了公式中单元格引用，检查公式中是否有无效的单元格引用
#VALUE!	在需要数值或者逻辑值的位置输入了文本，检查公式或者函数的数值和参数

3. 审核及检查

Excel 提供了公式审核功能，使用户可以跟踪选定范围中公式的引用或者从属单元格，也可以追踪错误。使用这些功能的操作方法为：选中需要审核的公式所在的单元格，然后选择"公式"选项卡"公式审核"选项组，如图 2-87 所示，该选项组包含了审核公式功能的各种命令。

图 2-87　"公式审核"子菜单

如果需要显示公式引用过的单元格，在图 2-87 的菜单中选择"追踪引用单元格"命令，或者单击"公式审核"工具栏中的"追踪引用单元格"按钮。这时公式所引用过的单元格就会有追踪箭头指向公式所在的单元格。取消该追踪箭头的方法是单击"公式审核"工具栏中的"移去追踪引用单元格箭头"按钮。

如果需要显示某单元格被哪些单元格的公式引用，可以在图 2-87 的菜单中选择"追踪从属单元格"命令，或者单击"公式审核"工具栏中的"追踪从属单元格"按钮。这时该单元格就会产生指向引用它的公式所在单元格的追踪箭头。在删除单元格之前，最好使用这种方法来检查该单元格是否已被其他公式所引用。单击"公式审核"工具栏中的"移去追踪从属单元格箭头"按钮可取消追踪箭头。

当单元格显示错误值时，选择"公式审核"选项组中的"错误检查"命令的下拉箭头，在下拉菜单中选择"追踪错误"命令，如图 2-88 所示，即可追踪出产生错误的单元格。

图 2-88　"追踪错误"命令

要取消上述的所有追踪箭头，可以在"公式审核"选项中选择"移去箭头"命令的下拉箭头，选择下拉菜单中合适的命令。

要在每个单元格显示公式，而不是结果值，可以单击"公式审核"选项组中"显示公式"按钮，此时工作表中所有设置公式的单元格均将显示公式，如图 2-89 所示。

	A	B	C	D	E	F
1						
2	所占比例	0.3	0.3	0.3	0.1	
3						
4		语文	数学	英语	体育	总评
5	美美	88	92	88	98	=B5*$B$2+C5*$C$2+D5*$D$2+E5*$E$2
6	露露	85	90	89	89	=B6*$B$2+C6*$C$2+D6*$D$2+E6*$E$2
7	小强	96	85	78	93	=B7*$B$2+C7*$C$2+D7*$D$2+E7*$E$2
8	小峰	87	89	84	95	=B8*$B$2+C8*$C$2+D8*$D$2+E8*$E$2
9	平均分	=AVERAGE(B5,B6,B7,	=AVERAGE(C5,C6,C7,	=AVERAGE(D5,D6,D7,	=AVERAGE(E5,E6,E7,	=B9*$B$2+C9*$C$2+D9*$D$2+E9*$E$2

图 2-89　单元格显示公式

2.2.5　数组计算

数组是一组公式或值的长方形范围，Excel 视数组为一组。有些数组公式返回一组出现在很多单元格中的结果。数组是小空间进行大量计算的强有力的方法。它可以代替很多重复的公式。

1. 输入数组公式

输入数组，具体操作步骤如下。

（1）选中需要输入数组公式的单元格或者单元格区域。

（2）输入公式的内容。

（3）按 Shift + Ctrl + Enter 快捷键结束输入。

输入数组公式其实是一个非常简单的操作过程，但要理解它并不容易。下面举例来帮助用户理解怎样建立数组公式。

如图 2-90 所示的内容，要在 C 列得到 A 列和 B 列 1～4 行相乘的结果，这当然可以在 C1 单元格输入公式=A1*B1，然后复制。现在要使用数组的方法得到这些结果，这时，A1～A4 和 B1～B4 的数据就是数组的参数。具体步骤如下。

选定 C1～C4 单元格区域(注意：4 个单元格全部选中)，然后在编辑栏中输入公式=A1:A4*B1:B4，按 Shift + Ctrl + Enter 快捷键结束输入，得到如图 2-91 所示的结果。

	A	B	C
1	20	87	
2	25	55	
3	63	65	
4	66	14	
5			

图 2-90　数组参数

C1 　　fx =A1:A4*B1:B4

	A	B	C	D
1	20	87	1740	
2	25	55	1375	
3	63	65	4095	
4	66	14	924	

图 2-91　返回多个结果

注意　　数组公式如果返回多个结果，当删除数组公式时，必须删除整个数组公式，即选中整个数组公式所在单元格区域然后再删除，不能只删除数组公式的一部分。

2. 选中数组范围

通常，输入数组公式的范围，其大小与外形应该与作为输入数据的范围的大小和外形相同。如果存放结果的范围太小，就看不到所有的结果；如果范围太大，有些单元格中就会出现不必要的"#N/A"错误。因此，选择的数组公式的范围必须与数组参数的范围一致。

3. 数组常量

在数组公式中，通常都使用单元格区域引用，也可以直接输入数值数组。直接输入的数值数组被称为数组常量。当不想在工作表中逐个单元格输入数值时，可以使用这种方法来建立数组常量。

可以使用以下的方法来建立数组中的数组常量：直接在公式中输入数值，并且用大括号"{}"括起来，需要注意的是，把不同列的数值用逗号","分开，不同行的数值用分号";"分开。例如，如果要表示一行中的100、200、300和下一行中的400、500、600，应该输入一个2行3列的数组常量{100,200,300;400,500,600}。

在实际应用中，先选中一个2行3列的矩形区域，然后输入公式={100，200，300；400，500，600}，按Shift + Ctrl + Enter快捷键结束输入，则在这个2行3列的矩形区域即可一次得到所需的数值，如图2-92所示。

图 2-92 数组常量举例

数组常量有其输入的规范，因此，无论在单元格中输入数组常量还是直接在公式中输入数组常量，并非随便输入一个数值或者公式就可以了。

在 Excel 中，使用数组常量时应该注意以下规定。

- 数组常量中不能含有单元格引用，并且数组常量的列或者行的长度必须相等。
- 数组常量可以包括数字、文本、逻辑值 FALSE 和 TRUE 以及错误值，如"#NAME?"。
- 数组常量中的数字可以是整数、小数或者科学记数公式。
- 在同一数组中可以有不同类型的数值，如{1,2,"A",TURE}。
- 数组常量中的数值不能是公式，必须是常量，并且不能含有$、( )或者%。
- 文本必须包含在双引号内，如"CLASSROOMS"。

2.3 函数

函数处理数据的方式与公式处理数据的方式相同，函数通过引用参数接收数据，并返回结果。大多数情况下，返回的是计算结果，也可以返回文本、引用、逻辑值、数组，或者工作表的信息。本节中列出的函数都可以用于工作表或 Excel 宏表中。本节将介绍如何使用函数，然后介绍 Excel 中的一些工作表函数及其参数说明。

2.3.1 函数概述

前面已经看到，单元格中可以包括文本、公式或者函数。通过公式和函数可以在单元格中放置计算的值。公式可以进行加、减、乘、除运算，也可以包含函数。

Excel 用预置的工作表函数进行数学、文本、逻辑的运算或者查找工作表的信息。与直接用公式进行计算相比，使用函数进行计算的速度更快。例如公式=(A1+A2+A3+A4+A5+A6+A7+A8)/8 与使用函数公式=AVERAGE(A1: A8)是等价的。但是，使用函数速度更快，而且占用工具栏的空间更少，同时可以减少输入出错的机会，因此，应该尽量使用函数。

函数通过参数接收数据，输入的参数应该放在函数名之后，并且必须用括号括起来，各函数使用特定类型的参数，如数值、引用、文本或者逻辑值。函数中使用参数的方式与等式中使用变量的方式相同。

函数的语法以函数的名称开始，后面是左括号以及逗号隔开的参数和右括号。如果函数要以公式的形式出现，则在函数名前输入等号。

1. 函数分类

Excel 提供了大量的函数，这些函数按功能可以分为以下几种类型。

（1）数字和三角函数：可以处理简单和复杂的数学计算。

（2）文本函数：文本函数用于在公式中处理字符串。

（3）逻辑函数：使用逻辑函数可以进行真假值判断，或者进行符号检验。

（4）数据库函数：用于分析数据清单中的数值是否符合特定条件。

（5）统计函数：可以对选定区域的数据进行统计分析。

（6）查找和引用函数：可以在数据清单或者表格中查找特定数据，或者查找某一单元格的引用。

（7）日期与时间函数：用于在公式中分析和处理日期和时间值。

（8）过程函数：用于工程分析。

（9）信息函数：用于确定存储在单元格中的数据的类型。

（10）财务函数：可以进行一般的财务计算。

2. 输入函数

输入函数与输入公式的过程类似。可以在单元格中直接输入函数的名称、参数，这是最快的方法。如果不能确定函数的拼写以及函数的参数，则可以使用函数向导插入函数。

输入单个函数操作步骤如下。

（1）选中需要输入函数的单元格。

（2）选择"公式"|"函数库"|"插入函数"命令，或者单击编辑栏中的 *fx* 按钮，打开如图 2-93 所示的"插入函数"对话框。

图 2-93 "插入函数"对话框

（3）在"或选择类别"下拉列表框中选择所需的函数类型，则该函数类型的所有函数将显示在"选择函数"列表框中，在该列表框中选择需要使用的函数。

（4）单击"确定"按钮完成函数的输入。

在"插入函数"对话框中，两个列表框下方有选中函数的说明，通过这些说明可以了解所选函数的作用。

2.3.2 常见的函数

Excel 中的函数有 200 多个，下面列出了比较常用的 Excel 函数及其参数，并且进行了解释、说明和举例。

1. 财务函数

输入财务函数，并不需要输入财务等式，因为 Excel 函数处理的速度很快，而且不容易出错。

（1）DB 函数。DB 函数是用固定余额递减法来计算一笔资产在给定期间内的折旧费。其语法为：DB（cost, salvage, life, period, month）。其中，cost 为资产的初始价值；salvage 为资产全部折旧后的剩余价值；life 为资产折旧的时间长度；period 为需要计算折旧值的单个时间周期，它的单位必须与 life 相同；month 为第一年的月份数，如果缺省，则默认为 12 个月。

例如，要计算￥500000 在剩余价值为￥100,000，3 年使用期限，第一年中使用 6 个月的情况下第一年的固定余额递减折旧费，应使用公式：=DB（500000,100000,3,1,6），输入该公式，按回车键可得"￥103750.00"。

（2）DDB 函数。DDB 函数利用双倍余额递减法或其他方法来计算指定期间内某项固定资产的折旧费。它返回加速利率的折旧费——早期大，后期小。这种方法是以资产的净账簿值（资产价值减去前几年的折旧费）的百分比来计算折旧费。其语法为：DDB(cost, salvage, life, period, factor)。其中，前 4 个参数的定义可以参看 DB 函数。factor 参数是指定余额递减法，默认为 2，表示一般的双倍余额递减法，如果设置 3，则表示 3 倍余额递减法。

例如，要计算￥100000 的机器在剩余价值为￥10000，5 年使用期限（60 个月）的折旧费，可以使用公式=DDB(100000,10000,60,1)来计算第一个月的双倍余额递减折旧费为￥3333.33；使用公式 =DDB(100000,10000,5,1) 来计算第一年的双倍余额递减折旧费为￥40000.00；使用公式 =DDB(100000,10000,5,5)来计算第五年的双倍余额递减折旧费为￥2960.00。

（3）PV 函数。PV 函数是计算某项投资的一系列等额分期偿还额的现值之和或一次性偿还额。其语法为：PV(rate, nper, pmt, fv, type)。其中，rate 为各期利率；nper 为投资期限；pmt 为各个数额相同时的定期支付额；fv 为投资在期限终止时的剩余值，其默认值为 0；type 用于确定各期的付款时间是在期初还是期末，type 为 0 表示期末，type 为 1 表示期初，其默认值为 0。

例如，有一个投资机会，只需要现在投资￥120000，就可以在未来 5 年中每年返回￥30000。为决定这项投资是否可以接受，必须计算将得到的等额分期偿还额￥30000 的现值之和。假设现在的银行利率为 4.0%，可以使用公式：=PV（4%,5,30000）。

该公式使用了 pmt 参数；没有 fv 参数；也没使用 type 参数，表示支付发生在每个周期的期末。输入该公式按回车键可得"￥-133554.67"，意味着现在投入￥133554.67 才能得到每年返回的 ￥30000。由于现在只需要￥120000，因此这是一项可以接受的投资。

如果该投资不是在未来 5 年中每年返回￥30000，而是一次性的，这时就应该使用公式：=PV （4%,5,150000）。

这里必须使用逗号作为占位符来表示未用到 pmt 参数，以便使 Excel 知道 150000 为 fv 参数；这里同样省略了 type 参数，其含义同上。输入该公式按回键可得"￥-123,289.07"，意味着现在投入￥133554.67 才能得到 5 年后返回￥150000，因此这仍然是一项可以接受的投资。

（4）NPV 函数。NPV 函数是基于一系列现金流和固定的各期利率，返回一项投资的净现值。一般来说，任何产生大于 0 的净现值都被认为有利可图。其语法为：NPV(rate, valuel, value2, …)。其中，rate 为各期利率；valuel, value2, …为 1～29 笔支出及收入的参数值。它们所属各期间的长度必须相等，支付及收入的时间都发生在期末。NPV 按次序使用 valuel, value2, …来注释现金流的次序。所以一定要保证支出和收入的数额按正确的顺序输入。

如果参数是数值、空白单元格、逻辑值或表示数值的文字表达式，则都会计算在内；如果参数是错误值或不能转化为数值的文字，则被忽略。如果参数是一个数组或引用，只有其中的数值部分计算在内，忽略数组或引用中的空白单元格、逻辑值、文字及错误值。NPV 函数在两个重要方面不同于 PV 函数。PV 函数假定相同的支付额，而 NPV 则允许可变的支付额。另一个重要区别在于 PV 函数允许支付和接收发生在周期开始或者结束，而 NPV 函数假定所有支付和接收都均等分布，发生在周期结束。如果投资费用必须在前面全部付清，则不应将此项费用作为 value 参数之一，而应当从函数结果中减去它。另一方面，如果该费用必须在第一期结束时付清，则应当将它作为第一个负 value 参数。

例如，要进行一项投资￥150000，预计第一年末损失￥10000，而第二年年末、第三年年末和第四年年末分别可以获得￥50000、￥75000、￥95000。银行利率为 5%，要估计这项投资是否划算，则应使用公式：=NPV(5%,-10000,50000,75000,95000)-150000。

计算结果为"￥28772.22"。所以这项投资可以接受。

（5）RATE 函数。RATE 函数用于计算得到一系列等额支付或者一次总支付的投资收益率。其语法为：RATE (nper, pmt, pv, fv, type, guess)。其中，nper, pmt, fv, type 可以参考 PV 函数；pv 为投资额现值；guess 提供给 Excel 开始计算收益率的一个起点，默认值为 0.1，即 10%。

例如考虑一项 4 年内每年可以得到￥100000 的投资，投资费用为￥320000。要计算投资的实际收益率，可以利用公式：=RATE(4,100000,-320000)，按回车键可得"为 10%"。准确的结果为 0.0956422744525717，但是由于答案是一个百分比，因此 Excel 将单元格格式转化为百分比。

RATE 函数是利用迭代过程来计算利率的。函数从给定的 guess 参数值开始计算投资的利润率。如果第一个净现值大于 0，则函数选择一个较低的利率进行第二次迭代。RATE 函数继续这个过程直到得到正确的收益率或者已经迭代 20 次。如果在输入 RATE 函数后得到错误值"#NUM!"，则 Excel 也许不能在 20 次迭代内求得收益率。选择一个不同的 guess 参数为函数提供一个运行起点。

（6）IRR 函数。IRR 函数是计算一组现金流的内部收益率。这些现金流必须按固定的间隔发生，如按月或按年。其语法为：IRR (values, guess)。其中，values 为数组或包含用来计算内部收益率的数字单元格的引用。允许只有一个 value 参数，它必须至少包括一个正数值和负数值。IRR 函数忽略文字、逻辑值和空白单元格。

IRR 函数根据数值的顺序来解释现金流的顺序，故应确定按需要的顺序输入了支付和收入的数值。guess 参看 RATE 函数。

IRR 函数很近似于 RATE 函数。RATE 函数和 IRR 函数的区别类似于 PV 函数和 NPV 函数的区别。与 NPV 函数一样，IRR 函数考虑了投资费用和不等支付额的问题，故其应用范围更广一些。

例如，要进行一项￥120000 的投资，并预期今后 5 年的净收益为￥25000、￥27000、￥35000、

¥38000 和¥40000。建立一个包含投资和收入信息简单工作表。在工作表的 A1：A6 单元格中分别输入以下数值：－¥120000、¥25000、¥27000、¥35000、¥38000 和¥40000。然后输入公式：=IRR(A l:A6)，计算此项投资在 5 年后的内部收益率，结果为 11%。输入公式：=IRR(A l:A5)，计算此项投资 4 年后的内部收益率，结果为 2%。输入公式：=IRR(A l:A4，-10%)，计算此项投资 3 年后的内部收益率，并由－10%的利率开始算起，结果为-14%。

2. 日期与时间函数

在上节中提到过日期与时间的运算，Excel 中将日期和时间记录为序列数。下面简单介绍常用的日期与时间函数。

（1）NOW 函数。NOW 函数返回计算机的系统日期和时间所对应的日期、时间序列数。其语法为：NOW( )，例如，当前日期为 1999 年 6 月 14 日 20:52，如果正在使用的是 1900 日期系统，则输入公式：=NOW( )，按回车键，得到结果为 36325.8697400463，如果单元格的格式为日期格式，则显示"1999-6-14 20:52"。十分钟后 NOW 函数将得到 36325.8770170139，如果单元格的格式为日期格式，则显示为："1999-6-14 21:02"。

（2）TODAY 函数。TODAY 函数返回当前日期的序列数，该函数与 NOW 函数的作用一样，只是不返回序列数的时间部分。工作表打开或者重新计算时 Excel 会更新序列数。其语法为：TODAY( )。

（3）DATE 函数。DATE 函数返回某一特定日期的序列数。其语法为：DATE(year, month, day)。其中，year 为年；month 为月份，如果输入的月份大于 12，将从指定年份的一月份开始往上累加；day 为在该月份中第几天的数字，如果 day 大于该月份的最大天数时，将从指定月份的第一天开始往上累加。

函数 DATE 在那些年份、月份和日期的公式中非常有用。

例如，公式：=DATE(99,5,1)，按回车键之后得到"36281"，此序列数对应 1999 年 5 月 1 日。

（4）DATEVALUE 函数。DATEVALUE 函数得到的结果是 date text 参数所表示的序列数。它可以将文字表示的日期转换成一个序列数。其语法为：DATEVALUE(date_text)。其中，date text 参数可以是 Excel 预定义的任何日期格式。

例如，要得到 1998 年 6 月 1 日的序列数，可以使用公式：=DATEVALUE("06-01-98")，所得结果为"35947"。

（5）NETWORKDAYS 函数。NETWORKDAYS 函数得到的结果是参数 start_data 和 end_data 之间总的工作天数。计算工作天数时应注意工作日不包括周末和专门指定的假期。其语法为：NETWORKDAYS=(start_date,end_date,holidays)。其中，start_date 为起始日期的日期值；end_date 为终止日期的日期值；holidays 为可选清单，指需要从工作日历中排除的日期值，如各种法定假日或自定假日。

如果该函数不存在，运行"安装"程序来加载"分析工具库"安装完毕之后，必须通过选择"工具"|"加载宏"命令，在"加载宏"对话框中选择并启用它。

如果任何参数为非法日期值，函数 NETWORKDAYS 将得到错误值"#NUM!"。

例如，要计算 1998 年 3 月 1 日到 1998 年 3 月 19 日的总工作天数（除去节假日和 3 月 8 日），则使用公式：=NETWORKDAYS(DATEVALUE("03-01-98")，DATEVALUE("03-19-98")，DATEVALUE("03-08-98")，其结果为 14。

（6）WEEKDAY 函数。WEEKDAY 函数用来计算与 serial_number 对应的序列数是星期几。其值为 1~7 之间的整数。其语法为：WEEKDAY(serial_number, return_type)。其中，serial_number 为日期-时间代码，它可以是数字，也可以是文本，如 "30-Apr-1998" 或者 35915；return_type 为可选，用以确定一星期从哪天开始，默认值由星期日开始为 1，到星期六为 7；其值为 2，则由星期一开始为 1，到星期日为 7；其值为 3，则由星期一开始为 0，到星期日为 6。

例如，要想知道 1998 年 12 月 25 日是星期几，可以输入公式：=WEEKDAY("12-25-98", 2)，得到结果为 5，即星期五。

（7）EOMONTH 函数。EOMONTH 函数用来计算 start_date 之前或之后指定月份中最后一天的日期序列数。其语法为：EOMONTH(start_date, months)。其中，start_date 为起始日期的日期值；months 为 start_date 之前或之后的月数。如果是正数，指将来的日期，如果是负数，指过去的日期。

例如，若今天为 1998 年 10 月 1 日，要想知道这个月底的序列数，可以使用公式：=EOMONTH(TODAY( ),0)，得到结果为 36099 或 10/31/98。

3. 数学与三角函数

数学与三角函数是工作表中大部分计算的基础，特别是在它当中可以找到大多数科学与过程函数。

（1）SUM 函数。SUM 函数用于计算一系列数字之和。其语法为：SUM(numberl, number2, …)。其中，numberl，number2，…为 1~30 个需要求和的参数，它们可以是数字、公式、范围或者产生数字的单元格引用。

SUM 函数忽略数组或引用中的空白单元格、逻辑值、文本。如果参数为错误值或为不能转换成数字的文本，将会导致错误。

例如，公式：=SUM(13, 12)，其结果为 25。而公式：=SUM("13", 22, TRUE)，其结果为 36。因为文本值被转换成数字，而逻辑值 TRUE 被转换成数字 1。

如果单元格 A1 中为 TEXT，则公式为：=SUM(13, 22, A1)，其结果为 35，因为 Excel 忽略了文本。

如果单元格 A1:A5 包含 10、20、30、40 和 50，则公式：=SUM(A l:A3)的结果为 60。公式：=SUM(A l:A5，100)的结果为 250。

（2）ROUND 函数。ROUND 函数将参数引用的数舍入到指定的小数位数。其语法为：ROUND(number, num_digits)。其中，number 为需要进行舍入的数值、包含数值的单元格引用或者结果为数值的公式；num_digits 为舍入的位数，可以为任意整数。当它为负数时将舍入小数点左边的位数；当它为 0 时将舍入最近的整数。在 Excel 中，下舍小于 5 的数字，上入大于或等于 5 的数字。表 2-6 所示为 ROUND 函数的几个例子。

表 2-6 ROUND 函数返回值

输 入 项	返 回 值
=ROUND(123.456,-2)	100
=ROUND(123.456,-1)	120
=ROUND(123.456,0)	123
=ROUND(123.456,1)	123.5
=ROUND(123.456,2)	123.46
=ROUND(123.456,3)	123.456

（3）EVEN 函数。EVEN 函数求的是沿绝对值增大方向取整后最接近的偶数。其语法为：EVEN

（number）。其中，number 为要取整的数值。如果 number 为非数值参数，则 EVEN 函数得到错误值"#VALUE!"。

不论 number 的正负号如何，函数都向远离零的方向舍入，如果 number 恰好是偶数，则无需进行任何舍入处理。表 2-7 所示为 EVEN 函数的几个例子。

表 2-7   EVEN 函数返回值

输　入　项	返　回　值
=EVEN(23.4)	24
=EVEN(2)	2
=EVEN(3)	4
=EVEN(-3)	-4

（4）PI 函数。PI 函数求的是常量 π 的精确到 14 个小数位的数值：3.14159265358979。其语法为：PI ( )。PI 函数没有参数，通常嵌套在公式或其他函数中。

例如，要计算圆的面积，可以用 π 乘以圆半径的平方。公式为：= PI ( ) * (5^2)。计算半径为 5 的圆的面积。结果舍入到两个小数位后是 78.54。

（5）RADIANS 函数。RADIANS 函数用来将角度转换为弧度。三角函数是以弧度而不是角度来度量角度的。弧度根据常量 π 计算角度的大小，其中 180º 定义为 π 弧度。其语法为：RADIANS(angle)。其中，angle 为用度数度量的角度。例如，公式：=RADIANS(180)的结果为 3.14159265358979。

（6）SIN 函数。SIN 函数求的是角度的正弦值。与之类似的有求余弦值的 COS 函数，求正切值的 TAN 函数。SIN 函数的语法为：SIN(angle)。其中，angle 为以弧度度量的角度。

如果已知角度要求其正弦值，可以将角度乘以 π/180，或者用 RADIANS 函数转换成弧度。

例如，要计算 30 度的正弦值，可以使用公式：=SIN (30*PI ( ) / 180)，或者=SIN (RADIANS(30))，其结果为 0.5。

（7）ASIN 函数。ASIN 函数求的是角度的反正弦值。与之类似的有求反余弦值的 ACOS 函数，求反正切值的 ATAN 函数。ASIN 函数的语法为：ASIN{number}。其中，number 为角度的正弦值，介于-1～1 之间。ASIN 函数总是返回-π/2～π/2 之间的一个弧度值。

例如，公式：=ASIN(0.5)的结果为 0.523598775598299，即为 π/6。

4. 统计函数

统计函数可以帮助用户处理一些简单的问题，如计算平均值、计算某些项目的个数等。统计函数还可以进行一些简单的统计分析，如标准偏差、方差等。

（1）AVERAGE 函数。AVERAGE 函数用来求参数平均值（算术平均值）。其语法为：AVERAGE(numberl, number2, …)。其中，numberl, number2, …为要计算平均值的 1～30 个参数，参数可以是单个值或者范围，范围包括数字、单元格引用或者包含数字的数组。AVERAGE 函数忽略文本、逻辑值或空单元格。

例如，C12：C15 单元格中分别是以下的数值：2、3、4、5，公式：=AVERAGE(C12：C15)的结果为 3.5。而公式=AVERAGE(C12:C15, 11)的结果为 5。

（2）COUNT 函数。COUNT 函数求的是参数中数字的个数。其语法为：COUNT (valuel, value2, …)。其中，valuel, value2, …为要计算数字个数的 1～30 个参数，参数可以是单个值或者范围，范围包括数字、单元格引用或者包含数字的数组。COUNT 函数忽略文本、逻辑值或空单元格，只计算数字类型的数据个数。

如果要统计逻辑值、文字或错误值，则使用函数 COUNTA。

例如，A6：A9 分别是 1、2、3、4，则公式：=COUNT (A6：A9)的结果为 4。如果 A8 为空白单元格，则结果为 3。

（3）COUNTA 函数。COUNTA 函数求的是参数中非空白值的个数。其语法为：COUNTA (value1, value2, …)。其中，value1，value2，…为要计算非空白值个数的 1～30 个参数，参数可以是单个值或者范围，范围包括数字、单元格引用或者包含数字的数组。COUNTA 函数忽略数组或者单元格引用中的空单元格。

例如，B14 是唯一的空单元格，则公式：=COUNTA (B1：B15)的结果为 14。

（4）STDEV 函数。STDEV 函数用来计算某一样本的标准偏差。其语法为：STDEV (number1, number2, …)。其中，number1, number2, …为对应于总体样本的 1～30 个参数。

STDEV 函数忽略逻辑值（TRUE 或 FALSE）和文本。如果不能忽略逻辑值和文本，应使用 STDEVA 函数。如果数据代表全部样本总体，则应该使用 STDEVP 函数来计算标准偏差。

例如，要计算在 B5：B14 中样本值 45、13、68、32、10、70、18、10、50、29 的标准偏差，利用公式：=STDEV(B5：B14)，得到 19.7329391852529。

（5）DEVSQ 函数。DEVSQ 函数求的是数据点与各自样本均值偏差的平方和。其语法为：DEVSQ(number1, number2, …)。其中，number1, number2 等参数参考 STDEV 函数。

例如，要计算在 A2：A11 中样本值 15、23、78、72、70、60、56、17、58、99 的均值偏差的平方和，利用公式：=DEVSQ(A2：A11)，得结果为 7081.6。

（6）MAX 函数。MAX 函数求的是参数中的最大值。其语法为：MAX(number1, number2, …)。其中，number1, number2, …为需要找出最大数值的 1～30 个数值。参数可以是单个值或者范围，范围包括数字、单元格引用或者包含数字的数组。MAX 函数忽略文本、逻辑值或空单元格，只考虑数字类型的数据大小。如果逻辑值和文本不能忽略，使用函数 MAXA 来代替；如果参数不包含数字，MAX 函数将返回 0。

例如，单元格 C1：D3 包含数字-2、4、32、30、10、7，则公式：=MAX(C1：D3)的结果为 32。

5. 查找及引用函数

当用户需要确定单元格内容、范围或者选择的范围时，查找及引用函数显得非常有用。

（1）ADDRESS 函数。ADDRESS 函数求的是指定的单元格引用，结果用文本形式来表示。其语法为：ADDRESS(Row_num,Column_num, Abs_num, A1,Sheet_text)。其中，Row_num 为单元格引用中的行号；Column_num 为单元格引用中的列号；Abs_num 用以指定引用类型，默认值为 1，即表示绝对引用；当其为 2 时，表示绝对行，相对列；当其为 3 时，表示相对行，绝对列；当其为 4 时，表示相对引用；A1 用以指明引用样式，默认值为 TRUE，即得到 A1 形式的引用，如果其为 FALSE，即得到 R1C1 形式的引用；Sheet_text 是文本，指明作为外部引用的工作表名，如果省略，则不使用任何工作表名。

例如，公式：=ADDRESS(15, 4, 2, TRUE)的结果为 D$15。而公式=ADDRESS(10, 5, 4, FALSE) 的结果为 R10C5。

（2）VLOOKUP 函数。VLOOKUP 函数用于查找所构造的表格中存放的信息。当在表格中查找信息时，一般用行索引或者列索引来定位特定单元格。Excel 在利用这种方式时做了一些变动，即通过查找第一列中小于或者等于用户所提供的最大值来得到一个索引，然后用另一指定参数作为其他索引。这样可以根据表格中的信息查找数值，而不必确切地知道数值在哪里。其语法为：

VLOOKUP(lookup_value, table_array, col_index_num, range lookup)。其中，lookup_value 为要在表格中查找以得到第一个索引的数值，它可以为数值、引用或文字串；table_array 为定义表格的数组或者范围名称；其第一行的数值可以为文本、数字或逻辑值；col_index_num 为开始选择结果的表格列（第二个索引），当其值为 1 时，返回 table_array 第一列的数值，当其值为 2 时，返回 table_array 第二列的数值，依次类推。

如果其值小于 1，VLOOKUP 函数返回错误值 "#VALUE!"；如果其值大于 table_array 的列数，VLOOKUP 函数返回错误值 "#REF!"；range_lookup 为一逻辑值，指明函数 VLOOKUP 查找时是精确匹配还是近似匹配，其默认值为 TRUE，此时函数返回近似匹配值，如果其为 FALSE，VLOOKUP 函数将查找精确匹配值，如果找不到，则返回错误值 "#N/A!"。

例如，要在如图 2-94 所示的表格中检索数据，公式：=VLOOKUP(42, A2:C6, 3)的结果为 24。

	A	B	C	D	E
1	10	$100	5		
2	20	$200	8		
3	30	$300	22		
4	40	$400	24		
5	50	$500	27		
6			24		

C6 · fx =VLOOKUP(42, A2:C6, 3)

图 2-94　要检索数据的表格

其检索过程如下：先找到包含比较值的列，这里为列 A，接下来扫描比较值查找小于或者等于 lookup value 的最大值。由于第 4 个比较值 40 小于 41，而第 5 个比较值 50 又大于 41，因此以包含 40 的行（即行 5）作为行索引。列索引是 col_index_num 参数，这里是 3，因此列 C 中包含所要的数据。由此可以得到单元格 C5 中的数值 24。

（3）HLOOKUP 函数。HLOOKUP 函数在表格或数值数组的首行查找指定的数值，并由此得到表格或数组当前列中指定行处的数值。HLOOKUP 的用法可以参看 VLOOKUP。其语法为：HLOOKUP(lookup_value, table_array, col_index_num, range_lookup)。

（4）OFFSET 函数。OFFSET 函数用于确定具有指定高度和宽度，位于相对于另一个引用的指定位置的引用。其语法为：OFFSET(reference, rows, cols, height, width)。其中，reference 为计算偏移的起点位置；rows 指定 reference 参数和得到引用之间的垂直距离，正值指定相对 reference 参数向下偏移；cols 指定 reference 参数和得到引用之间的水平距离，正值指定相对 reference 参数向右偏移；height 为高度，即所要得到的引用区域的行数，它必须为正数，如果省略则以 reference 参数的高度为高度；width 为宽度，即所要得到的引用区域的列数，它必须为正数，如果省略则以 reference 参数的宽度为宽度。

例如，公式：=OFFSET(A3:C5, -1, 0, 3, 3)将返回 A2:C4 单元格引用。一般 OFFSET 函数不单独使用，它是与需要将引用作为参数的函数连用，如公式：=SUM(OFFSET(A3:C5, -1, 0, 3, 3))将得到 A2:C4 单元格区域数值之和。

（5）INDIRECT 函数。INDIRECT 函数可以从单元格引用找到单元格的内容。其语法为：INDIRECT(Ref_text, A1)。其中，Ref_text 为一个 A1 形式的引用、R1C1 形式的引用或者单元格名称，如果它的输入项无效，则函数得到错误值 "#REF!"；A1 为一个逻辑值，指示使用的是哪一种引用的类型。如果其值为 FALSE，则 Excel 将其解释为 R1C1 格式；如果其值为 TRUE（默认值），则 Excel 将其解释为 A1 格式。

例如，工作表的单元格 C5 包含文本 B2，而单元格 B2 中为数值 17，则公式：=INDIRECT(C5)

的结果为 17。如果工作表设置为 R1C1 格式的引用，而且单元格 R5C3 包含单元格 R2C2 的引用，单元格 R2C2 中为数值 17，则公式：=INDIRECTT(R5C3, FALSE)的结果为 17。

（6）INDEX 函数。INDEX 函数用于求得指定范围中特定行与特定列交叉点上的单元格引用，其语法为：INDEX(reference, row_num, column_num, area_num)。其中，reference 指定一个或多个区域的引用，如果指定多个区域，则必须用括号括起来，区域之间要用逗号隔开；row_num 指定引用中的行序号；column_num 指定引用中的列序号；area_num 指定 reference 所确定的几个区域中的某个，其默认值为 1。

例如，公式：=INDEX((D5:F9, D10:F14), 1, 2, 2)将得到区域 D10:F14 中第 1 行、第 2 列的单元格引用。

6. 数据库函数

Excel 中各个数据库都使用同样的参数：数据库（database）、字段（field）和条件（criteria）。函数 DAVERAGE 中讨论的参数说明适用于所有的数据库函数。

（1）DAVERAGE 函数。DAVERAGE 函数计算满足查询的数据库记录中给定字段内数值的平均值。其语法为：DAVERAGE(database, field, criteria)。其中，database 为构成数据清单或数据库的单元格区域，它可以是一个范围或者一个范围引用的名称；field 指定函数所使用的数据列，它可以是引号中的字段名，包含字段名的单元格引用或者是数字；criteria 为对一组单元格区域的引用，这组单元格区域用来设定函数的匹配条件。数据库函数可以得到数据清单中与条件区域所设定的条件相匹配的信息。条件区域包含了函数所要汇总的数据列(即 field)在数据清单中的列标志的一个副本。

例如，如图 2-95 所示的工作表，单元格 A3:C15 为数据库区域，要统计收入大于 5000 元的收入平均值，在区域 E3:G4 上输入如图的条件，使用公式：=DAVERAGE(A3:C15, "收入", E3)将得到收入平均值为 7575.65333333333。

	A	B	C	D	E	F	G
1	月份	收入	支出		月份	收入	支出
2	一	8561.36	4321.56			>5000	
3	二	5762.45	5210.74				
4	三	4334.12	3259.85				
5	四	4458.78	4682.31				
6	五	6541.89	4562.94				
7	六	7588.61	4821.26				
8	七	6271.39	5431.28				
9	八	8457.83	6571.69				
10	九	8534.76	5243.67				
11	十	4567.83	5264.35				
12	十一	8920.76	5745.65				
13	十二	7541.83					

图 2-95　数据库区域

（2）DCOUNT 函数。DCOUNT 函数用于计算数据库中给定字段满足条件的记录数，其语法为：DCOUNT(database, field, criteria)。其中，参数 field 为可选项，如果省略，DCOUNT 函数将返回数据库中满足条件 criteria 的所有记录数；其他参数参考 DAVERAGE 函数。

例如，如图 2-95 所示的数据库区域，要统计收入大于 5000 元的记录数，可以使用公式：=DCOUNT(A3:C15, E3: G4)，得到结果为 9。

（3）DSTDEVP 函数。DSTDEVP 函数将数据清单或数据库的指定列中满足给定条件单元格中的数字作为总体样本计算其标准偏差。其语法为：DSTDEVP(database, field, criteria)。其中各参数与 DAVERAGE 函数相同。

例如，如图 2-95 所示的数据库区域，要计算收入大于 5000 元的样本的标准偏差，可以使用公式：=DSTDEVP(A3:C15, "收入", E3:G4)，将得到结果为 1082.06790399986。

（4）DMAX 函数。DMAX 函数将得到数据库中满足条件的记录中给定字段的最大值，其语法为：DMAX(database, field, criteria)。其中各参数与 DAVERAGE 函数相同。

例如图 2-95 所示的数据库区域，要查找收入大于 5000 元的记录中支出的最大值，可以使用公式：=DMAX(A3:C15, "支出"，E3:G4)，将得到结果 6571.69。

7. 文本函数

文本函数又称为字符串函数，对于处理转化到 ASCII 文件的文本以及要装载到主机的文本，都是非常重要的。

（1）CONCATENATE 函数。CONCATENATE 函数是求将给出的几个字符串合并的一个字符串。其语法为：CONCATENATE(Textl, Text2, …)。其中，Textl，Text2，…为 1～30 个将要合并成单个字符串的文本。这些文本可以是字符串、数字或单个单元格引用。

例如，公式：=CONCATENATE("Welcome", "President! ")将得到合成字符串"Welcome President"。

又如图 2-87 所示的工作表，公式：=CONCATENATE("今年", A8, "的", B3, "为", B8, "元")，将得到今年五月的收入为 6541.89 元。

（2）VALUE 函数。VALUE 函数将以文本形式输入的数字转换成数值。其语法为：VALUE(text)。其中，text 为括在双引号内的字符串，也可以是包含文字的单元格引用。它可以是任何可识别的格式，包括自定义的格式。如果它不是其中的任何一种格式，VALUE 函数将返回错误值"#VALUE!"。

例如，公式：=VALUE("13425")将得到 13425，如果单元格 B5 中为文本 13425，则公式：=VALUE(B5)也得到 13425。

VALUE 函数还可以将日期和时间格式的文本转换为日期值，例如，公式：=VALUE("1-1-1998")将得到日期系列值 35796。

（3）FIXED 函数。FIXED 函数将数字四舍五入到指定的小数位数，用逗号和一个圆点来格式化结果，并以文本形式显示结果。其语法为：FIXED(number, decimals, no_commas)。其中，number 为要转换成字符串的数；decimals 为一整数，当其为正值时指定小数点右边的位数，为负值时指定小数点左边的位数；no_commas 为逻辑值，用于指定结果中是否要包括逗号，其默认值为 FALSE，即在结果中插入逗号。

例如，公式：=FIXD(5986.432,2, TRUE)将得到字符串 5986.43，而公式：=FIXD(5986.432, -l, FALSE)将得到字符串 5990。

（4）LEN 函数。LEN 函数用于求输入项中的字符个数，其语法为：LEN (text)。其中，text 为要计算字符个数的字符串，它可以是括在括号里的文本，也可以是单元格引用。

例如，公式：=TEXT ("text")的结果为 4。如果单元格 B5 中包含字符串 text，则公式：=TEXT(B5)的结果也为 4。

LEN 函数返回显示文字或者数值的长度，而不是基本单元格内容的长度。

例如，如果单元格 B5 中公式为：=B1+B2+B3+B4，则计算结果为 98，公式：=LEN(B5) 将得到数值 98 的长度 2。

（5）REPLACE 函数。REPLACE 函数用某一文字串替换另一个字符串中的全部或者部分内容。其语法为：REPLACE(old_text, start_num, num_chars, new_text)。其中，old_text 为被替换的字符串；start_num 为 old_text 中要替换为 new_text 字符的起始位置；num_chars 为 old_text 中要替换为 new_text 字符的个数；new_text 为用于替换 old_ text 字符的字符串。

例如，单元格 A5 中为字符串"Hello,Kitty!"，要将其放到单元格 B1 中，并用字符串"Windy?"来替换其中的"Kitty"，则选择 B1 单元格，然后使用公式：=REPLACE(A5, 7, 5, "Kitty")，得到的结果为"Hello,Windy!"

（6）REPT 函数。REPT 函数将指定字符串重复指定次数作为新字符串填充单元格。其语法为：REPT(text，number_times)。其中，text 指定要重复的字符串；number_times 为重复的次数，它可以是任意整数，但重复的结果不能超过 255 个字符，如果其值为 0，则 REPT 函数保持单元格为空白，如果它不是整数，则忽略其小数部分。

例如，要想得到 100 个"-"，可以使用公式：=REPT("-"，100)，结果是一个由 100 个"-"组成的字符串。

（7）SEARCH 函数。SEARCH 函数用于确定一个指定字符或者字符串首次出现在另外一个字符串中的起始位置，其语法为：SEARCH(find_text, within_text, start_num)。其中，find_text 为要查找的字符串，可以在其中使用通配符问号"?"和星号"*"，问号可以匹配任何单个字符；星号匹配任何字符序列。如果要查找实际的问号或星号，那么应在该字符前加一个代字符（～）。如果找不到 find-text，函数返回错误值"#VALUE!"。within_text 为被查找的字符串。start_num 为开始查找的位置，默认值为 1，从左边开始搜索，如果其值为小于等于 0 或大于 within_text 的长度，则返回错误值"#VALUE!"。

例如，公式：=SEARCH("here", "Welcome here!")的结果为 9，而公式=SEARCH("a?d", "Welcome here，ladies and gentlmen! ")的结果为 21。

8．逻辑函数

逻辑函数是功能强大的工作表函数，用户可以使用它对工作表结果进行判断和逻辑选择。

（1）IF 函数。IF 函数可以显示根据逻辑测试真假值的结果。它可以对数值和公式进行条件检测。其语法为：IF(logical_test, value_if_true, value_if_false)。其中，logical_test 为逻辑值，它可以是 TRUE 或者 FALSE，也可以是计算结果为 TRUE 或 FALSE 的任何数值或表达式。Value_if_true 是 logical_test 为 TRUE 时函数的结果值，可以是某一个公式。如果 logical_test 为 TRUE 并且省略 value_if_true，则得到 TRUE。Value_if_false 是 logical_test 为 FALSE 时函数的结果值，可以是某一个公式。如果 logical_test 为 FALSE 并且省略 Value_if_false，则得到 FALSE。

IF 函数最多可以嵌套 7 层，方法是用 value_if_true 及 value_if_false 参数构造复杂的检测条件。

例如，判断单元格 B5 中的数值是否小于 60，是则显示为"FAIL!"，否则显示为"PASS!"，可以使用公式：=IF(B5<60, "FAIL! ", "PASS! ")。

如果还要对 PASS 的情况细分等级，即 60～85 为"FINE!"，85 及以上为"EXCELIENT!"，

可以使用嵌套公式：=IF(B5<60, "FAIL! ", IF(B5<85, "FINE! ", "EXCELLENT! "))，这样即可得到所需的等级。

（2）AND 函数。AND 函数是判断所有参数的逻辑值是否为真，是则得到结果为 TRUE，否则只要有一个逻辑值为假即得到结果为 FALSE。其语法为：AND(logicall, logical2, …)。其中，logicall，logical2，…为 1～30 个逻辑值参数，各逻辑值参数可以为单个逻辑值 TRUE 或 FALSE，也可以是包含逻辑值的数组或者单元格引用。如果数组或者单元格引用中包含文字或空单元格，则忽略其值。如果指定的单元格区域内包括非逻辑值，AND 将返回错误值"#VALUE!"。

例如，要判断单元格 B10 中的数值是否大于 5 而且小于 10，可以使用公式：=AND(B10>5, B10<10)。则当 B10 单元格的数值大于 5 而且小于 10 时显示为 TRUE，否则显示为 FALSE。

（3）NOT 函数。NOT 函数对给定参数的逻辑值求反。其语法为：NOT(logical)。其中，logical 是一个逻辑值参数，可以是单个逻辑值 TRUE 或 FALSE 或者是逻辑表达式。如果逻辑值为 FALSE，函数结果为 TRUE；如果逻辑值为 TRUE，函数结果为 FALSE。

例如，公式：=NOT(B5=10)在 B5 单元格数值等于 10 时显示为 FALSE，否则显示为 TRUE。

（4）OR 函数。OR 函数判断给定参数中的逻辑值是否为真，只要有一个为真即显示为 TRUE，如果全部为假，则显示为 FALSE。其语法为：OR(logicall, logical2, …)。其中，logicall, logical2, …与 AND 函数相同。

例如，要判断单元格 C6 中是否为 10 或者 20，可以使用公式：=OR(C6=10, C6=20)。当单元格中是 10 或 20 时显示为 TRUE，否则显示为 FALSE。

本章小结

本章深入介绍了单元格和工作表编辑的各种操作方法，重点介绍了对单元格和工作表设置和格式化，以及 Excel 中的计算功能、公式与函数。通过本章的学习，应熟练各种单元格的编辑操作；掌握单元格的命名规则；能够调整工作表的行高和列宽，使不同单元格的数据都能显示在工作表上；熟悉工作表的各种操作，包括插入、删除、移动、复制、重命名和隐藏工作表，会利用这些操作管理好工作表；熟练使用打印预览功能，在实际打印之前先进行打印预览，确保实际打印的准确性以减少出错；掌握公式的各种基本概念及公式的基本操作，包括建立公式、修改公式、公式的移动和复制；掌握什么是函数及其语法，了解 Excel 函数的使用方法。

思考练习

1. 填空题

（1）在工作表的单元格中，可以使用两种基本数据格式：_____、_____。

（2）为了与输入时间区别，在输入分数时，须在分数前输入_____作为区别，并且_____和分子之间用空格隔开。

（3）在 Excel 中，所有的公式都以_____开始。

（4）如果输入的数字或文字数据是遵循某种规律，需要用到 Excel 的自动填充功能。首先_____，然后选中它们。单击按住_____，向下拖动到合适的位置后释放鼠标即可。

（5）Excel 提供的_____功能可以将工作表中选定的单元格的上窗格和左窗格冻结在屏幕上，从而使得在滚动工作表时屏幕上一直显示行标题和列标题,使用户能够将表格标题和数据一一对应，而且使用冻结工作表窗口不影响打印。

（6）要将某些行和列隐藏起来，先选定要隐藏行的行号区数字或列的列号区字母，然后选择"_____"|"_____"命令，接着在弹出的子菜单中选择"_____"命令，即可把行或列隐藏起来。

（7）在 Excel 中，运算符包括_____4 类。

（8）_____函数可求一系列数字之和；_____函数用来求参数平均值（算术平均值）；_____函数用来确定一个指定字符或者字符串首次出现在另外一个字符串中的起始位置；_____函数用来确定根据逻辑测试真假值的结果。

（9）Excel 提供了 3 种不同的引用类型：相对引用、绝对引用和混合引用。在引用单元格数据时，要弄清这 3 种引用类型。其中绝对引用的单元格名称的行和列前都有符号_____。

2．上机操作题

（1）设计一个某企业工资表，对其中的数据进行条件格式操作。

操作提示：

● 设计成绩表。

● 要求用红色显示月工资小于 3500 的单元格中的数据。

（2）函数的具体使用。

● 用 DB 函数计算￥100,000 在剩余价值为￥15,000，5 年使用期限，第一年中使用 9 个月的情况下第一年的固定余额递减折旧费。

● 在 A1：A5 输入 20、35、45、60、80，用 SUM 函数求和，用 AVERAGE 函数求平均数。

第3章 | Excel 高级应用

本章主要对 Excel 的常用高级功能进行分析讲解，读者可以通过本章的学习全面了解 Excel 的高级应用。

学习目标

- 掌握如何利用 Excel 进行数据管理与分析
- 掌握如何利用 Excel 制作图表
- 掌握如何利用 Excel 制作图形与艺术字

3.1 | 数据管理与分析

Excel 在数据管理方面提供了强大的功能。本节将从如何获取数据入手，讲解如何编辑分析工作表中的数据，如何对数据进行汇总计算，以及数据透视表等知识。

3.1.1 建立数据列表

准备对工作表中的数据进行管理，首先要建立数据列表。可以通过两种途径建立，一种是 Excel 2010 支持将数据区域转化为表，直接建立数据列表；另一种是沿用 Excel 2003 的记录单功能。

1. 建立数据列表

数据列表即常说的表格，在 Excel 中，用户只要是执行了数据库命令，Excel 会自动将数据列表默认为是一个数据库，数据列表中的每一行则对应数据库中的一条记录。

建立数据列表，具体操作步骤如下。

（1）选择"插入"选项卡，在"表格"选项组中单击如图 3-1 所示的"表格"按钮。

图 3-1 单击"表"按钮

（2）弹出"创建表"对话框，在该对话框中的"表数据的来源"文本框中输入准备创建列表的单元格区域$A$2:$F$10，如图 3-2 所示。

（3）单击"确定"按钮，完成创建列表，效果如图 3-3 所示。

图 3-2 "创建表"对话框

	A	B	C	D
1				
2	宏达责任有限公司工资明细单			
3	列1	基本工资	福利费	加班费
4	甲	2400	400	200
5	乙	2380	380	370
6	丙	2190	320	200
7	丁	1880	260	100
8	戊	2110	280	130
9	己	1660	220	110
10	庚	1780	240	120
11	辛	2100	255	80
12	壬	1590	190	200
13	癸	1880	230	90

图 3-3 创建列表完成

2. 使用记录单

数据清单，就是包含相关数据的一系列工作表数据行，若干数据清单组成数据列表。当对工作表中的数据进行操作时，Excel 会将数据清单当成数据库来处理。对数据清单的各种编辑操作经常要用到记录单。由于 Excel 2010 将记录单命令设为自定义命令，使用该命令时，用第 1 章介绍的自定义 Excel 方法先将记录单命令调出。

（1）使用记录单。记录单可以提供简捷的方法在数据清单中一次输入或显示一个完整的信息行，即记录。在使用记录单向新数据清单添加记录时，这个数据清单在每一列的最上面必须有标志。使用记录单具体操作步骤如下。

① 单击需要添加记录的数据清单中的任意一个单元格，如图 3-4 所示。

② 单击"记录单"按钮，打开"记录单"对话框，如图 3-5 所示。

图 3-4 添加记录的数据清单

图 3-5 "记录单"对话框

③ 单击"新建"按钮。

④ 输入新记录所包含的信息；如果要移到下一字段，可以按 Tab 键，如果要移到上一字段，可以按 Shift+Tab 快捷键；完成数据输入后，按 Enter 键继续添加记录；输入数据的记录单如图 3-6 所示。

⑤ 完成记录的添加后，单击"关闭"按钮完成新记录的添加并关闭记录单，所添加的数据如图 3-7 所示。

如果添加了含有公式的记录，那么直到按 Enter 键或单击"关闭"按钮添加记录之后，公式才会被计算。

图 3-6　在记录单中输入数据

	A	B	C	D
1				
2		宏达责任有限公司工资明细单		
3		基本工资	福利费	加班费
4	甲	2400	400	200
5	乙	2380	380	370
6	丙	2190	320	200
7	丁	1880	260	100

图 3-7　使用记录单输入数据后的工作表

（2）修改记录。使用记录单不但可以在工作表中为数据清单添加数据，还可以对数据清单进行修改。修改记录的具体操作步骤如下。

① 单击需要修改的数据清单中的任意一个单元格，如图 3-8 所示。

② 单击 "记录单" 按钮，打开 "记录单" 对话框。

③ 单击"下一条"按钮或者"上一条"按钮找到需要修改的记录，然后在记录中修改信息，如图 3-8 所示。

图 3-8　对数据进行修改

④ 记录修改完成后，单击"关闭"按钮更新当前显示的记录并关闭记录单。

含有公式的字段将公式的结果显示为标志。这种标志不能在记录单中进行修改。

（3）删除记录。使用记录单在数据清单中删除记录和修改记录的方法类似。删除数据的具体操作步骤如下。

① 单击数据清单中的任意一个单元格。

② 单击 "记录单" 按钮，打开 "记录单" 对话框。

③ 单击"下一条"按钮或者"上一条"按钮找到需要删除的记录。

④ 单击"删除"按钮，系统将弹出如图 3-9 所示的消息对话框。

⑤ 在该对话框中单击"确定"按钮，即可删除被选中的记录。

⑥ 单击"记录单"对话框中的"关闭"按钮关闭对话框。

图 3-9　删除记录时的提示

使用"记录单"对话框删除记录后就不能再恢复记录。

（4）查找记录。当数据清单比较大时，要找到数据清单中的记录就不容易了。记录单提供了快速查找数据清单记录的功能。

如果每次要移动一条记录，可以单击"记录单"对话框中的滚动条箭头。如果要每次移动 10 条记录，单击滚动条与下箭头之间的空白。

使用记录单还可以对数据清单中的数据设置查找条件，所设置的条件通常为比较条件。设置条件查找数据清单中的数据的具体操作步骤如下。

① 单击数据清单中的任意一个单元格。

② 单击"记录单"按钮，打开"记录单"对话框。

③ 单击"条件"按钮，然后在记录单中输入查找条件。

④ 单击"上一条"按钮或者"下一条"按钮进行查找，可以顺序找到符合查找条件的记录，如果要在找到符合指定条件的记录之前退出搜索，可以单击"表单"按钮。

⑤ 找到记录后，可以对记录进行各种编辑操作。操作完毕后或者查找中想要退出"表单"对话框，单击"关闭"按钮即可。

3. 数据清单排序

在工作表或者数据清单中输入数据以后，经常要进行排序操作，以便更加直观地比较各个记录。

（1）默认的排序顺序。在进行排序之前，首先来介绍 Excel 中数据的排序是按照怎样的规则进行的。在对数据清单中的数据进行排序时，Excel 有默认的排序顺序。Excel 使用特定的排序顺序，根据单元格中的数值而不是格式来排列数据。在排序文本项时，Excel 逐个字符从左到右进行排序。例如，如果一个单元格中的文本为"A100"，该单元格将排在内容为文本"A1"的单元格的后面，而在内容为文本"A11"的单元格的前面。

按升序排序时，Excel 的排序规则如下（在按降序排序时，除了空格总是在最后外，其他的排序顺序反转）。

① 数字从最小的负数到最大的正数排序。

② 文本以及包含数字的文本，按下列顺序进行排序：先是数字 0～9，然后是字符'-（空格)! # $ % & ( ) * , . / : ; ? @ \ ^ - { | } ～ + < = >，最后是字母 A～Z。

③ 在逻辑值中，FALSE 排在 TRUE 之前。

④ 所有错误值的优先级等效。

⑤ 空格排在最后。

（2）列数据排序。如果要对数据清单中的单列数据进行排序，可以根据需要使用排序方法。根据某一列的内容对行数据排序的具体操作步骤如下。

① 在需要排序的数据清单中，单击选中任意一个单元格。

② 选择"数据"|"排序"命令，如图3-10所示。

图3-10 "数据"|"排序"命令

③ 弹出如图3-11所示的"排序"对话框。

图3-11 "排序"对话框

④ 在该对话框中，选择 "主要关键字"、"排序依据"和"次序"选项的内容，如图3-11所示。

⑤ 单击"确定"按钮，工作表"福利费"一列的数字将从小到大排列，如图3-12所示。

列1	基本工资	福利费	加班费
壬	1590	190	200
己	1660	220	110
癸	1880	230	90
庚	1780	240	120
辛	2100	255	80
丁	1880	260	100
戊	2110	280	130
丙	2190	320	200
乙	2380	380	370
甲	2400	400	200

宏达责任有限公司工资明细单

图3-12 排序后的工作表

如果是通过建立工作列表的方式进行数据管理，则直接单击需要排序的列标题右侧的下拉菜单，选择准备应用的排序次序即可，如图3-13所示。

图3-13 列标题右侧的排序下拉菜单

（3）多列排序。在根据单列数据对工作表中的数据进行排序时，如果该列的某些数据完全相同，则这些行的内容就按原来的顺序进行排列，这就给数据排序带来一定的麻烦。选择多列排序可以解决这个问题，而且在实际操作中也经常会遇到按照多行的结果进行排序的情况。例如，足球比赛中是按总积分来排列名次的。往往有一些球队总积分相同，这时就要通过净胜球来分出名次。根据多列数据的内容对数据行进行排序的具体操作步骤如下。

① 在需要排序的数据清单中，单击任意一个单元格。

② 在"排序"对话框中，选择"基本工资"作为主要关键字、升序排列。

③ 单击"添加条件"按钮，选择"福利费"作为次要关键字，如图 3-14 所示。

图 3-14　选择次要关键字

④ 单击"确定"按钮，工作表进行了多列排序，效果如图 3-15 所示。

图 3-15　多列排序后的工作表

如果要根据多于 3 列的内容进行排序，首先按照最次要的数据列进行排序。例如，如果数据清单中包含雇员信息，并希望根据基本工资、福利费对其进行排序，要对数据清单进行两次排序。第一次，在"主要关键字"下拉列表框中选择"基本工作"选项，然后对数据清单进行排序。第二次，在"次要关键字"下拉列表框中选择"福利费"选项，然后对数据清单进行排序。

4. 使用筛选

所谓筛选，指的是从数据中找出符合指定条件的数据，这也是用户经常会遇到的问题。下面介绍各种筛选的方法。

（1）自动筛选的步骤如下。

① 单击需要筛选的数据列表中任意一个单元格。

② 选择"数据"|"筛选"命令，如图 3-16 所示。

③ 工作表变成如图 3-17 所示的格式，在每个字段的右边都出现了一个下拉箭头按钮 ▾ 。

图 3-16　"数据" | "筛选"命令　　　　图 3-17　带箭头的工作表

如果是已经建立好的数据列表，不需要以上 3 个步骤。

④ 单击列标题右侧的下列箭头，弹出如图 3-18 所示的下列菜单。

⑤ 取消选中 "全选"选项，选中 "1880"选项。

⑥ 单击 "确定"按钮，工作表变成如图 3-19 所示的格式，仅显示符合筛选条件的数据。

图 3-18　下列菜单　　　　图 3-19　工作表仅显示符合筛选条件的数据

如果要清除所有的筛选，以显示所有行。可以单击 "排序与筛选"按钮，然后选中 "清除"即可。

（2）使用高级筛选。使用高级筛选可以对工作表和数据清单进行更复杂的筛选操作。

如果要进行高级筛选，必须在工作表的数据清单上方至少留出 3 个能被用作条件区域的空行，并将含有带筛选值的数据列的列标志复制到该条件区域的第一个空行中。因此，进行高级筛选的数据清单必须有列标志，而且要设置条件区域。这对于简单的工作表和数据清单来说，使用高级筛选太麻烦了，但是对于大型的工作表和数据清单是非常有用的。如图 3-20 所示为在一个工资表的数据清单上建立条件区域。

	A	B	C	D
1				
2	宏达责任有限公司工资明细单			
3		基本工资	福利费	加班费
4	甲	2400	400	200
5	乙	2380	380	370
6	丙	2190	320	200
7	丁	1880	260	100
8	戊	2110	280	130
9	己	1660	220	110
10	庚	1780	240	120
11	辛	2100	255	80
12	壬	1590	190	200
13	癸	1880	230	90
14				
15		基本工资	福利费	加班费
16		>2000	>250	>200

图 3-20　高级筛选的条件区域

进行高级筛选前，应在筛选区域以外的单元格区域中输入高级筛选的条件，条件中包括筛选条件和其所在列的列标题。在条件值和数据清单中至少要留出一个空行。

高级筛选的具体操作步骤如下。

① 单击需要筛选的工作表中任意一个单元格。

② 选中"数据"选项卡，单击"高级"按钮，如图 3-21 所示。

图 3-21 高级筛选按钮

③ 弹出如图 3-22 所示的"高级筛选"对话框。选中"在原有区域显示筛选结果"按钮，在数据区域和条件区域中输入相应内容；也可以通过单击折叠按钮，在工作表中选定区域，然后单击"框伸展"按钮来选定数据区域和条件区域。

④ 单击"确定"按钮，筛选结果如图 3-23 所示。

图 3-22 "高级筛选"对话框

图 3-23 筛选结果

（3）取消筛选。如果要取消筛选结果，重新显示所有的数据，可以使用以下几种方法。

① 如果要在数据清单中取消对某一列进行的筛选，单击该列首单元格右端的下拉箭头，然后单击"全部"命令。

② 如图 3-24 所示，选择"数据"选项卡中的"排序与筛选"选项组，单击该选项组下的"清除"按钮，即可取消所有筛选。

图 3-24 取消自动筛选

3.1.2 分类汇总数据

分类汇总是在数据清单中快捷汇总数据的方法。例如，有一个销售数据清单，数据清单中包含了日期、账户、产品、单位、价格以及收入等项。可以按账户来查看分类汇总，也可以按产品来查看分类汇总。

用 Excel 的分类汇总命令，不必手工创建公式。Excel 可以自动地创建公式、插入分类汇总与总和的行并且自动分级显示数据。数据结果可以轻松地用来进行格式化、创建图表或者打印。

1. 创建分类汇总

创建分类汇总的具体操作步骤如下。

（1）在需要分类汇总的数据清单中，单击任意一个单元格，如图 3-25 所示。

图 3-25　要分类汇总的数据清单

（2）选中"数据"选项卡中的"分级显示"选项组，单击该选项组中的"分类汇总"按钮，如图 3-26 所示。

图 3-26　单击"分类汇总"按钮

（3）在"分类汇总"对话框中，单击"分类字段"下拉列表框，从中选择需要用来分类汇总的数据列，所选的数据列应已经排序，如图 3-27 所示。

图 3-27　"分类汇总"对话框

（4）单击"汇总方式"下拉列表框，在下拉列表中选择所需的用于计算分类汇总的函数。

（5）在"选定汇总项（可多个）"列表框中，选中与需要对其汇总计算的数值列对应的复选框。

（6）设置"分类汇总"对话框中其他的选项。

● 若想要替换任何现存的分类汇总，选中"替换当前分类汇总"复选框。

● 若想要在每组之前插入分页，选中"每组数据分页"复选框。

● 若想在数据组末段显示分类汇总及总和，选中"汇总结果显示在数据下方"复选框。

（7）单击"确定"按钮，完成分类汇总操作。如图 3-28 所示的是分类汇总后的结果。

对数据进行分类汇总以后，如果要查看数据清单中的明细数据或者单独查看汇总总计，则要用到分级显示的内容。

在图 3-28 中，工作表左上方是分级显示的级别符号，如果要分级显示包括某个级别，则单击该级别的数字。

分级显示级别符号下方还有隐藏明细数据符号■，单击它可以在数据清单中隐藏数据清单中的明细数据，如图 3-28 所示。

分级显示级别符号下方有显示明细数据符号■，单击它可以在数据清单中显示数据清单中的明细数据，如图 3-29 所示。

图 3-28　分类汇总后结果　　　　　　　　　　图 3-29　明细数据

2. 删除分类汇总

删除分类汇总的具体操作步骤如下。

（1）在需要分类汇总的数据清单中，单击任意一个单元格。

（2）选中"数据"选项卡中的"分级显示"选项组，单击该选项组中的"分类汇总"按钮，打开"分类汇总"对话框。

（3）在"分类汇总"对话框中单击"全部删除"按钮。

3.1.3　数据透视表

阅读一个具有大量数据的工作表是很不方便的，用户可以根据需要，将这个工作表生成能够显示分类概要信息的数据透视表。数据透视表能够迅速方便地从数据源中提取并计算需要的信息。

1. 数据透视表简介

数据透视表是一种对大量数据快速汇总和建立交叉列表的交互式表格。它可以用于转换行和列，以便查看源数据的不同汇总结果，可以显示不同页面以筛选数据，还可以根据需要显示区域中的明细数据。

2. 数据透视表的组成

数据透视表由报表筛选、列标签、行标签和数值 4 个部分组成。

其中各组成部分的功能如下。

（1）报表筛选：用于基于报表筛选中的选定项来筛选整个报表。

（2）行标签：用于将字段显示为报表侧面的行。

（3）列标签：用于将字段显示为报表顶部的列。

（4）数值：用于显示汇总数值数据。

3．数据源

在 Excel 中，可以利用多种数据源来创建数据透视表。可利用的数据源如下。

（1）Excel 的数据清单或者数据库。

（2）外部数据源包括数据库、文本文件或者除了 Excel 工作簿以外的其他数据源，也可以是 Internet 上的数据源。

（3）可以是经过合并计算的多个数据区域以及另外一个数据透视表。

4．建立数据透视表

使用数据透视表不仅可以帮助用户对大量数据进行快速汇总，还可以查看数据源的汇总结果。

假设有如图 3-30 所示的一张数据清单，现在要以这张数据清单作为数据透视表的数据源来建立数据透视表。建立数据透视表的具体操作步骤如下。

（1）打开准备创建数据透视表的工作簿。

（2）选择"插入"选项卡，在"表"组中单击"数据透视表"按钮的下拉箭头，在该下拉菜单中选择"数据透视表"命令，如图 3-31 所示。

图 3-30　企业销售统计表

图 3-31　"数据透视表"命令

（3）弹出"创建数据透视表"对话框，在"请选择要分析的数据"区域单击"表/区域"文本框右侧的"压缩对话框"按钮，如图 3-32 所示。

图 3-32　"压缩对话框"按钮

（4）选择准备创建数据透视表的数据区域，如图 3-33 所示。

图 3-33　选择准备创建数据透视表的数据区域

（5）单击"创建数据透视表"文本框右侧的"展开对话框"按钮，返回"创建数据透视表"对话框，在"选择放置数据透视表的位置"区域中选中"新工作表"选项，如图 3-34 所示。

（6）单击"确定"按钮，打开"数据透视表字段列表"任务窗格，如图 3-35 所示。

图 3-34 "创建数据透视表"对话框   图 3-35 "数据透视表字段列表"任务窗格

（7）在"数据透视表字段列表"任务窗格中"选择要添加到报表的字段"区域选择准备设置为"列标签"的字段，单击并推动选择的字段到相应的区域中，如图 3-36 所示。

（8）在"数据透视表字段列表"任务窗格中"选择要添加到报表的字段"区域选择准备设置为"行标签"的字段，单击并推动选择的字段到相应的区域中，如图 3-36 所示。

图 3-36 设置"列标签"、"行标签"

（9）在"数据透视表字段列表"任务窗格中"选择要添加到报表的字段"区域选择准备设置为"数值"的字段，单击并推动选择的字段到相应的区域中，如图 3-37 所示，完成数据透视表的创建。

5．删除数据透视表

对于建立了数据透视表的数据清单，不能直接在其中删除数据。如果要删除其中的数据，只能删除整个数据透视表。

（1）打开需要删除的数据透视表。

（2）选择"数据透视表"|"选项"选项卡。

（3）在"操作"组中单击"选中"选项的下拉菜单，在该下拉菜单中选择"整个数据透视表"选项，如图 3-38 所示，选中整个数据透视表。

图 3-37　设置"数值"完成数据透视表创建

图 3-38　"整个数据透视表"选项

（4）单击 Delete 键，删除整个工作表。

6．添加或删除字段

可以根据需要添加或删除数据透视表中的字段。只需要将在"数据透视表字段列表"任务窗格中"选择要添加到报表的字段"区域选择准备设置的字段，单击并拖动到相应的区域中，就可以进行添加。或者从相应区域拖回到"选择要添加到报表的字段"区域。

7．设置修改分类汇总

（1）单击数据透视表中的任意一个单元格。

（2）选择"数据透视表工具"中的"选项"选项卡，单击该选项卡的"显示"组中的"字段列表"按钮，如图 3-39 所示。

图 3-39　"字段列表"按钮

（3）在显示出来的"数据透视表字段列表"任务窗格，单击"求和项"按钮，并选择"值字段设置"命令，如图 3-40 所示。

（4）打开"值字段设置"对话框，在"值字段汇总方式"选项组中选择需要使用的汇总函数，如图 3-41 所示。

图 3-40　"值字段设置"命令

图 3-41　"值字段设置"对话框

（5）单击"确定"按钮，完成设置汇总方式。

3.2 | 图表

使用 Excel 的图表功能可以将工作表中枯燥的数据转化为简洁的图表形式。当编辑工作表中的数据时，图表也相应地随数据的改变而改变，不需要再次生成图表。本节将介绍有关图表的术语、类型、建立图表、自定义图表和三维图表等的操作。

3.2.1 图表的概述

图表具有很好的视觉效果，创建图表后，可以清楚地看到数据之间的差异。应用图表不仅可以把数据形象地表示，还可以对图表中的数据进行预测分析，得到一系列数据的变化趋势。使用 Excel 的图表功能可以将工作表中枯燥的数据转化为简洁的图表形式。设计完美的图表与处于大量网格线中的数据相比，可以更迅速有力地传递信息。

1. 数据系列

创建图表需以工作表中的数据为基础。工作表中转化为图表的一连串数值的集合称作数据系列。例如，要画出某公司下属的各个分公司各季度的利润图表，某个分公司各个季度的利润就构成了一个数据系列，如图 3-42 所示，蓝色条形块构成了"甲分公司"各季度利润的数据系列。数据系列一般不止一个，Excel 在图表中以不同的颜色、形状来区别不同的数据系列，在"图例"中标明了不同的序列。

2. 引用

每个数据系列都包含若干个数值点，Excel 的数据系列中最多可以有 4000 个数值点，用"引用"作为各数据系列中数值点的标题，例如图 3-42 中的"三季度"就是序列"甲分公司"的"引用"。

图 3-42　图表工作表

3. 嵌入式图表

嵌入式图表是把图表直接插入数据所在的工作表中，主要用于说明工作表的数据关系。这是因为图表具有更强的说服力和更为直观的表达力。如图 3-43 所示的是嵌入式图表的例子。

4. 图表工作表

为创建的图表工作表专门新建一个工作表，整个工作表中只有这一张图表，如图 3-42 所示的就是图表工作表，图表工作表主要用于只需要图表的场合，因为用户输入的数据往往只是为了建立一张图表，因而在最后的输出文档中只需出现一张单独的图表即可。

图 3-43　嵌入式图表

5. 图表类型

Excel 一共提供了 14 种图表类型，每种图表类型还包含几种不同的子类型，子类型是在图表类型基础上变化而来的。用户在创建图表前需要根据要求决定采用哪一种图表类型，每一种类型都有其各自不同的特点，如表 3-1 所示的是各种图表类型的用途。

表 3-1　　　　　　　　　　　　各种图表类型用途

图 表 类 型	用 途
柱形图	用于显示一段时期内数据的变化或者各项之间的比较关系
条形图	用于描述各项之间的差异变化或者显示各个项与整体之间的关系
折线图	用于显示数据的变化趋势
饼图	用于显示数据系列中各项占总体的比例关系，注意饼图一般只显示一个数据系列
XY（散点）	多用于科学数据，用于比较不同数据系列中的数值，以反应数值之间的关联性
面积图	用于显示局部和整体之间的关系，更强调幅值随时间的变化趋势
圆环图	用于显示部分和整体之间的比例关系，这一点和饼图类似，但可以表示多个数据系列
雷达图	用于多个数据系列之间的总和值的比较，各个分类沿各自的数值坐标轴相对于中点呈辐射状分布，同一序列的数值之间用折线相连
曲面图	用于确定两组数据之间的最佳逼近
气泡图	一种特殊类型的 XY 散点图
股价图	用于分析股票价格的走势
圆锥、圆柱和棱锥图	它们都是三维效果图，用途与二维效果图类似

3.2.2　创建与修改图表

Excel 提供了很多不同种类的图表，如柱形、条形和折线等，用户可以根据需要选择合适的图表类型，同时对不能清楚表达含义的图形进行修改。

1. 创建图表

根据图表放置方式的不同，可以分为嵌入式图表和工作表图表。这两种图表的创建方式类似，下面以建立嵌入式图表为例介绍如何使用图表向导来创建图表。使用图表向导创建图表的具体操作步骤如下。

（1）选择数据范围。在创建图表之前，应先打开用于建立图表的工作表数据，然后选择相应的数据单元格范围，如果希望所使用的数据的行列标志也显示在图表中，则选定区域还应包括含有标志的单元格，如图 3-44 所示。

	A	B	C	D	E
1	宏达责任有限公司				
2		一季度	二季度	三季度	四季度
3	甲分公司	1,100,000	1,800,000	1,020,000	990,000
4	乙分公司	1,300,000	1,180,000	980,000	1,400,000
5	丙分公司	1,080,000	1,160,000	980,000	780,000
6	丁分公司	680,000	960,000	880,000	990,000

图 3-44　待选择的工作表数据范围

（2）选择图表类型。选择"插入"选项卡，单击"图表"组中"柱形图"命令的下拉箭头，在下拉菜单中单击所需的一种柱形图类型，完成图表类型选择，如图 3-45 所示。

图 3-45　"柱形图"命令

（3）图 3-46 所示为柱形图创建完成效果。

图 3-46　创建完成的柱形图

Excel 允许用户对图表进行修改操作，例如，更改图表背景颜色、增加或者删除数据系列、更改图例等，这里仅介绍一些最基本的操作。

2. 改变图表类型

在创建图表时，用户不一定清楚为数据选择哪一种图表类型更合适，通常在创建了图表之后，才发现选择另一种图表类型更适合当前的数据，这里就涉及如何改变图表类型的问题。

（1）打开需要修改图表的工作簿，激活需要改变的图表。

（2）单击右键，在快捷菜单中选择"更改图表类型"命令，如图 3-47 所示。

（3）弹出如图 3-48 所示的"更改图表类型"对话框，可以从中选择所需的图表类型。

（4）单击"确定"按钮，新类型的图表将出现在工作表中，如图 3-49 所示。

图 3-47　"更改图表类型"命令

图 3-48　"更改图表类型"对话框

图 3-49　改变后的图表类型

3.2.3　自定义图表

当使用 Excel 的自动套用格式创建图表后，如果该图表并不完全符合要求，可以使用自定义图表进行修改。本部分主要介绍一些自定义图表的方法，在 Excel 自动套用格式基础上生成图表。

1.　图表项

在激活图表后，可以通过选择图表的不同部分进行自定义，图表的每一个可被选择的部分称为图表项，单击图表的不同部分，在"图表"工具栏中会出现相应的图表项的名称。图表中主要有下列图表项。

（1）图表区域：图表区域是整个图表所有的图表项所在的背景区。

（2）图例：图例是对图表中的数据系列的说明。

（3）标题：图表的标题，并不包括图表的坐标轴标题，一般位于图表的正上部。

（4）坐标轴：图表坐标轴的名称，分为数值轴和分类轴。

（5）绘图区：绘图区是真正的图表所在区，绘图区不包括图例。

（6）网格线：每种坐标轴都有主次网格线两类，如图 3-50 所示的是数值轴的主网格线。

图 3-50 图表项

2. 调整图表位置

如果在同一个工作表中调整图表的位置，直接用鼠标将图表拖动到合适的位置，松开鼠标即可；如果在不同的工作表中调整图表的位置，具体操作步骤如下。

（1）打开需要移动图表的工作簿，激活需要移动的图表。

（2）选择"图表工具" | "设计"选项卡，单击"移动图表"按钮，如图 3-51 所示。

图 3-51 "移动图表"按钮

（3）弹出"移动图表"对话框，在该对话框中选择所需移动到工作表（例如 Sheet 3），如图 3-52 所示。

图 3-52 "移动图表"对话框

（4）单击"确定"按钮，图表将出现在 Sheet 3 工作表中，如图 3-53 所示。

图 3-53　图表出现在 Sheet 3 工作表

3. 标题操作

（1）添加标题。图表标题是用来对图表进行说明的一个标志。用户可以在图表中添加图表标题，具体操作步骤如下。

① 打开需要添加标题图表所在的工作簿，激活该图表。

② 选择"图表工具"|"布局"选项卡，单击"图表标题"下拉箭头，如图 3-54 所示。

图 3-54　"图表标题"下拉菜单

③ 在"图表标题"下拉菜单中选择"居中覆盖标题"命令，如图 3-54 所示。

④ 图表中出现标题文本框，在该文本框中输入标题说明文字，如图 3-55 所示，标题添加完成。

图 3-55　标题文本框中输入标题说明文字

（2）修改标题属性。双击需要修改的标题，打开该标题所对应的"设置图表标题格式"对话框，如图 3-56 所示，"图表标题格式"对话框中有 6 个选项卡，用户可以根据需要设置图表标题。如图

3-57 所示，将图表标题设置为紫色填充色，有外表阴影的标题格式。

图 3-56 "设置图表标题格式"对话框

图 3-57 图表完成标题格式设置

对于图表标题格式的设置，也可以采用 Excel 2010 功能区 "图表工具"|"格式"选项卡中提供的现有模式进行快速设置，如图 3-58 所示区域。

图 3-58 "图表工具"|"格式"选项卡

4. 添加网格线

网格线扩展了坐标轴上的刻度线，有助于用户弄清数值点的数值大小。添加网格线具体操作步骤如下。

（1）打开需要添加网格线图表所在的工作簿，激活该图表。

（2）选择"图表工具"|"布局"选项卡，单击"网格线"下拉箭头，如图 3-59 所示。

（3）在"网格线"下拉菜单中选择"主要横网格线"|"主要网格线"命令，如图 3-59 所示。

（4）图表中显示主要横网格线，如图 3-60 所示。

图 3-59 "主要横网格线"|"主要网格线"命令

图 3-60 图表显示主要横网格线

如果用户不需要网格线，可以在网格线的下拉菜单中选择"无"，图表中的网格线即可清除。

主要网格线通过坐标轴的数据标志点，次要网格线位于主要网格线之间。

5. 数据系列操作

由于图表与其源数据之间在创建图表时已经建立了链接关系，因此，在对工作表中数据进行修改后，Excel 将会自动更新图表；在对图表进行修改后，其源数据中的数据也会随着改变。

（1）添加数据。添加数据的具体操作步骤如下。

① 在工作表中添加 F 列数据，如图 3-61 所示。

	A	B	C	D	E	F
1		宏达责任有限公司				
2		一季度	二季度	三季度	四季度	全年
3	甲分公司	1,100,000	1,800,000	1,020,000	990,000	4,910,000
4	乙分公司	1,300,000	1,180,000	980,000	1,400,000	4,860,000
5	丙分公司	1,080,000	1,160,000	980,000	780,000	4,000,000
6	丁分公司	680,000	960,000	880,000	990,000	3,510,000

图 3-61 添加 F 列数据后的工作表

② 单击 Sheet 3 工作表中的图表，选中该图表。

③ 选择"图表工具"|"设计"选项卡，单击该选项卡中的"选择数据"按钮，如图 3-62 所示。

图 3-62 "选择数据"按钮

④ 弹出如图 3-63 所示的"选择数据源"对话框，然后单击"图表数据区域"文本框右侧的"压缩对话框"按钮。

图 3-63 "选择数据源"对话框

⑤ 单击 Sheet 2 工作表标签，选择 A2 到 F7 区域，单击"图表数据区域"文本框右侧的"展开对话框"按钮，返回"选择数据源"对话框。

⑥ 单击"确定"按钮，"全年"数据将添加到图表中结果，如图 3-64 所示。

图 3-64 添加数据后的新图表

（2）删除数据系列。如果要同时删除工作表和图表中的数据，只要从工作表中删除数据，图表将会自动更新；如果从图表中删除数据系列，则只在图表单击所要删除的数据系列，然后按 Delete 键即可。

6. 设置图表区格式

在某些情况下，对图表区的背景进行重新设置，可以更好地突出图表的内容。设置图表区格式的具体操作步骤如下。

（1）单击需要设置的图表，选中该图表。

（2）选择"图表工具"|"布局"选项卡，单击"设置所选内容格式"按钮，如图 3-65 所示。

图 3-65 "设置所选内容格式"按钮

（3）弹出"设置绘图区格式"对话框，如图 3-66 所示。

（4）选择"渐变填充"选项，选择一种预设颜色，如图 3-66 所示。

图 3-66 "设置绘图区格式"对话框

（5）单击"关闭"按钮，图表区变为如图 3-67 所示的样式。

图 3-67 设置后的图表

7. 添加文本框

文本框用于输入文本和对文本进行格式化，可以用于为工作表和图表添加注释性文字，并且常常与箭头和圆一起使用，以指明信息所解释的对象。

添加文本框的具体操作步骤如下。

（1）打开需要添加文本框图表所在的工作表。

（2）选择"图表工具"|"布局"选项卡，单击"文本框"按钮，如图 3-68 所示。

图 3-68 "文本框"按钮

（3）此时鼠标指针将变成十字形状，拖动鼠标光标画出一个文本框并在其中输入文字，如图 3-69 所示。

图 3-69 画出文本框并在其中输入文字

（4）选择"图表工具"|"布局"选项卡，单击"形状"下拉箭头，在该下拉菜单中选择"箭头"按钮，如图 3-70 所示。

图 3-70 选择"箭头"按钮

（5）拖动鼠标画出一个箭头，图表插入一条解释，如图 3-71 所示。

图 3-71　图表插入一条解释

另外，双击文本框，会出现文本框编辑的对话框，如图 3-72 所示。在该对话框中选择相应的选项，便可以对文本框格式进行设置。图 3-73 所示为设置后的文本框。

图 3-72　文本框编辑的对话框

图 3-73　设置后的文本框

8. 三维图表

三维图表比二维图表更符合人的视觉习惯，所以它比二维图表更能吸引人的注意力。如果三维图表使用得当，往往会达到事半功倍的效果。

要创建一张三维图表，选择"插入"选项卡，单击"图表"组中"柱形图"命令的下拉箭头，在下拉菜单选择一种三维图类型，如图 3-74 所示，单击所选择的类型即可。图 3-75 所示为创建好的一张三维图表。

图 3-74 选择三维图类型

图 3-75 创建三维图表

创建三维图表的操作，基本与二维图形相同，但是对三维图表可以进行三维旋转的操作。 旋转三维图表的具体操作步骤如下。

（1）激活需要旋转的三维图表，单击右键弹出快捷菜单，选择"三维旋转"命令，如图 3-76 所示。

图 3-76 "三维旋转"命令

（2）弹出"设置图表区格式"对话框，在"三维旋转"选项组中进行设置，如图 3-77 所示，在该对话框中可以调整三维图的仰角、转角、透视系数和高度。

图 3-77 设置三维旋转

（3）设置完成，单击"关闭"按钮，三维图表发生旋转，效果如图3-78所示。

图3-78　旋转图形三维的效果

3.2.4　迷你图表

Excel 2010新增了迷你图的功能，这是工作表单元格中的一个微型图表。要在单元格中创建迷你图，操作步骤如下。

（1）打开需要迷你图所在的工作表，选中需要创建迷你图的单元格。

（2）选择"插入"选项卡，单击"迷你图"组中的"柱形图"命令，如图3-79所示。

图3-79　"迷你图"组中的"柱形图"命令

（3）在"创建迷你图"对话框中选择数据源，如图3-80所示。

（4）单击"确定"按钮，在单元格B7中显示迷你柱形图，如图3-81所示。

图3-80　"创建迷你图"对话框

	A	B	C	D
1		宏达责任有限公司		
2		一季度	二季度	三季度
3	甲分公司	1,100,000	1,800,000	1,020,000
4	乙分公司	1,300,000	1,180,000	980,000
5	丙分公司	1,080,000	1,160,000	980,000
6	丁分公司	680,000	960,000	880,000
7				

图3-81　迷你柱形图

3.3

图形与艺术字

图文并茂的图表往往更能吸引读者。Excel提供了大量的剪贴画、强大的图像处理功能、精彩的艺术字以及各种图表背景，可以让用户充分展现自己的风格，设计出赏心悦目的图表。本节主要介绍图形的应用和艺术字的运用。

3.3.1　插入图形对象

除了图表之外，还可以在工作表中添加纯粹的图形元素。与图表不同的是，这些图形元素与工作表中的数据并不相关，但是应用它们可以使工作表看上去更美观。Excel 可以通过插入图形对象的方法将一些精美的图片和剪贴画插入到图表中，为图表增色，从而使制作出的图表赏心悦目、卓然出众。

如果要在工作表中插入图片，可先将插入点定位到要插入图片的位置，然后选择 "插入"选项卡，如图 3-82 所示。

从图 3-82 中可以看到 Excel 可插入的图片来源有几种，例如可以插入自带的剪贴画，插入来自扫描仪或相机的图片，以及其他图形程序生成的图形等。

选择了"图片"命令之后，Excel 将打开如图 3-83 所示的"插入图片"对话框，可以从中选择要插入的图片文件。在"查找范围"列表框中找到需要插入的图片，如果要在插入之前浏览效果，可以单击"预览"按钮，确认后单击"插入"按钮。

图 3-82　插入图片步骤　　　　　　　　　　图 3-83　"插入图片"对话框

嵌入的图片可以如图 3-84 所示的选项卡内进行编辑。

图 3-84　"图片工具"的选项卡

3.3.2　艺术字的运用

艺术字的运用可以美化文案视觉效果，一篇好的报告、文本及方案都离不开各方面的修饰，其中艺术字的运用将是其中重要的一环。

在工作表中插入艺术字的操作步骤如下。

（1）选择插入点定位到要插入艺术字的位置，然后选择"插入"选项卡，单击"文本"组中的"艺术字"命令，如图 3-85 所示。

图 3-85　"艺术字"命令

（2）在如图 3-86 所示的下列选项中选择所需的艺术字效果，工作表中出现如图 8-87 所示的文本框。

图 3-86　"艺术字库"

图 3-87　"编辑'艺术字'文字"文本框

（3）在文本框中输入所需文字，艺术字添加完成，如图 3-88 所示。

图 3-88　完成编辑艺术字

如果需要更改的艺术字的设置，右键单击该艺术字，出现如图 3-89 所示的快捷菜单，选择"设置文字效果格式"命令，在弹出的"设置文本效果格式"对话框中进行相关设置，如图 3-90 所示。

图 3-89　"设置文字效果格式"命令　　　图 3-90　"设置文本效果格式"对话框

本章小结

通过本章的学习，读者应重点掌握以下内容：获取外部数据的一些简单的方法；使用记录单管理数据清单的方法；在数据清单中添加、修改、删除和查找数据的方法；对数据清单中的数据进行排序和筛选的方法；在数据清单中插入分类汇总对其中的数据进行分析或者汇总计算的方法；使用数据透视表管理有大量数据的数据清单并根据数据创建图表的方法；图形与艺术字的使用。

思考练习

1. 填空题

（1）数据清单修改时，单击需要修改的数据清单中的任意一个单元格，选择＿＿＿＿命令，打开＿＿＿＿＿＿对话框。单击＿＿＿＿＿＿按钮找到需要修改的记录，然后在记录中修改信息。

（2）显示一段时期内数据的变化或者各项之间的比较关系，一般使用＿＿＿＿。

（3）建立数据透视表和数据透视图，通过＿＿＿＿命令，在打开的＿＿＿＿对话框中进行系列操作。

（4）在 Excel 2010 中，＿＿＿＿图是用于显示元素与核心元素的关系的。

（5）创建图表要以 ＿＿＿＿为基础，工作表中转化为图表的一连串数值的集合称作＿＿＿＿＿。例如，要画出某公司下属的各个分公司各季度的利润图表，某个分公司各个季度的利润就构成了一个＿＿＿＿＿。

2. 上机操作题

请给某一列的内容对行数据排序。

操作提示：

（1）输入数据。

（2）选择数据。

（3）对内容进行排序。

（4）对内容进行多列排序。

第4章 | Excel 在会计凭证中的应用

会计凭证是会计核算的重要依据；填制和审核会计凭证是会计核算的一种专门方法，也是会计工作的起点和基础。通过本章的学习，读者应了解并掌握 Excel 在会计账务处理流程中编制会计凭证环节的应用。

学习目标

- 了解会计凭证有关基本概念
- 掌握如何利用 Excel 建立并填制会计科目表
- 掌握如何利用 Excel 修改和删除会计科目
- 掌握如何利用 Excel 建立会计凭证表

4.1 | 会计凭证概述

4.1.1 会计凭证的含义及作用

会计凭证是指记录经济业务、明确经济责任的书面证明，也是登记账簿的依据。填制和审核会计凭证，既是会计工作的开始，也是会计对经济业务进行监督的重要环节。

会计凭证在会计核算中具有十分重要的意义，主要表现在以下方面。

（1）填制和取得会计凭证，可以及时正确地反映各项经济业务的完成情况。

（2）审核会计凭证，可以更有力地发挥会计的监督作用，使会计记录合理、合法。

（3）填制和审核会计凭证，可以加强经济管理中人员的责任感。

4.1.2 会计凭证的类型

会计凭证按其填制的程序及其在经济管理中的用途，分为原始凭证和记账凭证。

1. 原始凭证

原始凭证是指在经济业务发生时取得或填制的，用以证明经济业务的发生或完成等情况，并作为原始依据的会计凭证。原始凭证必须真实、完整、规范、及时和正确，并必须有经办人的签字。此外，原始凭证只有经过审核后，才能作为记账依据。审核原始凭证是保证会计记录的真实和正确、充分发挥会计监督的重要环节。

2. 记账凭证

记账凭证是指会计人员根据审核后的原始凭证而填制的，用来确定经济业务应借、应贷会计科目分录，作为记账依据的会计凭证。记账凭证在记账前需经过审核。

4.2 | 建立和处理会计科目表

在利用 Excel 完成会计账务处理时，首先要建立会计科目表。建立会计科目表时，需要在 Excel 工作表中输入数据。数据的输入方法有两种：一种方法是直接在单元格中输入数据；另一种方法是在"记录单"中输入数据。由于采用记录单的方式便于新建、删除及查找会计科目，所以本节将介绍采用记录单方式建立会计科目表。

4.2.1 建立会计科目表

建立会计科目表的具体操作步骤如下。

（1）首先打开 Excel，并新建工作表，如图 4-1 所示。

（2）单击 A1 单元格，输入公司名称"宏达有限责任公司会计科目表"，如图 4-2 所示。

图 4-1 打开的 Excel

图 4-2 输入公司名称

（3）选择 A2 和 B2 单元格，分别输入 "科目编号"和"会计科目"，如图 4-3 所示。

（4）将光标移至列标 A 和 B 中间，当光标变成 ✛ 时，单击并拖动，将列 A 单元格调整为合适的宽度。

（5）将光标移至列标 B 和 C 中间，当光标变成 ✛ 时，单击并拖动，将列 B 单元格调整为合适的宽度。

（6）将光标移至 A1，单击并拖动至 B2，选定 A1:B2 的区域，如图 4-4 所示。

图 4-3 输入"科目编号"和"科目名称"

图 4-4 将列 A、B 单元格调整为合适的宽度

（7）选择 A3 和 B3 单元格，分别输入"1000"和"资产类"，如图 4-5 所示。

（8）按照宏达有限公司所需的会计科目，完成所有会计科目编号及名称的输入，如图4-6所示。

图4-5　输入科目代码与科目名称

图4-6　完成科目代码与名称的输入

（9）将鼠标光标移至 Sheet1 的工作表标签处，单击鼠标右键，在弹出的快捷菜单中选择"重命名"命令，如图4-7所示。

图4-7　选择"重命名"命令

（10）将 sheet1 命名为"会计科目表"，如图4-8所示。

图4-8　命名后的工作表

4.2.2　设置记录单

在 Excel 97—Excel 2003 版本中，可以选择"数据" | "记录单"命令，以数据列表的方式进行

数据编辑操作。然而 Excel 2010 将这项功能设定为选择性命令，在 Excel 2010 的各项选项卡中，并没有将"记录单"命令纳入其选项区域或命令按钮中。因此，在 Excel 2010 内必须以自定义方式将数据列表命令取出后，才可以执行列表命令。在 Excel 2010 中设置记录单的具体操作步骤如下。

（1）打开 4.2.1 节建立的工作表。

（2）单击"文件"选项卡，在"Excel 选项"对话框中选择"自定义功能区"选项。单击"新建组"命令，如图 4-9 所示。

图 4-9 选择"记录单"命令

（3）在"Excel 选项"对话框中从下列位置选择命令的下拉箭头选择"所有命令"，选择"记录单"。单击"添加"按钮，如图 4-10 所示。

图 4-10 "添加"按钮

（4）单击"确定"按钮，"记录单"命令添加到 Excel 2010 的功能区中，如图 4-11 所示。

图 4-11　"记录单"命令添加到 Excel 2010 的功能区中

（5）将光标置于"会计科目表"工作表 A3：B57 内的任何一个单元格，单击"记录单"命令，即可以记录单方式来进行会计科目编辑的操作，如图 4-12 所示。

图 4-12　记录单对话框

4.2.3　修改和删除会计科目

企业会计科目的设置应保持相对稳定，但是并非一成不变，必须根据社会经济环境变化和本单位业务发展的需要，对已使用的会计科目进行相应的修改、补充或删除。

1. 修改会计科目

具体操作步骤如下。

（1）打开 4.2.1 小节建立的工作表。

（2）单击需要修改的"会计科目表"中的任意一个单元格。

（3）选择"数据"｜"记录单"命令，打开"记录单"对话框。

（4）单击"下一条"按钮或者"上一条"按钮找到需要修改的记录，在记录中修改信息，如图 4-13 所示。

图 4-13　对会计科目表进行修改

（5）完成会计科目修改后，单击"关闭"按钮更新当前显示的记录并关闭记录单，完成会计科目的修改操作。

2. 查询并删除会计科目

可以利用记录单快速查找数据清单记录的功能，找到某个会计科目并进行删除。

具体操作步骤如下。

（1）打开 4.2.1 节建立的工作表。

（2）单击需要修改的"会计科目表"中的任意一个单元格。

（3）选择"数据"｜"记录单"命令，打开"记录单"对话框。

（4）单击"条件"按钮，在记录单中输入需要查询的会计科目名称、科目编号或者会计科目的编号范围，如图 4-14 所示。

（5）单击"上一条"按钮或者"上一条"按钮进行查找，可以按顺序找到满足查找条件的记录。如图 4-15 所示的是满足图 4-14 所示的查找条件的一条记录。

图 4-14　在记录单输入查找条件

图 4-15　查找结果

（6）单击"删除"按钮，系统将弹出如图 4-16 所示的警告对话框。

图 4-16　删除提示对话框

（7）在该对话框中单击"确定"按钮，记录即可被删除。

（8）单击"记录单"对话框中的"关闭"按钮，完成会计科目的删除操作。

4.2.4　美化会计科目表

前面完成了会计科目表的基本操作，但是制作出的会计科目表略显粗糙。接下来对会计科目表进行填充颜色、设置字体等操作。

具体操作步骤如下。

（1）打开 4.2.1 小节建立的工作表。

（2）选中整张工作表。

（3）单击"常用"工具栏中的"填充颜色"的下拉菜单按钮，在打开的调色板中选择"绿色"，如图 4-17 所示，单击后，整张会计科目表都填充了所选颜色。

图 4-17　选择科目表颜色

（4）选择 A1 单元格，单击"字体颜色"下拉菜单按钮，在打开的调色板中选择"橙色（深度 25%）"，如图 4-18 所示，单击后，会计科目表的标题字体颜色变成橙色。

图 4-18　选择字体颜色

（5）选择 A1 单元格，单击"加粗"按钮，会计科目表标题的字体变粗，如图 4-19 所示。

图 4-19　会计科目表标题加粗

（6）选择 A3:B3 单元格，按住 Ctrl 键。

（7）继续选择 A5:B5 单元格和 A7:B7 单元格。

（8）释放 Ctrl 键，此时有 6 个单元格被选中。

（9）单击"填充颜色"下拉菜单按钮，在打开的调色板中选择"橙色（深度 50%）"，单击后，表格中行与行之间颜色分明，显得格外清晰，如图 4-20 所示。

图 4-20　进行颜色设置的会计科目表

（10）选择 A3:B8 单元格，单击"格式刷"按钮 。

（11）按住鼠标左键并拖动选择 A9:B57 单元格。

（12）释放鼠标左键，会计科目表内容不变，但一张行间色彩分明的会计科目表已生成，如图 4-21 所示。

图 4-21　完成设置的会计科目表

4.3 建立记账凭证表

建立起会计科目表后，按照手工会计账务处理程序，应该将企业日常发生的经济业务填写在记账凭证中。但大部分的会计信息系统都省略填写凭证这个环节，只是在接口操作上，看起来像是填写凭证，而事实上是利用表单功能建立数据库。

4.3.1 设计会计凭证表

建立会计科目表的操作步骤如下。

（1）首先打开"第4章.xlsx"工作簿的"sheet 2"。

（2）选择A1:J1单元格，单击"合并及居中"按钮。

（3）选择A1单元格，输入文本"宏达有限责任公司记账凭证表"，然后单击"加粗" **B** 按钮。

（4）将光标分别移至"列标"A和B、B和C、C和D、D和E中间，当光标变成 ↔ 时，单击并拖动鼠标，将列A、B、C、D单元格调整为所需的宽度，如图4-22所示。

图4-22　完成列宽调整的记账凭证表

（5）分别选择A2～J2单元格，输入表头"年、月、日、序号、凭证编号、摘要、科目编号、会计科目，借方金额、贷方金额"，选中第2行，单击 ≡ 按钮执行"居中"命令，使单元格中的内容居中，如图4-23所示。

图4-23　设置好的表头

（6）选择I3:J100单元格并单击鼠标右键，在弹出的快捷菜单中选择"设置单元格格式"命令。

（7）将打开的对话框中切换到"数字"选项卡，选择"会计专用"选项，在"小数位数"文本框中输入2，如图4-24所示。

图4-24　"数字"选项卡设置

（8）单击"确定"按钮，将"借方金额"和"贷方金额"设置为数值格式。"宏达责任有限公司记账凭证表"的基本格式已设置完毕。

（9）将设置好的 sheet2 重命名为"记账凭证表"

4.3.2 自动生成会计凭证编号

会计人员在用会计凭证记录经济业务时，要对每笔经济业务进行编号，以便查找和以后的核对。用 Excel 进行会计凭证表编制时，可以利用 CONCATENATE()函数，以"年+月+日+当日顺序号"自动生成会计凭证的编号。

（1）打开"第四章.xlsx"工作簿的"记账凭证表"。

（2）选择整列 A:D 并单击鼠标右键，在弹出的快捷菜单中选择"设置单元格格式"命令，如图 4-22 所示。

（3）将打开的对话框切换到"数字"选项卡，选择"文本"选项，如图 4-25 所示。

图 4-25 "数字"选项卡

（4）单击"确定"按钮。

（5）选中 E3 单元格。

（6）单击 f_x 按钮，执行"插入函数"命令。

（7）在"函数分类"中选择"文本"类别函数。在"函数名"列表框中选择 CONCATENATE()函数，如图 4-26 所示。

图 4-26 选择 CONCATENATE()函数

（8）单击"确定"按钮。

（9）在 CONCATENATE()函数中输入公式"=CONCATENATE(A3,B3,C3,D3)"，即在"函数参数"对话框中输入"年、月、日、序号"，如图 4-27 所示。

图 4-27 输入 CONCATENATE()函数参数

（10）单击"确定"按钮。

（11）分别在 A3、B3、C3、D3 单元格输入"2014"、"01"、"01"、"01"后，则 A5 自动生成凭证编号，如图 4-28 所示。

图 4-28 设置 CONCATENATE()函数后显示的结果

（12）选中 E3 单元格并单击鼠标右键，从弹出的快捷菜单中选择"复制"命令。

（13）选中 E4:E30 单元格并单击鼠标右键，从弹出的快捷菜单中选择"粘贴"命令。这样，E4:E30 套用 E3 的函数。

4.3.3 自动显示会计科目

进入经济业务记录的工作后，先登记完业务发生的时间，接下来用会计专门的语言"会计科目"来记录企业发生的经济活动。在输入经济业务时，为了节约时间，可以利用 VLOOKUP()函数，自动显示会计科目。

1. 定义名称

"定义名称"在 Excel 中有着举足轻重的地位，在许多地方都可以应用。由于需要用 VLOOKUP()函数完成会计科目的自动显示，而 VLOOKUP()函数中引用的位置需要使用定义名称的工作簿，故应先了解如何定义名称。

定义名称的具体步骤如下。

（1）首先打开"第 4 章.xlsx"工作簿的"记账凭证表"工作表。

（2）选择"公式"|"定义名称"命令，如图 4-29 所示。

图 4-29 进行"定义名称"

（3）在打开的"新建名称"对话框的"名称"文本框中输入"会计科目"，如图 4-30 所示。

图 4-30　输入名称

（4）单击"引用位置"旁的折叠按钮 。

（5）在"会计科目表"的工作表标签处单击，切换到会计科目工作表。

（6）选择 A3:B57 单元格，"定义名称"对话框的"引用位置"会随着改变，如图 4-31 所示。

图 4-31　选定引用位置

（7）单击"定义名称"对话框的折叠按钮 ，打开如图 4-32 所示的"定义名称"对话框。其中，"引用位置"选项已确定。

图 4-32　完成"引用位置"的设定

（8）单击"确定"按钮，完成"定义名称"的设置。

2．自动显示会计科目

依照上述步骤，完成"范围名称"的设置后，开始进行自动显示会计科目的设置。操作步骤如下。

（1）打开"第 4 章.xlsx"工作簿中的"记账凭证表"工作表。

（2）选择 H3 单元格。

（3）单击 f_x 按钮，执行"插入函数"命令。

（4）在"函数分类"列表中选择"逻辑"类别函数。在"函数名"列表框中选择 IF()函数，如图 4-33 所示。

图 4-33　选择 IF()函数

（5）单击"确定"按钮。

（6）在 IF()函数 Logical_test 自变量位置输入"G3="""，如图 4-34 所示。

（7）在 IF()函数 Value_if_true 自变量位置输入""""，如图 4-34 所示。

（8）将光标移至 IF()函数 Value_if_false 自变量位置空白处，单击如图 4-35 所示的下拉菜单按钮，寻找 VLOOKUP()函数。

（9）找到并插入 VLOOKUP()函数后，在该函数 Lookup_value 自变量位置输入 G3。

（10）将光标移至 VLOOKUP()函数 Table_array 自变量位置空白处。

图 4-34　输入 IF()函数参数

图 4-35　选择 VLOOKUP()函数

（11）选择"公式"｜"用于公式"｜"粘贴名称"命令，如图 4-36 所示。

图 4-36　在 VLOOKUP()函数参数中"粘贴名称"

（12）在弹出的对话框中选择"会计科目"选项，如图 4-37 所示。

图 4-37　完成 VLOOKUP()函数参数"名称"的粘贴

（13）单击"确定"按钮。

（14）在 VLOOKUP()函数 Col_index_num 自变量位置输入 2，如图 4-38 所示。

（15）在 VLOOKUP()函数 Range_lookup 自变量位置输入 1，如图 4-38 所示。

图 4-38　输入 VLOOKUP()函数参数

（16）单击"确定"按钮，完成函数的设置。

（17）选中 H3 单元格并单击鼠标右键，在弹出的快捷菜单中选择"复制"命令。

（18）选中 H4 单元格下拉至最后一行并单击鼠标右键，在弹出的快捷菜单中选择"粘贴"命令。这样，整个"会计科目"下的单元格均自动套用公式。

（19）在"会计科目"的任意单元格的位置下输入一个会计科目编号，则在其后的"会计科目"中将自动出现相应的科目名称，如图 4-39 所示。

图4-39 完成自动显示会计科目设置后的记账凭证表

4.3.4 数据筛选

数据筛选指的是从数据中找出符合给定条件的数据，将符合条件的数据显示在工作表上，将不符合条件的数据隐藏起来。在会计核算过程中，经常会遇到数据筛选的情况。

进行筛选的具体操作步骤如下。

（1）打开"第4章.xlsx"工作簿中的"记账凭证表"工作表。

（2）单击"记账凭证表"工作表中的任意一个单元格。

（3）选择"数据"｜"筛选"｜"自动筛选"命令，如图4-40所示。

图4-40 进行数据的自动筛选

（4）"记账凭证表"变成如图4-41所示，每一个字段上会增加一个"筛选"按钮。

A	B	C	D	E	F	G	H	I	J
				宏达有限责任公司记账凭证表					
年	月	日	序号	凭证编号	摘要	科目编号	会计科目	借方金额	贷方金额
2014	01	01	01	2014010101	银行借款	1002	银行存款	10,000.00	
2014	01	01	01	2014010101	银行借款	2001	短期借款		10,000.00
2014	01	02		2014010102	取现	1001	库存现金	2,000.00	
2014	01	02		2014010102		1002	银行存款		2,000.00
2014	01	02	03	2014010203	借差旅费	1221	其他应收款	1,200.00	
2014	01	02	03	2014010203		1001	库存现金		1,200.00

图4-41 完成自动筛选设置

（5）单击"会计科目"的"筛选"按钮，并选择"库存现金"选项，如图4-42所示。

（6）如图4-43所示，工作表仅列出"库存现金"的业务，而其他的业务被隐藏起来。

图 4-42　进行自动筛选

图 4-43　显示自动筛选的结果

本章小结

本章介绍了如何利用 Excel 编制会计凭证。首先，介绍了会计凭证的有关概念，使读者对会计凭证有感性认识；接着介绍了如何利用 Excel 记录单功能建立会计科目表，并加以引申，让读者掌握修改删除记录单及美化会计科目表；最后，利用 Excel 的 CONCATENATE()函数、VLOOKUP()函数建立起具有自动生成序号、自动生成会计科目等多项功能的会计凭证表。这些工作完成之后，即可为进一步会计核算提供资料。

思考练习

1. 填空题

（1）若定义名称，应执行_____命令。

（2）在记录单方式下，若需修改某项信息，单击需要修改的工作表中的任意一个单元格，选择_____命令，打开"记录单"对话框。单击_____按钮找到需要修改的记录，在记录中修改信息进行修改。

（3）要进行数据的自动筛选，应执行_____命令。

（4）自动生成会计凭证编号时，可以利用＿＿＿＿＿＿函数，以"年+月+日+当日顺序号"生成。

2. 上机操作题

（1）按照下列步骤，完成公司员工工资数据表。

- 新建 Excel 工作簿，并将表 Sheet1 命名为"员工工资数据"。

- 输入"姓名"、"基本工资"、"奖金"、"加班费"、"养老保险"和"医疗保险"。

- 调整列宽：标题字段为 110 像素，输入字段为 340 像素。

- 将文本颜色设置为"蓝色"并加粗。

- 将文本加边框。

（2）利用 Excel 设计一个会计凭证表，并完成以下操作，如图 4-44 所示。

- 设置会计凭证表格式：要求包含"月"、"日"、"科目代码"、"会计科目"、"借方金额"和"贷方金额"字段。

- 输入 10 笔与银行存款有关的经济业务。

- 自动筛选"银行存款"会计科目。

图 4-44

以记账凭证为依据，设置和登记会计账簿是会计账务处理工作的中心环节。本章主要介绍如何根据已有的会计科目表中的有关数据，利用 Excel 的数据表透视表、函数等功能，建立起总分类账、明细分类账、科目汇总表和科目余额表等会计工作的账表。

学习目标

- 了解与会计账簿相关的基本概念
- 掌握如何利用 Excel 设置"借贷不平衡"的自动提示
- 掌握如何利用 Excel 建立总分类账、明细分类账、科目汇总表
- 掌握如何利用 Excel 建立与填制科目余额表

5.1 会计账簿概述

5.1.1 会计账簿的意义与作用

会计账簿是指以会计凭证为依据，在具有专门格式的账页中全面、连续、系统、综合地记录经济业务的簿籍。

会计账簿在会计核算中具有十分重要的意义，主要表现在以下几个方面。

（1）可以为经济管理提供连续、全面、系统的会计信息。

（2）可以保护财产物资的安全完整。

（3）便于企业单位考核成本、费用和利润计划的完成情况。

（4）可以为编制会计报表提供资料。

（5）可以为会计检查、会计分析提供资料。

5.1.2 会计账簿的类型

按照在经济管理中的用途会计账簿可以分为日记账簿、分类账簿和备查账簿 3 种。

1. 日记账簿

日记账簿，又称序时账簿，是按照经济业务发生的时间先后顺序，逐日逐笔登记经济业务的账簿。按其记录内容的不同可分为普通日记账和特种日记账两种。

（1）普通日记账是用来登记全部经济业务情况的日记账。将每天所发生的全部业务，按照经济业务发生的先后顺序，编制成记账凭证，根据记账凭证逐笔登记到普通日记账中。例如，企业设置的日记总账就是普通日记账。

（2）特种日记账是用来记录某一类经济业务发生情况的日记账。将某一类经济业务，按照经济业务发生的先后顺序记入账簿中，反映某一特定项目的详细情况。例如，各经济单位为了对现金和

银行存款加强管理，设置现金日记账和银行存款日记账来记录现金和银行存款的收、付和结存业务。

2. 分类账簿

分类账簿是区别不同账户登记经济业务的账簿。按照提供指标的详细程度不同，可将账户分为总分类账簿和明细分类账簿两种。

（1）总分类账簿是按一级科目分类，连续地记录和反映资金增减、成本和利润情况的账簿，它能总括并全面地反映企事业单位的经济活动情况，是编制会计报表的依据。一切企业都设置总分类账。

（2）明细分类账簿是根据明细科目开设的账簿，它能详细地反映企业某项经济活动的具体情况。

3. 备查账簿

备查账簿是对某些在日记账簿和分类账簿中不能记录登记或记录登记不全的经济业务进行补充登记的账簿。企业根据自身的情况，可以选择设置或不设置此账簿。

5.2 日记账

5.2.1 设置日记账格式

日记账簿是序时记录企业经济业务的账簿，从而按照时间顺序全面反映企业发生的所有经济业务。如表 5-1 所示的是日记账的格式。

表 5-1   日记账格式

日记账

年	月	日	凭 证 编 号	摘　要	账 户 名 称	借 方 金 额	贷 方 金 额

大家会发现，日记账的格式与前面设置的会计凭证表的格式极为相似，其中"账户名称"就是"会计科目"。这样，在利用 Excel 进行核算时，不用再设置专门的日记账。可以采用审核无误的会计凭证表进行以后的会计核算工作。

5.2.2 借贷不平衡自动提示

作为一名会计人员，"有借必有贷，借贷必相等"这个记账规则一定是牢记于心的。在会计凭证的编制、账簿的登记、编制会计报表的整个会计核算过程中，始终以这个规则来进行账务处理。为避免出现借贷不平衡的情况，将利用 IF() 函数进行借贷不平衡的自动提示。打开"第 4 章.xlsx"工作簿中的"记账凭证表"工作表。

具体操作步骤如下。

（1）选中 K2 单元格。

（2）单击 *f*ₓ 按钮，选择"插入函数"命令。

（3）在"函数分类"列表框中选择"逻辑"类别函数。在"函数名"列表框中选择 IF() 函数，如图 5-1 所示。

（4）单击"确定"按钮。

（5）在 IF() 函数的 Logical_test 自变量位置输入"SUM(I:I)=SUM(J:J)"，如图 5-2 所示。

（6）在 IF() 函数的 Value_if_true 自变量位置输入""""，如图 5-2 所示。

（7）在 IF() 函数的 Value_if_false 自变量位置输入""借贷不平衡""，如图 5-2 所示。

图 5-1　选择 IF() 函数

图 5-2　输入 IF() 函数参数

（8）单击"确定"按钮。

（9）若输入的借方金额不等于贷方金额时，在 K2 单元格中会自动出现"借贷不平衡"的提示，如图 5-3 所示。

图 5-3　借贷不平衡时出现的提示

（10）若输入相等的金额，提示自动消失，如图 5-4 所示。

图 5-4　借贷平衡时提示消失

5.3
分类账

5.3.1　设置总分类账格式

任何企业的一切经济活动都应分类整理计入分类账的相关账户中，这样，企业的经济活动和财务状况可以通过分类账分门别类的反映出来，如表 5-2 所示的是总分类账的格式。

表 5-2 总分类账格式

总分类账

年	月	日	凭 证 编 号	摘　要	借方金额	贷方金额	借／贷	余　额

　　将日记账与分类账进行比较后发现，日记账的会计记录是依照交易发生的日期为顺序登记的，而分类账则是以会计科目（即分类账户的名称）为前提，再按照交易发生的日期为顺序登记的。两者在会计处理程序中是两种不同的账簿，但在利用 Excel 进行账务处理时，数据内容并无差别。因此，可以利用 Excel 中的数据透视表功能将已形成的日记账建立为总分类账。至于分类账中的余额，可将其移至科目余额汇总表中予以反映。

5.3.2　建立总分类账

　　在运用数据透视表建立总分类账时，需要引用其他工作表的内容。请参看 4.3 节的内容，定义所需要的范围名称。

　　建立总分类账的操作步骤如下。

　　（1）打开"日记账"工作表。

　　（2）选择"插入"|"数据透视表"命令，在"创建数据透视表"对话框中选中"日记账!$A$2:$J$61"和"新工作表"单选按钮，如图 5-5 所示。

图 5-5　建立数据透视表

　　（3）单击"确定"按钮。

　　（4）在如图 5-6 所示的"数据透视表字表列段"对话框中，进行透视表的设置。

　　（5）在"数据透视表字表列段"对话框中将"年"、"月"按钮拖动到"报表筛选"区域，如图 5-7 所示。

　　（6）在"数据透视表字表列段"对话框中将"科目编号"、"会计科目"、"日"拖动到"行标签"区域，如图 5-7 所示。

　　（7）在"数据透视表字表列段"对话框中将"借方金额"、"贷方金额"按钮拖动到"数值"区域，如图 5-7 所示。

　　（8）操作完上述步骤后，形成如图 5-8 所示工作表。

图 5-6　建立"数据透视表"的对话框　　　图 5-7　设置"数据透视表"版式

图 5-8　设置"数据透视表"数据版式

（9）将鼠标移至"计数项：借方金额"位置，并单击"计数项：借方金额"选择"值字段设置"命令，如图 5-9 所示。

（10）在"值字段设置"对话框的"计算类型"列表框中选择"求和"选项，如图 5-10 所示。"计数项：借方金额"将改为"求和项：借方金额"。

图 5-9　选择"值字段设置"命令　　　图 5-10　"求和项：借方金额"的设置

（11）按照上述步骤，将"计数项：贷方金额"改为"求和项：贷方金额"，结果如图 5-11 所示。

图 5-11　166 完成"值字段设置"

（12）操作完上述步骤后，形成如图 5-12 所示工作表。

图 5-12　"值字段设置"设置后"数据透视表"数据版式

（13）选中 B 单元格，单击右键，如图 5-13 所示，选取"设置单元格格式"命令。

图 5-13　选择"设置单元格格式"命令

（14）在"设置单元格格式"对话框的"分类"列表框中选择"会计专用"选项，将"小数位数"设置为 2、将"货币符号"选项设置"无"，如图 5-14 所示。

图 5-14　"设置单元格格式"对话框

（15）单击"确定"按钮。

（16）选中 C 单元格，重复"设置单元格格式"设置的步骤，工作表变成如图 5-15 所示的格式。

图 5-15　完成"设置单元格格式"

（17）选取"数据表透视工具"｜"设计"｜"数据透视表式样"命令，如图 5-16 所示。

（18）单击报表布局下拉按钮，在弹出的下拉列表中，选取"以表格形式显示"命令，如图 5-17 所示。

图 5-16　选择"报表布局"命令

图 5-17　选取"以表格形式显示"命令

（19）操作完上述步骤后，显示如图 5-18 所示工作表。

图 5-18　以表格形式显示的数据透视表

（20）选中 1、2 行并单击鼠标右键，在弹出的快捷菜单中选择"插入"命令。

（21）选中 A1~F1 单元格，单击"合并及居中"按钮 ▦ 。

（22）选中 A2~F2 单元格，单击"合并及居中"按钮 ▦ 。

（23）选中 A1 单元格，输入"宏达有限责任公司"，并单击"加粗"按钮 **B** 。

（24）选中 A2 单元格，输入"总分类账"，并单击"加粗"按钮 **B** 。

（25）将新建立的透视数据表 Sheet1 重新命名为"总分类账"

（26）如图 5-19 所示的是完成总分类账建立的。

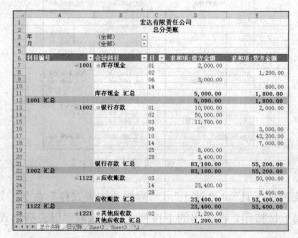

图 5-19　建立的总分类账

明细分类账的建立与总分类账的建立相似，只是根据带有明细科目的日记账利用数据透视表功能自动生成的。在此不再赘述，将在第 7 章实例训练中有所体现。

5.3.3　修改总分类账版面

观察已经建立的总分类账，可以发现与前面介绍的总分类账的格式有着较大的差别，该怎么修改呢？完成接下来的操作，总分类账就比较接近前面介绍的分类账格式了。

1. 添加余额

在前面所完成的总分类账有借贷方总额，却没有各科目的余额。因此要对工作表进行进一步的修改。

修改总分类账版面的具体操作步骤如下。

（1）打开"总分类账"工作表。

（2）选择"数据表透视工具"｜"选项"｜"域、项目和集"｜"计算字段"命令，如图 5-20 所示。

图 5-20　选择"数据表透视工具"｜"选项"｜"公式"｜"计算字段"命令

（3）在"插入计算字段"对话框的"名称"文本框中输入"借方余额"，并在公式文本框中设定 "=IF（（借方金额－贷方金额）>0，借方金额－贷方金额，0)"，如图 5-21 所示。

图 5-21　添加"借方余额"字段

（4）单击"确定"按钮。

（5）选择"数据表透视工具"｜"选项"｜"域、项目和集"｜"计算字段"命令，在"插入计算字段"对话框的"名称"文本框中输入"贷方余额"，并在公式文本框中设定"=IF（（贷方金额－借方金额）>0，贷方金额－借方金额，0)"，如图 5-22 所示。

图 5-22　添加"贷方余额"字段

（6）单击"确定"按钮。"总分类账"工作表变成如图 5-23 所示的格式。

图 5-23　产生余额的总分类账

2. 隐藏字段

由于"总分类账"工作表中含有较多字段，使得整张工作表看起来比较复杂。可以根据需要隐藏部分字段，使整个工作表看起来更简洁。隐藏字段的具体操作步骤如下。

（1）打开"总分类账"工作表。

（2）选取 12 行，选择"开始"｜"格式"｜"隐藏和取消隐藏"｜"隐藏行"命令，如图 5-24 所示。

图 5-24　选择"开始"｜"格式"｜"隐藏和取消隐藏"｜"隐藏行"命令

（3）对需要隐藏的行或者列采取相类似的步骤，可得到如图 5-25 所示的工作表。

图 5-25　隐藏行后的工作表

（4）选取"数据表透视工具"｜"选项"｜"显示"命令的 按钮，如图 5-26 所示。

图 5-26　选取"数据表透视工具"｜"选项"｜"显示/隐藏"命令

（5）可得到如图 5-27 所示的工作表。点击 按钮，可隐藏不需要的内容。

图 5-27　添加 ⊟ 按钮工作表

（6）点击 **库存现金** 中的 ⊟ 按钮，总分类账就变为如图 5-28 所示的界面。此时，⊟ 按钮变为 ⊞ 按钮。如果点击 ⊞ 按钮，工作表就会恢复原来的界面。

图 5-28　简洁的工作界面

如果需要取消隐藏的行或者列，选定行或者列后，选择"开始"│"格式"│"隐藏和取消隐藏"│"取消隐藏行"命令即可。

5.3.4　显示单一科目分类账

在财务操作过程中，会计人员有时会关注某一会计科目的分类账。此时可使用数据筛选功能。显示单一科目分类账的具体操作步骤如下。

（1）打开"总分类账"工作表。

（2）单击会计科目字段旁的下拉列表按钮，选中"银行存款"会计科目，如图 5-29 所示。

图 5-29　选择"银行存款"会计科目

（3）单击"确定"按钮，工作表变为如图 5-30 所示的格式，仅显示"银行存款"单一科目的分类账。

	A	B	C	D	E	F	G
1				宏达有限责任公司			
2				总分类账			
3	年	（全部）	▼				
4	月	（全部）	▼				
5							
6	科目编号 ▼	会计科目 ▼	日 ▼	求和项:借方金额	求和项:贷方金额	求和项:借方余额	求和项:贷方余额
7	⊟1002	⊟银行存款	01	10,000.00	2,000.00	8,000.00	–
9			03	11,700.00		11,700.00	–
11			10		43,200.00	–	43,200.00
13			25	8,000.00		8,000.00	–
15		银行存款 汇总		83,100.00	55,200.00	27,900.00	–
16	1002 汇总			83,100.00	55,200.00	27,900.00	–
17	总计			83,100.00	55,200.00	27,900.00	–

图 5-30 "银行存款"分类账

5.4 科目汇总表

5.4.1 科目汇总表概述

科目汇总表是根据一定期间内的所有经济业务，根据相同的会计科目进行归类，定期汇总出每一个会计科目的借方本期发生额合计数和贷方发生额合计数的一种表格。

科目汇总表在会计账务核算过程中起着承上启下的作用。一方面，它将一定期间发生的经济业务分门别类进行汇总；另一方面，它为编制会计报表提供了数据。表 5-3 是科目汇总表的格式。

表 5-3 科目汇总表格式

科目汇总表

编制单位： 年 月 日 单位：元

科 目 代 码	会 计 科 目	借方本期发生额	贷方本期发生额
合计			

5.4.2 建立科目汇总表

科目汇总表建立在凭证（日记账）记录基础之上，其数据也来源于凭证。由于已经在凭证（日记账）的基础上生成了分类汇总的总账。科目汇总表的建立只需要对分类账进行修改变动即可。下面的讲解假设已将所需要的范围名称定义完成。

具体操作步骤如下。

（1）打开"总分类账"工作表。

（2）选择"数据透视表工具"｜"选项"｜"显示报表筛选页"命令，如图 5-31 所示。

（3）在"显示报表筛选页"对话框中选中"月"选项，如图 5-32 所示。

（4）单击"确定"按钮。

图 5-31　选择"数据透视表工具"｜"选项"｜　　　　图 5-32　在"显示报表筛选页"对话框中
"显示报表筛选页"命令　　　　　　　　　　选中"月"选项

（5）操作完上述步骤后，形成一个与 "总分类账"相同的工作表，即为科目汇总表的底稿。

（6）选择"数据透视表工具"｜"选项"｜"字段列表"命令，如图 5-33 所示。

图 5-33　选择"数据透视表工具"｜"选项"｜"字段列表"命令

（7）在"数据透视表字段列表"对话框中删除"日、求和项：借方余额、求和项：贷方余额"字段，如图 5-34 所示。

图 5-34　删除字段

（8）选择"数据透视表工具"｜"设计"｜"分类汇总"｜"不显示分类汇总"命令，如图 5-35 所示。

图 5-35　选择"数据透视表工具"｜"设计"｜"分类汇总"｜"不显示分类汇总"命令

（9）工作表变为如图5-36所示的格式，即为科目汇总表。

科目编	会计科目	求和项:借方金额	求和项:货方金额
1001	库存现金	5,000.00	1,800.00
1002	银行存款	83,100.00	55,200.00
1122	应收账款	23,400.00	53,400.00
1221	其他应收款	1,200.00	
1401	材料采购	10,000.00	10,000.00
1403	原材料	10,000.00	5,500.00
1405	库存商品		16,000.00
1601	固定资产	500,000.00	
1602	累计折旧		2,200.00
2001	短期借款		10,000.00
2202	应付账款	30,000.00	
2221	应交税费	1,700.00	6,900.00
2231	应付利息		400.00
4001	实收资本		500,000.00
4103	本年利润	35,000.00	38,000.00
6001	主营业务收入	30,000.00	30,000.00
6051	其他业务收入	8,000.00	8,000.00
6401	主营业务成本	16,000.00	16,000.00
6402	其他业务成本	5,500.00	5,500.00
6403	营业税金及附加	800.00	800.00
6601	销售费用	7,000.00	7,000.00
6602	管理费用	4,300.00	4,300.00
6603	财务费用	400.00	400.00
6801	所得税费用	400.00	
总计		772,400.00	772,400.00

图5-36　生成科目汇总表

（10）将工作表"01"重命名为"科目汇总表"，如图5-37所示。

	A	B	C	D
1	年	（全部）		
2	月	01		
3				
4	科目编	会计科目	求和项:借方金额	求和项:货方金额
5	1001	库存现金	5,000.00	1,800.00
6	1002	银行存款	83,100.00	55,200.00
7	1122	应收账款	23,400.00	53,400.00
8	1221	其他应收款	1,200.00	
9	1401	材料采购	10,000.00	10,000.00
10	1403	原材料	10,000.00	5,500.00
11	1405	库存商品		16,000.00
12	1601	固定资产	500,000.00	
13	1602	累计折旧		2,200.00
14	2001	短期借款		10,000.00
15	2202	应付账款	30,000.00	
16	2221	应交税费	1,700.00	6,900.00
17	2231	应付利息		400.00
18	4001	实收资本		500,000.00
19	4103	本年利润	35,000.00	38,000.00
20	6001	主营业务收入	30,000.00	30,000.00
21	6051	其他业务收入	8,000.00	8,000.00
22	6401	主营业务成本	16,000.00	16,000.00
23	6402	其他业务成本	5,500.00	5,500.00
24	6403	营业税金及附加	800.00	800.00
25	6601	销售费用	7,000.00	7,000.00
26	6602	管理费用	4,300.00	4,300.00
27	6603	财务费用	400.00	400.00
28	6801	所得税费用	1,000.00	1,000.00
29	总计		772,400.00	772,400.00

科目汇总表 / 总分类账 / 日记账 / Sheet2 / Sheet3

图5-37　重命名为"科目汇总表"

（11）单击月字段旁的下拉列表按钮，选择科目汇总表编制的月份（假定存在多个月份的数据），如图5-38所示。

图5-38　所需月份的科目汇总表的选择

（12）单击"确定"按钮，即可生成该月的科目汇总表。

5.5 自动更新数据透视表

在 Excel 中,为了确保根据日记账建立的总分类账、科目汇总表等数据透视表中的数据正确,通常采用以下两个方法。一是在选择建立数据透视表的数据源区域时,尽可能地将数据来源范围扩大;二是使数据透视表中的数据能够随着数据源数据的更新而更新。本节将使用一定的操作方法,使数据透视表内容随着数据源数据的更新而更新。

具体操作步骤如下。

(1)在"日记账"工作表添加一笔业务,如图 5-39 所示。

51	2014	01	31	23	2014013123	结转费用	4103	本年利润	34,000.00	
52	2014	01	31	23	2014013123		6401	主营业务成本		16,000.00
53	2014	01	31	23	2014013123		6403	营业税金及附加		800.00
54	2014	01	31	23	2014013123		6402	其他业务成本		5,500.00
55	2014	01	31	23	2014013123		6601	销售费用		7,000.00
56	2014	01	31	23	2014013123		6602	管理费用		4,300.00
57	2014	01	31	23	2014013123		6603	财务费用		400.00
58	2014	01	31	24	2014013124	所得税	6801	所得税费用	1,000.00	
59	2014	01	31	24	2014013124	所得税	2221	应交税费		1,000.00
60	2014	01	31	25	2014013125	结转	4103	本年利润	1,000.00	
61	2014	01	31	25	2014013125	结转	6801	所得税费用		1,000.00
62	2014	02	01	01	2014020101	取现	1002	银行存款	100.00	
63	2014	02	01	01	2014020101	取现	1001	库存现金		100.00

图 5-39 修改的日记账记录

(2)切换至"总分类账"工作表。

(3)选择"数据表透视工具"|"选项"|"更改数据源"命令,如图 5-40 所示。

(4)在弹出的"更改数据透视表数据源"对话框中选取数据源区域,如图 5-41 所示。

图 5-40 选择"更改数据源"命令   图 5-41 更改数据源对话框

(5)单击"确定"按钮。

(6)单击"月"字段旁的下拉列表按钮,如图 5-42 所示,"总分类账"的数据已被更新(2 月业务已经添加)。

图 5-42 更新后的总分类账

（7）选择"02 月"会计科目，单击"确定"按钮，在此基础上建立的数据透视表均自动更新，结果如图 5-43 所示。

图 5-43　更新后的数据表

图 5-44　选择"数据表透视工具"｜"选项"｜"刷新"命令

如果数据源的范围没有扩大，或者最初设定的数据源范围足够大，仅是日记账业务增减及变动，则只需选择"数据表透视工具"｜"选项"｜"刷新"命令，数据表中的数字即可更新。如图 5-44 所示。

5.6 科目余额表

5.6.1　设计科目余额表

科目余额表是用来记录本期所有会计科目的发生额和余额的表格。它是科目汇总表的进一步延伸，能够反映某一会计期间相关会计科目（账户）的期初余额、本期发生额、期末余额，为编制会计报表提供更完善的数据。如表 5-4 所示的是科目余额表的格式。

表 5-4　　　　　　　　　　　　　　科目余额表的格式

科目余额表

编制单位：　　　　　　　　　　　年　月　　　　　　　　　　　　　单位：元

科目代码	会计科目	期 初 余 额		本 期 发 生 额		期 末 余 额	
合计							

利用 Excel 建立科目余额表的操作步骤如下。

（1）将"第 5 章.xlsx"工作簿中的工作表 Sheet2 重命名为"科目余额表"。

（2）选中 A1:H1 单元格，单击"合并及居中"按钮▦。在 A1 单元格中输入"宏达有限责任公司科目余额表"，并单击"加粗"按钮 **B** 。

（3）选中 A2:A3 单元格，单击"合并及居中"按钮▦。在 A2 单元格中输入"科目编号"，并单击"加粗"按钮 **B** 。

（4）选中 B2:B3 单元格，单击"合并及居中"按钮▦。在 B2 单元格中输入"会计科目"，并单击"加粗"按钮 **B** ，如图 5-45 所示。

图 5-45　设置 A1、A2、B2 单元格

（5）选中 C2:D2 单元格，单击"合并及居中"按钮。在 C2 单元格中输入"期初余额"，并单击"加粗"按钮 **B**，如图 5-46 所示。

（6）选中 E2:F2 单元格，单击"合并及居中"按钮。在 E2 单元格中输入"本期发生额"，并单击"加粗"按钮 **B**，如图 5-46 所示。

（7）选中 G2:H2 单元格，单击"合并及居中"按钮。在 G2 单元格中输入"期末余额"，并单击"加粗"按钮 **B**，如图 5-46 所示。

（8）分别选中 C3、E3、G3 单元格，在这些单元格中输入"借方"，单击"居中" 及"加粗"按钮 **B**。

（9）分别选中 D3、F3、H3 单元格，在这些单元格中输入"贷方"，单击"居中" 及"加粗"按钮 **B**，调整 A 至 H 列到合适的宽度。如图 5-46 所示。

图 5-46　设置 C3、E3、H3、C4、D4、E4、F4、G4、H4 单元格

（10）根据 4.2 节介绍的记录单的有关知识，在 A4:B53 的单元格中输入科目编号及相应的会计科目。

（11）选中 A54:B54 单元格，单击"合并及居中"按钮。在 A54 单元格中输入"合计"，并单击"加粗"按钮 **B**。

（12）选择列 C:H，选择"格式"|"单元格"命令，在打开的"单元格格式"对话框中，将"数字"选项设置为"会计专用"，将"小数位数"选项设置为 2，将"货币符余号"选项设置为"无"。

（13）单击"确定"按钮。

（14）选中 C54 单元格，单击 **fx** 按钮，执行"插入函数"命令。

（15）在"函数分类"列表中选择"常用函数"中的 SUM()函数，在 SUM()函数中 Namber1 位置输入"C4:C53"，如图 5-47 所示。

图 5-47　输入 SUMF()函数参数

（16）单击"确定"按钮。

（17）选中 C54 单元格并单击鼠标右键，在弹出的快捷菜单中选择"复制"命令。

（18）选中 D54:H54 单元格并单击鼠标右键，在弹出的快捷菜单中选择"粘贴"命令，这样，D54:H54 单元格均自动套用公式。科目余额表的格式已建立完成。

5.6.2 编制科目余额表

编制科目余额表是指对科目余额表中期初余额、本期发生额以及期末余额的填写。这个过程实质上是工作表之间数据链接调用的过程。科目余额表的期初余额、本期发生额分别是从上期期末科目余额表中的期末余额及本期科目汇总表中链接过来。而科目余额表的期末余额是利用公式"期末余额=期初余额+/－本期发生额"计算得到。那么，解决工作表之间数据链接的问题即可编制科目余额表。

1. 期初余额的链接调用

由于科目余额表中的会计科目固定，这样期初余额的链接可以直接从上期科目余额表的期末余额调用。直接引用公式为"=[被引用工作簿名称]被引用工作表名称!被引用单元格"。若数据在同一个工作簿中，则"被引用工作簿名称"可以省略。

具体操作步骤如下。

（1）同时打开"科目余额表"工作表和"资料-第 4 章.xlsx"工作簿的"科目余额表 12 月份"工作表。

（2）选中"科目余额表"工作表 C4 单元格，输入"="。

（3）将鼠标移至"资料-第 4 章.xlsx"工作簿的"科目余额表 12 月份"工作表，单击 G4 单元格。

（4）将鼠标移回至"科目余额表"工作表，如图 5-48 所示。

图 5-48 建立直接链接

（5）按 Enter 键，如图 5-49 所示，系统在"科目余额表"工作表的 C4 单元格显示期初现金余额的数值。

图 5-49 显示链接结果

（6）使用相同的方法，建立其他会计科目期初余额的链接。到此为止，1 月份科目余额表的期初余额已编制完成。

2. 本期发生额的链接调用

科目余额表中本期发生额需从本期科目汇总表中调用。由于每个会计期间发生的经济业务不完全相同，这样，根据记录经济业务的日记账自动生成的科目汇总表的会计科目不固定。在从本期科目汇总表中调用数据时，不能直接调用，需要借助于函数进行间接调用。以下的内容假设已将所需要的范围名称定义完成。

具体操作步骤如下。

（1）打开"科目余额表"工作表。

（2）选中 E4 单元格，单击 *f×* 按钮，执行"插入函数"命令。在"函数分类"列表中选择"逻辑"类别函数。在"选择函数"中选择 IF()函数，单击"确定"按钮。

（3）将光标移至 IF()函数的 Logical_test 自变量位置空白处，单击如图 5-50 所示的下拉式菜单按钮，从打开的菜单中选择 ISNA()函数。

图 5-50　选择 ISNA()函数

（4）将光标移至 ISNA()函数的 Value 自变量位置空白处，单击如图 5-51 所示的下拉式菜单按钮，从打开的菜单中选择 VLOOKUP()函数。

图 5-51　选择 VLOOKUP()函数

（5）在 VLOOKUP()函数的 Lookup_value 自变量位置输入""库存现金""，在 Table_array 自变量位置空白处，如图 5-52 所示，选择"公式"｜"用于公式"｜"科目汇总表"命令，（已经对科目汇总表进行定义名称），在 Col_index_num 自变量位置输入 2，在 Range_lookup 自变量位置输入 FALSE，如图 5-53 所示。

图 5-52　Table_array 自变量位置选择"公式"｜"用于公式"｜"科目汇总表"命令

图 5-53　设置 VLOOKUP ()函数的参数

（6）将光标移回至 IF()函数，在 Value_if_true 自变量位置输入 0，在 Value_if_false 自变量位置空白处，单击下拉式菜单按钮，从打开的菜单中选择 VLOOKUP()函数，如图 5-54 所示。

图 5-54　设置 IF()函数的参数

（7）重复步骤（5）。

（8）单击"确定"按钮，完成函数的设置。

（9）如图 5-55 所示，系统在 E4 单元格显示本月现金的借方发生额。

图 5-55　显示函数的计算结果

使用相同的方法，可以将科目余额表与科目汇总表建立动态的链接。科目余额表中的借方金额、贷方金额字段的公式如下。

本期借方发生额=IF(ISNA(VLOOKUP("查找的会计科目",科目汇总表,2,FALSE)),0,VLOOKUP("查找的会计科目",科目汇总表,2,FALSE))

本期贷方发生额=IF(ISNA(VLOOKUP("查找的会计科目",科目汇总表,3,FALSE)),0,VLOOKUP("查找的会计科目",科目汇总表,3,FALSE))

3．期末余额的计算

科目余额表中所有的会计科目分为 5 类：资产类、负债类、所有者权益类、成本类和损益类。根据会计核算的规则，资产/成本类期末余额=期初余额+本期借方发生额−本期贷方发生额，负债/所有者权益类期末余额=期初余额+本期贷方发生额−本期借方发生额，而损益类无余额。所以，期末余额的计算需要根据上述公式来进行。

具体操作步骤如下。

（1）打开"科目余额表"工作表。

（2）选中 G4 单元格，输入"=C4+E4−F4"，如图 5-56 所示。

（3）按 Enter 键。

（4）如图 5-57 所示，计算出来的现金的期末余额为 3700。

（5）选中 G4 单元格并单击鼠标右键，在弹出的快捷菜单中选择"复制"命令。

（6）选择 G5:G10 单元格，按住 Ctrl 键，继续选择 G10:G17 单元格及 G19:G22 单元格。释放 Ctrl 键，此时共有 15 个单元格被选中。

图 5-56　输入公式

图 5-57　显示公式计算结果

（7）在选中的任意单元格上单击鼠标右键，在弹出的快捷菜单中选择"粘贴"命令。

（8）系统计算出来的资产/成本类会计科目的期末余额如图 5-58 所示。

		宏达有限责任公司科目余额表				
科目编号	会计科目	期初余额		本期发生额		期
		借方	贷方	借方	贷方	借方
1001	库存现金	500.00		5,000.00	1,800.00	3,700.00
1002	银行存款	20,000.00		83,100.00	55,200.00	47,900.00
1101	交易性金融资产	1,000.00		—	—	1,000.00
1121	应收票据	—				
1122	应收账款	40,000.00		23,400.00	53,400.00	10,000.00
1123	预付账款					
1221	其他应收款	—		1,200.00		1,200.00
1231	坏账准备		200.00			
1401	材料采购			10,000.00	10,000.00	—
1403	原材料	8,000.00		10,000.00	5,500.00	12,500.00
1405	库存商品	50,000.00		—	16,000.00	34,000.00
1501	持有至到期投资	600.00		—		600.00
1511	长期股权投资	7,000.00		—		7,000.00
1601	固定资产	90,000.00		500,000.00	—	590,000.00
1602	累计折旧		10,000.00	—	2,200.00	
1603	在建工程	—				
1701	无形资产	3,000.00		—		3,000.00
1801	长期待摊费用	—				
1901	待处理财产损溢	—				

图 5-58　显示填制结果

（9）选中 H11 单元格，输入"=D11+F11－E11"，按 Enter 键。

（10）选中 H18 单元、H23:H39 单元格，复制 H11 单元格。

（11）计算好的负债/所有者权益类会计科目的期末余额如图 5-59 所示。到此为止，科目余额表的编制工作已完成。

		宏达有限责任公司科目余额表					
科目编号	会计科目	期初余额		本期发生额		期末余额	
		借方	贷方	借方	贷方	借方	贷方
1001	库存现金	500.00		5,000.00	1,800.00	3,700.00	
1002	银行存款	20,000.00		83,100.00	55,200.00	47,900.00	
1101	交易性金融资产	1,000.00				1,000.00	
1121	应收票据						
1122	应收账款	40,000.00		23,400.00	53,400.00	10,000.00	
1123	预付账款						
1221	其他应收款	—		1,200.00		1,200.00	
1231	坏账准备		200.00				200.00
1401	材料采购			10,000.00	10,000.00		
1403	原材料	8,000.00		10,000.00	5,500.00	12,500.00	
1405	库存商品	50,000.00			16,000.00	34,000.00	
1501	持有至到期投资	600.00		—		600.00	
1511	长期股权投资	7,000.00		—		7,000.00	
1601	固定资产	90,000.00		500,000.00	—	590,000.00	
1602	累计折旧		10,000.00		2,200.00		12,200.00
1603	在建工程	—					
1701	无形资产	3,000.00		—		3,000.00	
1801	长期待摊费用						
1901	待处理财产损溢						
2001	短期借款		4,000.00		10,000.00		14,000.00

图 5-59　编制完成的科目余额表

本章小结

本章介绍了如何利用 Excel 编制会计账簿。首先，介绍了会计账簿的有关概念，然后介绍如何利用 Excel 的 IF()函数实现会计核算中的"借贷不平衡"的自动提示。在会计凭证表的基础上，又介绍了如何利用数据透视表功能建立总分类账、明细分类账、科目汇总表。最后，利用 Excel 建立起科目余额表，并通过一些函数的组合完成科目余额表的填制。完成这些表单的建立后，便可以进行会计账务处理的最后步骤——编制会计报表。

思考练习

1. 填空题

（1）利用 IF 函数设置"借贷不平衡"自动显示，最主要是呼应_____这个会计观念。

（2）在一张数据透视表中应分别有_____、_____、_____、_____4 个字段。

（3）当建立数据透视表的数据源区域内的数据进行改动，应执行_____命令对相应的数据透视表数据进行更新。

（4）若在数据透视表中添加及删除字段，选中数据透视表的任意一个数据单元格后，通过出现的_____窗口进行操作。

（5）不同工作簿间建立数据的直接链接，直接引用的公式是_____。

2. 上机操作题

对第 4 章上机操作题（2）建立的会计凭证表资料执行以下操作。

⚫ 建立总分类账，要求总分类账（数据透视表）格式："页"区域为"月"；"行"区域为"科目代码"、"会计科目"、"日"；"数据"区域为"求和项：借方金额"、"求和项：贷方金额"。

⚫ 美化总分类账：将"数据"拖动至"汇总"字段处。

⚫ 隐藏"科目代码求和项：借方金额"与"科目代码求和项：借方金额"。

Excel 在会计报表中的应用

会计报表是会计账务处理的最终环节，是会计工作的定期总结，是基于会计凭证、会计账簿、会计科目汇总表和会计科目余额表等会计资料的基础上编制的。本章主要介绍如何利用 Excel 建立和编制会计报表。

学习目标

- 了解会计凭证的概念
- 掌握如何利用 Excel 建立并填制资产负债表、利润表、现金流量表

6.1 会计报表概述

6.1.1 会计报表的含义及作用

会计报表是综合反映企业经营成果、财务状况以及现金流量信息的书面文件，它是会计核算的最终结果，也是会计核算工作的总结。

会计报表向投资者、债权人、政府及其机构等会计报表的使用者提供有用的经济决策信息。编制会计报表的作用在于以下几个方面。

（1）会计报表提供的经济信息是企业加强和改善经营管理的重要依据。

（2）会计报表提供的经济信息是国家经济管理部门进行宏观调控和管理的依据。

（3）会计报表提供的经济信息是投资者和债权人决策的依据。

6.1.2 会计报表的分类

按照不同的标准，可以将会计报表分类如下。

（1）按照反映内容的不同，会计报表可以分为动态会计报表和静态会计报表。动态会计报表是反映一定时期内资金耗费和资金收回的报表，例如，利润表是反映企业一定时期内经营成果的报表；静态会计报表是综合反映一定时点资产、负债和所有者权益的会计报表，例如，资产负债表是反映一定时点企业资产总额和权益总额的报表，从企业资产总量方面反映企业的财务状况，从而反映企业资产的变现能力和偿债能力。

（2）按照编制时间的不同，会计报表可以分为月报、季报、半年报和年报。

（3）按照编制单位的不同，会计报表可以分为单位会计报表和汇总会计报表。单位会计报表是指由企业在自身会计核算的基础上，对账簿记录进行加工而编制的会计报表，以反映企业本身的财务状况和经营成果；汇总会计报表是指由企业主管部门或上级机关，根据所属单位报送的会计报表，连同本单位会计报表汇总编制的综合性会计报表。

本章仅介绍利用 Excel 编制基于企业在自身会计核算资料上的资产负债表、利润表和现金流量表。

6.2

Excel在资产负债表中的应用

企业经营一定期间内，需要反映出企业当时的资产、负债及所有者权益的情况，这就需要编制资产负债表。资产负债表是企业会计报表中的主要报表。

6.2.1 设置资产负债表格式

资产负债表是反映企业某一特定日期财务状况的会计报表，它是根据资产、负债和所有者权益三者之间的平衡关系，把日常经营活动的信息按照一定的分类标准和一定的顺序加工而成的。它表明企业某一特定日期所拥有或控制的经济资源，所承担的现有义务和所有者对净资产的要求权。

国际上流行的资产负债表的格式通常有账户式和报告式两种。

账户式的资产负债表是根据"资产=负债+所有者权益"将表分成左右两方，左方反映资产，右方反映负债和所有者权益，按其构成项目依据流动性（变现能力由强到弱）分类，并使左右双方总额相等，如表6-1所示。

表6-1 账户式资产负债表的格式

资产负债表（账户式）

编制单位： 年 月 日 单位：元

资 产	行 次	金 额	负债及所有者权益	行 次	金 额
流动资产			流动负债		
非流动资产			非流动负债		
			所有者权益		
资产合计			负债及所有者权益合计		

报告式的资产负债表是按照资产、负债、所有者权益顺序自上而下排列的报表格式，如表6-2所示。

表6-2 报告式资产负债表的格式

资产负债表（报告式）

编制单位： 年 月 日 单位：元

资 产	
流动资产	××××
非流动资产	××××
资产合计	××××
负 债	
流动负债	××××
非流动负债	××××
负债合计	××××

续表

所有者权益	
实收资本	××××
资本公积	××××
盈余公积	××××
未分配利润	××××
所有者权益合计	××××

在我国的会计实务中多采用账户式的资产负债表,因此本书主要介绍账户式资产负债表的编制,具体操作步骤如下。

（1）将"第 6 章.xlsx"工作簿中的工作表 Sheet1 重命名为"资产负债表"。

（2）选中 A1:H1 单元格,单击 "合并及居中"按钮。在 A1 单元格输入"资产负债表",并单击 B "加粗"按钮。

（3）使用相同的方法,并参照资产负债表基本格式,如图 6-1 所示,在每个单元格中输入指定的数据。

（4）选中 A3:H32 单元格并单击鼠标右键,在弹出的快捷菜单中选择"设置单元格格式"命令。

（5）将打开的对话框切换到"边框"选项卡,选择如图 6-2 所示的边框样式,然后单击"确定"按钮。

图 6-1 资产负债表

图 6-2 "单元格格式"对话框

（6）如图 6-3 所示，一张泾渭分明的资产负债表已生成。

图 6-3　美化的资产负债表

6.2.2　资产负债表的编制

在建立好的科目余额表基础上，可以很容易编制出资产负债表。因为资产负债表的编制是根据各账户的余额加或减之后填列。资产负债表本期期初余额即为上期期末余额，可以直接从上期资产负债表中获得，参照科目余额表期初余额的填制，在此不再赘述，本节主要介绍期末余额的编制。

资产负债表中各项目的数据来源主要通过以下几种方式获得。

（1）根据总账科目余额直接填列，例如：应收票据、短期借款。

（2）根据总账科目余额计算填列，例如：货币资金库存=现金+银行存款+其他货币资金。

（3）根据明细科目余额计算填列，例如：应付账款、预付账款。

（4）根据总账科目和明细账科目的期末余额计算填列，例如：长期借款、长期应收款。

（5）根据科目余额减去其备抵项目后的净额填列，例如：应收账款、存货、无形资产。

依照各项目的数据来源方式，可以采用数据链接直接引用方式引用科目余额表、明细分类账等工作表的相关数据进行资产负债表的编制，也可采用 SUMIF() 和 VLOOKUP()函数间接调用科目余额表等其他工作表的相关数据进行资产负债表的编制。下面以直接引用为例，介绍资产负债表的编制，具体操作步骤如下。

（1）打开"第 5 章.xlsx"工作簿中的"科目余额表"工作表。

（2）打开"第 6 章.xlsx"工作簿中的"资产负债表"工作表。

（3）选择"资产负债表"工作表的 D5 单元格，输入"="。

（4）单击"第 5 章.xlsx"标签，切换至"科目余额表"。

（5）单击"第 5 章.xlsx——科目余额表"中的单元格 G4，输入"+"，然后单击"第 5 章.xlsx——科目余额表"中的单元格 G5。

（6）按 Enter 键，界面自动切换到"第 6 章.xlsx——资产负债表"，并在 D5 单元格显示计算结果 35400.00。此时，在公式编辑栏中显示单元格 D5 所采用的计算公式"=[第 5 章.xls]科目余额表!\$G\$4+[第 5 章.xls]科目余额表!\$G\$5", 如图 6-4 所示。

图 6-4　显示公式的计算结果

（7）参照（3）～（6）步骤将除合计数之外的项目填制完成。

（8）选中 D14 单元格，单击 f_x 按钮，执行"插入函数"命令。

（9）在"函数分类"列表框中选择"常用函数"中的 SUM()函数，在 SUM()函数中 Namber1 位置输入"D5:D14"，如图 6-5 所示。

图 6-5　设置 SUM ()函数的参数

（10）参照步骤（9），将其余的合计数填制，如图 6-6 所示，资产负债表编制完成。

图 6-6　编制完的资产负债表

6.3

Excel 在利润表中的应用

企业经营一定期间内，不仅需要了解企业的资产、负债及所有者权益的情况，这些都会关系到企业经营的好坏，这就需要编制利润表。利润表也是企业会计报表中的重要报表。

6.3.1 设置利润表格式

利润表是反映企业一定期间内生产经营成果的会计报表。利润表把一定时期内的营业收入与其同一会计期间相关的营业费用进行配比，以计算出企业一定时期的净利润。通过利润表反映的收入和费用等情况，能够反映企业生产经营的收入情况及费用耗费情况，表明企业一定时期内的生产经营成果。利润是企业经营业绩的综合体现，又是进行利润分配的主要依据。

目前比较普遍的利润表的格式有多步式和单步式两种。

多步式利润表是经过计算营业利润、利润总额多个步骤，最后计算净利润而编制成的利润表，如表 6-3 所示。

表 6-3   多步式利润表的格式

利 润 表

编制单位：   年   月   单位：元

项　　目	行　　次	本　月　数	本年累计数
一、营业收入			
减：营业成本			
营业税金及附加			
销售费用			
管理费用			
财务费用			
资产减值损失			
加：公允价值变动损益			
投资收益			
二、营业利润			
加：营业外收入			
减：营业外支出			
三、利润总额			
减：所得税费用			
四、净利润			

单步式利润表是通过将所有收入扣除所有费用后一次计算净利润而编制的利润表，如表 6-4 所示。

表 6-4   单步式利润表的格式

利 润 表

编制单位：   年   月   单位：元

项　　目	行　　次	本　月　数	本年累计数
一、收入			
营业收入			
公允价值变动损益			
投资收益			

项　　目	行　　次	本　月　数	本年累计数
营业外收入			
收入合计			
二、费用			
营业成本			
营务税金及附加			
销售费用			
管理费用			
财务费用			
资产减值损失			
营业外支出			
所得税费用			
费用合计			
三、净利润			

在我国的会计实务中，一般采用多步式利润表，因此本书主要介绍多步式利润表的编制。利润表的建立与资产负债表的建立过程和方法类似，具体操作步骤如下。

（1）将"第6章.xlsx"工作簿中的工作表 Sheet2 重命名为"利润表"。

（2）选择 A1:D1 单元格，单击 ⊞ "合并及居中"按钮。在 A1 单元格中输入"利润表"，并单击 Ｂ "加粗"按钮。

（3）使用同样的方法参照利润表的基本格式，在每个单元格中输入特定的项目。

（4）选中单元格 A4:D18，设置边框样式如图 6-7 所示，利润表建立完成。

图 6-7　利润表

6.3.2 利润表的编制

利润表的编制也是建立在科目余额表上，只不过收入、费用类账户是虚账户，每期没有期初、期末余额。在编制利润表时，需要根据科目余额表中本期发生额的有关会计科目进行编制。

1. 本月数的填制

利润表中本月数的填制，同样要建立利润表与科目余额表的链接，以便进行数据的调用。前面曾提及数据链接调用有直接调用与间接调用两种，资产负债表的编制使用了直接调用，本节介绍的利润表的编制将使用间接调用。假设已定义所需范围名称。具体操作步骤如下。

（1）打开"第 6 章.xlsx"工作簿中的工作表"利润表"。

（2）选中"利润表"工作表中的 C4 单元格。

（3）单击 *fx* 按钮，选择"插入函数"命令，然后选择 VOOLKUP()函数，单击"确定"按钮。

（4）在 VLOOKUP()函数的 Lookup_value 自变量位置输入""主营业务收入""，在 Table_array 自变量位置空白处，选择"公式"｜"用于公式"｜"科目余额表"命令，（已经对科目余额表进行定义名称），在 Col_index_num 自变量位置输入 5，在 Range_lookup 自变量位置输入 FALSE，如图 6-8 所示。

图 6-8 设置 VLOOKUP()函数参数

（5）单击"确定"按钮完成函数参数的设置。

（6）按照步骤（4），在编辑栏中输入"+VLOOKUP("其他业务收入",科目余额表,5,FALSE)"，如图 6-9 所示，C4 单元格中显示的"营业收入"为 38,000。

图 6-9 显示函数的计算结果

（7）选中 C5 单元格，输入"=VLOOKUP("主营业务成本",科目余额表,4,FALSE)+VLOOKUP

("其他业务成本",科目余额表,4,FALSE)"，然后按 Enter 键。

（8）分别选中 C6、C7、C8、C9、C10、C11、C12、C14、C15 单元格，参照步骤（4）～（5）完成数据的链接引用。

（9）选中 C13 单元格，输入"=C4－C5－C6－C7－C8－C9－C10+C11+C12，然后按 Enter 键，结果如图 6-10 所示。

	A	B	C	D
1			利润表	
2	编制单位: 宏达		2014年1月份	单位: 元
3	项目	行次	本月数	本年累计数
4	一、营业收入		38000	
5	减: 营业成本		21500	
6	营业税金及附加		800	
7	销售费用		7000	
8	管理费用		4300	
9	财务费用		400	
10	资产减值损失			
11	加: 公允价值变动损益			
12	投资收益		0	
13	二、营业利润		4000	

图 6-10　显示函数的计算结果

（10）选中 C16 单元格，输入"=C13+C14－C15"，然后按 Enter 键，结果如图 6-11 所示。

	A	B	C	D
1			利润表	
2	编制单位: 宏达		2014年1月份	单位: 元
3	项目	行次	本月数	本年累计数
4	一、营业收入		38000	
5	减: 营业成本		21500	
6	营业税金及附加		800	
7	销售费用		7000	
8	管理费用		4300	
9	财务费用		400	
10	资产减值损失			
11	加: 公允价值变动损益			
12	投资收益		0	
13	二、营业利润		4000	
14	加: 营业外收入		0	
15	减: 营业外支出		0	
16	三、利润总额		4000	

图 6-11　显示单元格计算结果

（11）选中 C17 单元格，输入"=C16×25%"，然后按 Enter 键。

（12）选中 C18 单元格，输入"=C16－C17"，然后按 Enter 键，结果如图 6-12 所示，利润表本月数的填制已完成。

	A	B	C	D
1			利润表	
2	编制单位: 宏达		2014年1月份	单位: 元
3	项目	行次	本月数	本年累计数
4	一、营业收入		38000	
5	减: 营业成本		21500	
6	营业税金及附加		800	
7	销售费用		7000	
8	管理费用		4300	
9	财务费用		400	
10	资产减值损失			
11	加: 公允价值变动损益			
12	投资收益		0	
13	二、营业利润		4000	
14	加: 营业外收入		0	
15	减: 营业外支出		0	
16	三、利润总额		4000	
17	减: 所得税费用		1000	
18	四、净利润		3000	

图 6-12　编制完的利润表

2. 本年累计数的填制

利润表中的本年累计数是指从本年一月份起至本月份止的若干个月累计实现的利润数，即本年累计数应该等于上月利润表本年累计数加上本月利润表本月数。这样，需要建立起上月利润表与本月利润表的链接，以便进行数据的调用。不同工作簿中工作表数据的调用在第5章已经详细介绍，在本节不再赘述。

6.4 Excel 在现金流量表中的应用

为了规范企业现金的管理，提高会计信息质量，财政部制定了《企业会计准则——现金流量表》，并于 1998 年 1 月 1 日起执行。因此，现金流量表也是企业会计报表中的主要报表。

6.4.1 设置现金流量表格式

现金流量表是反映企业一定会计期间现金和现金等价物（以下简称现金）流入和流出的报表。现金流量表能够说明企业一定期间内现金流入和流出的原因、企业的偿债能力和支付股利的能力、分析企业未来获取现金的能力。

现金流量表应当按照经营活动、投资活动和筹资活动的现金流量分类分项列出，如表 6-5 所示。

表 6-5   现金流量表的格式

现金流量表

编制单位：   年度   单位：元

项　目	行　次	金　额
一、经营活动产生的现金流量		
销售商品或提供劳务收到现金		
收到税费返还		
收到的与经营业务有关的其他现金		
现金流入合计		
购买商品、接受劳务支付的现金		
支付给职工以及为职工支付的现金		
支付的各项税费		
支付的与经营活动有关的其他现金		
现金流出合计		
经营活动产生的现金流量净额		
二、投资活动产生的现金流量		
收回投资所收到的现金		
取得投资收益所收到的现金		

续表

项　　目	行　次	金　额
处置固定资产、无形资产和其他长期资产的现金净额		
收到的与投资活动有关的其他现金		
现金流入合计		
购建固定资产、无形资产和其他长期资产支付的现金		
投资所支付的现金		
支付的与投资活动有关的其他现金		
现金流出合计		
投资活动产生的现金流量净额		
三、筹资活动产生的现金流量		
吸收投资所收到的现金		
借款所收到的现金		
收到的与投资活动有关的其他现金		
现金流入合计		
偿还债务所支付的现金		
分配股利、利润、偿付利息所支付的现金		
支付的与筹资活动有关的其他现金		
现金流出合计		
筹资活动产生的现金流量净额		
四、汇率变动对现金的影响		
五、现金流量净额		

现金流量表的建立仍然采用与"资产负债表"、"利润表"类似的方法。同样将"第 6 章.xlsx"工作簿中的工作表 Sheet3 重命名为"现金流量表",并通过单击■"合并及居中"、"加粗"、"设置边框"按钮等完成如图 6-13 所示的现金流量表的设置。

6.4.2　现金流量表的编制

现金流量表的编制是建立在总分类账等工作表基础之上,类似于"资产负债表"和"利润表"的编制,通过直接链接或间接链接从相关的工作表中提取数据,再根据会计准则的有关规定,设置单元格的计算公式,并填在对应的单元格中。

由于直接链接和间接链接在前面章节都已介绍,本节的具体操作步骤不再赘述。本书将在第 7 章对 3 种会计报表的编制综合举例。

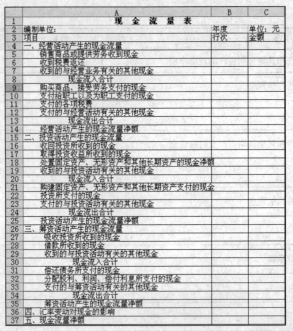

图 6-13 现金流量表

本章小结

本章介绍了如何利用 Excel 编制会计报表。首先介绍了会计报表的有关概念，使读者对会计报表有所了解；接着介绍了如何利用 Excel 各种基础功能建立资产负债表、利润表、现金流量表；建立好报表格式后，介绍了如何利用 Excel 的公式设置、函数等功能进行账表间数据的直接或间接链接引用，完成报表的编制。

思考练习

上机操作题

（1）新建 Excel 工作簿，并将工作表 Sheet1 命名损益类科目发生额表，按表 6-6 的工作表输入相关内容并自行修饰工作表。

表 6-6

项　　目	借方发生额	贷方发生额
主营业务收入		8,000.00
其他业务收入		2,000.00

续表

项　　目	借方发生额	贷方发生额
投资收益		500.00
营业外收入		400.00
主营业务成本	4,000.00	
主营业务税金及附加	200.00	
其他业务支出	500.00	
营业费用	100.00	
管理费用	300.00	
财务费用	400.00	
营业外支出	500.00	
所得税	600.00	

（2）将工作表 Sheet1 命名为利润表，格式如表 6-7 所示。

表 6-7　　　　　　　　　　　　　　　　利　润　表

编制单位：四方有限责任公司　　　　　　　　　2006 年 1 月　　　　　　　　　　　　　　单位：元

项　　目	行　　次	本　月　数

（3）根据上表资料，利用 VOOLKUP()函数进行间接调用完成利润表中本月数的填制。

第7章 | Excel 在会计核算流程中的应用

通过本章的学习并结合前面章节的内容，读者可以了解利用 Excel 进行会计核算的整体流程，掌握从编制会计凭证表开始到资产负债表、利润表、现金流量表的生成为止的整个会计核算的操作流程，从而对财务报表编制的具体环节和处理步骤形成更加直观、清晰的认识。

学习目标

- 掌握如何利用 Excel 建立并填制会计科目表
- 掌握如何利用 Excel 建立并填制会计凭证表
- 掌握如何利用 Excel 形成总分类账、明细分类账、现金日记账、银行存款日记账
- 掌握如何利用 Excel 建立并形成科目余额表
- 掌握如何利用 Excel 建立并形成资产负债表、利润表、现金流量表

7.1 | 会计核算流程概述

7.1.1 手工记账会计循环流程

财务会计必须对企业的交易和事项进行会计处理，以便最终为会计信息使用者提供财务报告。会计处理包括许多具体的会计程序，并要依次完成一系列的基本步骤。在财务会计中，这些依次继起、周而复始、以记录为主的会计处理步骤称为会计循环。最基本和常见的手工记账的会计循环的流程如图 7-1 所示。

图 7-1 手工记账的会计循环的流程图

由图 7-1 可知，手工记账的会计循环一般包括以下几个过程。

（1）编审凭证：经济业务发生后，会计人员首先要取得或编制原始凭证，并审核其合法性、合规性等。其次，对每笔经济业务列出其应借记和贷记的账户及金额，并填制记账凭证。

（2）登记账簿：根据记账凭证所确定的会计分录，在各日记账和分类账中按账户进行登记。

（3）进行试算：将各分类账中各账户的借方总额、贷方总额和期末余额汇总列表，以验证分录

及记账工作是否有错。

（4）定期调整：根据经济业务的最新发展，定期修正各账户的记录，使各账户能正确反映实际情况。

（5）期末结账：在会计期间终了，分别结算收入、费用类账户，以确定损益，并列出资产、负债、所有者权益类账户余额，以便结转到下期连续记录。

（6）编制报表：会计期间结束，将经营期间内所有经济业务及其结果汇总，编制完成资产负债表、利润表和现金流量表，以反映企业的财务状况、经营成果和现金流量等。

手工核算程序包括记账凭证核算程序、科目汇总表核算程序、汇总记账核算程序以及日记总账核算程序等。在手工核算方式下对数据进行的分类整理是通过将记账凭证的内容按会计科目转抄到日记账、明细分类账以及总分类账的形式来实现的。各种核算形式的根本出发点都一样，就是减少转抄的工作量，于是为了适应不同企业的特点而产生了各种各样的核算程序。但这些核算形式只能在一定程度上减少或简化转抄工作，而不能完全避免转抄。同一数据的多次转抄不仅浪费时间、精力和财物（存储纸张等），而且还容易造成错误。为了减少这类错误，必须增加一些核对工作，如编制试算平衡表、进行明细账与总账的核对、会计凭证与相关账簿的核对、账簿记录与财产物资的实际拥有数核对等。

7.1.2　Excel 记账会计循环流程

使用 Excel 进行会计核算时，登记账簿的环节完全可以取消，即平时不记现金日记账、银行存款日记账、明细分类账及总账，只将经济业务以会计分录（记账凭证）的形式保存在会计分录表（记账凭证表）中，在需要时对记账凭证按会计科目、日期等条件进行检索、编辑和直接输出日记账、明细账、总账直至会计报表。由于计算机处理速度相当快，因此检索和编辑的时间很短，能快速得到各种账簿和报表资料；另一方面，由于计算机不会发生遗漏、重复及计算错误，因此，某些手工方式下的核对环节即可避免，从而节约了人力和时间，提高了工作效率。

Excel 提供了强大的表格处理和函数功能，借助这些工具，可以编制各种类型的报表。使用 Excel 进行会计核算的过程如图 7-2 所示。

图 7-2　使用 Excel 记账会计循环流程图

由图 7-2 可知，利用 Excel 记账的会计循环包括以下几个过程。

（1）编制会计凭证表：根据实际发生的经济业务编制生成会计分录表（即记账凭证表），并对此进行审核。

（2）生成分类账和日记账：将会计凭证表中的经济业务进行透视，生成分类账（总分类账和明细分类账）和日记账（现金日记账和银行存款日记账）。

（3）生成科目汇总表：将会计凭证表中所有具有相同一级科目名称的科目进行汇总，生成一张科目汇总表。

（4）编制调整分录表：在编制现金流量表时需要按现金产生的原因调整会计分录表中的有关科

目，即将现金区分为经营活动现金、投资活动现金和筹资活动现金，调整后生成一张"调整分录表"。

（5）生成会计报表：根据科目汇总表和调整分录表生成资产负债表、利润表和现金流量表。

可以看到，利用 Excel 进行会计核算并不用遵循传统会计核算程序（即依次为经济业务、原始凭证、记账凭证、日记账、分类账和会计报表）。这样做的理由主要有以下几个方面。

（1）编制会计报表所需的信息均可从会计分录表和调整分录表中直接或间接获得。

（2）使用表格化的"会计分录表"能更直观地反映出经济业务的具体内容。

（3）即便需要查询科目明细内容、现金日记账和银行日记账，通过 Excel 的数据库功能也很容易实现。

7.2 使用 Excel 进行会计核算流程案例

7.2.1 企业资料概况

企业名称：宏达有限责任公司　　　法人名称：×××

单位地址：郑州市长江路 218 号　　　开户行：工行长江路分理处

账号：158001　　　国税登记号：100090　　　主要产品：A 型设备、B 型设备

核算要求：材料发出采用先进先出法

固定资产月折旧率为 0.4%　增值税率为 17%　所得税率为 25%

（1）2013 年 12 月初科目余额如表 7-1 所示。

表 7-1　　　　　　　　　　　　　　科目余额

科 目 名 称	借 方 余 额	贷 方 余 额
库存现金	21,960	
银行存款	1,308,640	
应收票据	15,000	
应收账款	42,000	
预付账款	11,000	
原材料	976,000	
库存商品	260,000	
长期股权投资	600,000	
固定资产	4,500,000	
累计折旧		1,020,000
无形资产	500,000	
短期借款		400,000
应付账款		17,000
应付票据		65,000
预收账款		8,000

续表

科 目 名 称	借 方 余 额	贷 方 余 额
应付利息		2,000
应付职工薪酬		12,800
应交税费		9,800
实收资本		5,000,000
资本公积		200,000
盈余公积		1,460,000
利润分配		40,000
余额合计	8,234,600	8,234,600

（2）明细账期初余额

应收账款——应收长治公司	借：30,000	
——应收齐天公司	借：12,000	
应收票据——大通公司	借：15,000	
预付账款——云阳公司	借：11,000	
原材料——甲 380 吨，每吨 1,600 元	借：608,000	
——乙 150 吨，每吨 2,000 元	借：300,000	
——丙 40 吨，每吨 1,700 元	借：68,000	
库存商品——A 20 台 每台 6,400 元	借：128,000	
库存商品——B 22 台 每台 6,000 元	借：132,000	
固定资产——车间用	借：2,500,000	
——厂部用	借：2,000,000	
应付账款——宁泰公司	贷：17,000	
应付票据——鼎立公司	贷：65,000	
预收账款——成功公司	贷：8,000	
应交税费——应交增值税	贷：8,909.09	
——应交城建税	贷：623.64	
——应交教育费附加	贷：267.27	
盈余公积——法定盈余公积	贷：1,000,000	
——任意盈余公积	贷：460,000	

（3）12 月发生的经济业务如下。

① 12 月 1 日用现金购买办公用品 400 元。

② 12 月 2 日用支票偿还前欠宁泰公司货款 17,000 元。

③ 12 月 2 日以银行存款购买转账支票共计 60 元。

④ 12 月 3 日车间领用甲材料 10 吨，每吨 1,600 元用于 A 产品的生产。

⑤ 12 月 3 日从银行提取现金以作备用金使用 2,000 元。

⑥ 12 月 4 日由万峰公司购入甲材料 10 吨，每吨 1,600 元，货款共计 16,000 元，增值税 2,720 元，用支票支付，材料已入库。

⑦ 12 月 5 日缴纳上月增值税、城建税和教育费附加。

⑧ 12 月 6 日采购员张平出差借差旅费 2,000 元。

⑨ 12 月 7 日销售给盛大公司 B 产品一批，货款 91,000 元（10 台×9,100 元/台）增值税税率为 17%，收到的支票已存入银行。

⑩ 12 月 7 日用支票支付第三季度养路费 3,000 元。

提示：这笔业务涉及的原始凭证有支票存根和缴款收据等。

⑪ 12 月 8 日车间领用乙材料 1 吨，每吨 2,000 元，用于车间一般耗用。

⑫ 12 月 9 日用现金支付车间修理费 500 元。

⑬ 12 月 10 日用现金预付明年上半年的报刊费 600 元。

⑭ 12 月 11 日签发现金支票，提取现金准备支付本月工资 46,900 元。

⑮ 12 月 11 日发放本月工资 46,900 元。

⑯ 12 月 12 日厂部招待客户餐费支付现金 460 元。

⑰ 12 月 13 日职工王艳报销医药费 240 元。

⑱ 12 月 14 日由宁泰公司购入乙材料 3 吨，每吨 2,000 元，款项尚未支付，材料已入库。

⑲ 12 月 14 日由银行支付本月生产车间水费 600 元。

⑳ 12 月 15 日车间领用乙材料 15 吨，每吨 2,000 元，用于 B 产品的生产。

㉑ 12 月 16 日销售给齐天公司 A 产品一批，货款 117,600 元（12 台×9,800 元/台），已经开具增值税专用发票，增值税率 17%，货款尚未收到。

㉒ 12 月 17 日用支票支付广告费 2,000 元。

㉓ 12 月 18 日采购员张平出差回来报销差旅费 2,700 元，不足部分用现金支付。

㉔ 12 月 19 日用银行存款支付本月电费 2,700 元。其中厂部用电 800 元，车间用电 1,900 元。

㉕ 12 月 20 日发生本月借款利息费用 1,000 元。

㉖ 12 月 21 日销售给成功公司丙材料 10 吨，每吨 1,900 元，共计 19,000 元，冲销预收账款 8,000 元，其余收转账支票，丙材料成本为每吨 1,700 元。

㉗ 12 月 21 日以银行存款支付本月电话费 1,000 元。

㉘ 12 月 22 日分配本月工资，其中，生产 A 产品的生产工人工资 18,000 元，生产 B 产品的生产工人工资 12,000 元，车间管理人员工资 6,600 元，厂部人员工资 10,300 元。

㉙ 12 月 22 日按工资总额的 14%计提福利费。

㉚ 12 月 23 日本月以银行存款支付车间大修理费用 1,000 元。

㉛ 12 月 25 日年终盘点，盘盈生产用设备一台（全新），同类固定资产市场价格为 8,000 元（全新）。

㉜ 12 月 25 日年终盘点，盘亏甲材料 1 吨，金额 1,600 元（应负担的增值税为 272 元）。

㉝ 12 月 26 日用银行存款支付第四季度借款利息 3,000 元。

㉞ 12 月 26 日计提本月的折旧费用，其中车间应负担折旧 10,000 元，厂部应负担折旧 8,000 元。

㉟ 12 月 27 日接受协作单位无偿捐赠电脑一台，市场价格 12,000 元，用于管理。

㊱ 12 月 27 日盘点结果，经领导审批后，盘盈的设备 8,000 元计入营业外收入，盘亏的甲材料 1,872 元列入营业外支出。

㊲ 12 月 28 日结转本月制造费用，按工人工资比例分配。

㊳ 12 月 28 结转本月已完工的 A 产品成本（包括上期尚未生产完工的 A 产品），A 产品共 8 台。

㊴ 12 月 29 日计提本月城建税、教育费附加。

㊵ 12 月 29 日企业已有的丙材料现市场价为每吨 1,600 元，按已给资料计提存货跌价准备。

㊶ 12 月 30 日用现金购印花税票 500 元。

㊷ 12 月 30 日厂部报销汽车加油费 300 元，经审核后以现金支付。

㊸ 12 月 31 日按年末应收账款余额的 5‰计提坏账准备。

㊹ 12 月 31 日结转本月销售成本，其中，A 产品 12 台，每台 6,400 元，B 产品 10 台，每台 6,000 元。

㊺ 12 月 31 日结转本月各项收入与收益。

㊻ 12 月 31 日结转本月各项成本、费用与支出。

㊼ 12 月 31 日计算并结转所得税费用。（本年纳税调整项目有：实际发放工资超过计税工资 1,000 元，盘亏的甲材料 1,872 元税务部门不允许税前扣除。）所得税费用采用应付税款法计算。

㊽ 12 月 31 日按净利润的 10%计提法定盈余公积金。

㊾ 12 月 31 日将本年净利润转入利润分配科目。

7.2.2 使用 Excel 进行会计核算的准备工作

1. 建立会计科目表

具体操作步骤如下。

（1）打开 Excel 工作簿，建立名为"第 7 章. xlsx"的工作簿，将光标移至 A1 单元格并单击鼠标，输入公司名称"宏达有限责任公司会计科目表"，如图 7-3 所示。

图 7-3　输入公司名称

（2）选中 A2 和 B2 单元格，分别输入"科目编码"和"科目名称"，将列单元格调整为合适的宽度，在"科目编号"和"科目名称"文本框中分别输入 1000 和"资产类"，按照宏达有限公司所需的会计科目，完成所有会计科目编号及名称的输入，形成会计科目表；将工作表 Sheet1 重命名为"会计科目表"，结果如图 7-4 所示。

（3）如果会计科目表中的具体科目名称不适合本企业的经济业务类型，可以按照第 4 章所介绍的添加、修改、删除会计科目的方法进行调整。

2. 建立会计凭证表

具体操作步骤如下。

（1）将"第 7 章.xlsx"工作簿中的工作表 Sheet 2 重命名为"会计凭证表"，在 A1 单元格中输入"宏达有限责任公司会计凭证表"；分别选中 A2 至 K2 单元格，输入"年、月、日、序号、凭证号码、摘要、科目代号、科目名称、明细科目、借方金额、贷方金额"，形成会计分录表的基本格式；根据第 4 章的介绍，完成会计凭证表单元格的设置，如图 7-5 所示。

图 7-4 输入数据后的会计科目表

图 7-5 建立会计凭证表

（2）根据已知企业资料填制会计凭证表（即普遍日记账），如图 7-6 所示。

图 7-6 填制会计凭证表

（3）进行发生额试算平衡。

注意登记完毕后可以对会计凭证表登记的借方金额和贷方金额进行核对，根据借贷记账法"有借必有贷、借贷必相等"的记账原则，本期登记分录的借方以及贷方发生额额分别进行合计，并使用函数"IF()"进行判断，如果借贷方发生额的合计数相同，证明记账过程基本无误。此方法实际上属于试算平衡中的发生额试算平衡法。

单击 K142 单元格，输入公式 "=IF(J141=K141,"正确","错误")"，按回车键确认。注意，公式中的符号为英文模式下的符号。具体函数参数如图 7-7 所示。

该公式表示针对 "会计凭证表" 工作表中借贷方本期发生额是否平衡进行判断，如果该表中 "J141" 单元格（即借方发生额合计数）等于 "K141" 单元格（即贷方发生额合计数），即借贷平衡。满足上述条件，显示为 "正确"，如果不满足借贷平衡条件，则显示为 "错误"。

图 7-7　使用 IF() 函数进行发生额试算平衡分析

但需要强调的是，借贷方合计数相同并不意味着会计记录的登记完全正确，只是基本正确。因为有些账户记录的错误很难通过试算平衡发现。这些错误包括：（1）借贷双方发生同等金额的记录错误；（2）全部漏记或重复记录同一项经济业务；（3）账户记录发生借贷方向错误；（4）用错有关账户名称。这些错误需要使用其他方法进行查找。

根据以上的具体经济业务填制会计分录表中每笔业务的会计分录如下所示。

① 借：管理费用　　　　　　　　　　　　　　　　　　400.00
　　贷：库存现金　　　　　　　　　　　　　　　　　　400.00
② 借：应付账款——宁泰公司　　　　　　　　　　　17,000.00
　　贷：银行存款　　　　　　　　　　　　　　　　　17,000.00
③ 借：财务费用　　　　　　　　　　　　　　　　　　60.00
　　贷：银行存款　　　　　　　　　　　　　　　　　　60.00
④ 借：生产成本——A　　　　　　　　　　　　　　16,000.00
　　贷：原材料——甲　　　　　　　　　　　　　　　16,000.00
⑤ 借：其他应收款——备用金　　　　　　　　　　　2,000.00
　　贷：银行存款　　　　　　　　　　　　　　　　　2,000.00
⑥ 借：原材料——甲　　　　　　　　　　　　　　　16,000.00
　　　应交税费——应交增值税（进项税额）　　　　　2,720.00
　　贷：银行存款　　　　　　　　　　　　　　　　　18,720.00
⑦ 借：应交税费——未交增值税　　　　　　　　　　8,909.09
　　　　　　——应交城市维护建设税　　　　　　　　623.64
　　　　　　——应交教育费附加　　　　　　　　　　267.27
　　贷：银行存款　　　　　　　　　　　　　　　　　9,800.00
⑧ 借：其他应收款——张平　　　　　　　　　　　　2,000.00
　　贷：银行存款　　　　　　　　　　　　　　　　　2,000.00

⑨ 借：银行存款 106,470.00
    贷：主营业务收入——B 91,000.00
        应交税费——应交增值税（销项税额） 15,470.00
⑩ 借：管理费用 3,000.00
    贷：银行存款 3,000.00
⑪ 借：制造费用 2,000.00
    贷：原材料——乙 2,000.00
⑫ 借：管理费用 500.00
    贷：库存现金 500.00
⑬ 借：管理费用 600.00
    贷：库存现金 600.00
⑭ 借：库存现金 46,900.00
    贷：银行存款 46,900.00
⑮ 借：应付职工薪酬 46,900.00
    贷：库存现金 46,900.00
⑯ 借：管理费用 460.00
    贷：库存现金 460.00
⑰ 借：应付职工薪酬 240.00
    贷：库存现金 240.00
⑱ 借：原材料——乙 6,000.00
    应交税费——应交增值税（进项税额） 1,020.00
    贷：应付账款——宁泰公司 7,020.00
⑲ 借：制造费用 600.00
    贷：银行存款 600.00
⑳ 借：生产成本——B 30,000.00
    贷：原材料——乙 30,000.00
㉑ 借：应收账款——齐天公司 137,592.00
    贷：主营业务收入——A 117,600.00
        应交税费——应交增值税（销项税额） 19,992.00
㉒ 借：销售费用 2,000.00
    贷：银行存款 2,000.00
㉓ 借：管理费用 2,700.00
    贷：其他应收款——张平 2,000.00
        库存现金 700.00
㉔ 借：管理费用 800.00
    制造费用 1,900.00
    贷：银行存款 2,700.00
㉕ 借：财务费用 1,000.00
    贷：应付利息 1,000.00

㉖ 借：预收账款——成功公司   8,000.00

   银行存款   14,230.00

    贷：其他业务收入——丙   19,000.00

     应交税费——应交增值税（销项税额） 3,230.00

 借：其他业务成本——丙   17,000.00

    贷：原材料——丙   17,000.00

㉗ 借：管理费用   1,000.00

    贷：银行存款   1,000.00

㉘ 借：生产成本——A   18,000.00

      ——B   12,000.00

   制造费用   6,600.00

   管理费用   10,300.00

    贷：应付职工薪酬   46,900.00

㉙ 借：生产成本——A   2,520.00

      ——B   1,680.00

   制造费用   924.00

   管理费用   1,442.00

    贷：应付职工薪酬   6,566.00

㉚ 借：管理费用   1,000.00

    贷：银行存款   1,000.00

㉛ 借：固定资产   8,000.00

    贷：以前年度损益调整   8,000.00

 借：以前年度损益调整   2,000.00

    贷：应交税费——应交所得税   2,000.00

㉜ 借：待处理财产损溢——待处理流动资产损溢 1,872.00

    贷：原材料——甲   1,600 .00

     应交税费——应交增值税（进项税额转出） 272.00

㉝ 借：应付利息   3,000.00

    贷：银行存款   3,000.00

㉞ 借：制造费用   10,000.00

   管理费用   8,000.00

    贷：累计折旧   18,000.00

㉟ 借：固定资产   12,000.00

    贷：营业外收入   12,000.00

㊱ 借：以前年度损益调整   6,000.00

    贷：利润分配——未分配利润   6,000.00

 借：营业外支出   1,872.00

    贷：待处理财产损溢——待处理流动资产损溢 1,872.00

㊲ 借：生产成本——A   13,214.40

		——B	8,809.60
		贷：制造费用	22,024.00
㊳	借：	库存商品——A	49,734.40
		贷：生产成本——A	49,734.40
㊴	借：	营业税金及附加	3,522.40
		贷：应交税费——应交城市维护建设税	2,465.68
		——应交教育费附加	1,056.72
㊵	借：	资产减值损失	3,000.00
		贷：存货跌价准备	3,000.00
㊶	借：	管理费用	500.00
		贷：库存现金	500.00
㊷	借：	管理费用	300.00
		贷：库存现金	300.00
㊸	借：	资产减值损失	897.96
		贷：坏账准备	897.96
㊹	借：	主营业务成本 ——A	76,800.00
		——B	60,000.00
		贷：库存商品——A	76,800.00
		——B	60,000.00
㊺	借：	主营业务收入 ——A	117,600.00
		——B	91,000.00
		其他业务收入	19,000.00
		营业外收入	12,000.00
		贷：本年利润	239,600.00
㊻	借：	本年利润	197,154.36
		贷：管理费用	31002.00
		财务费用	1,060.00
		销售费用	2,000.00
		资产减值损失	3,897.96
		营业税金及附加	3,522.40
		主营业务成本	136,800.00
		其他业务成本	17,000.00
		营业外支出	1,872.00
㊼	借：	所得税费用	11,321.91
		贷：应交税费——应交所得税	11,321.91
	借：	本年利润	11,321.91
		贷：所得税费用	`11,321.91
㊽	借：	利润分配——计提法定盈余公积金	3,112.37
		贷：盈余公积——计提法定盈余公积金	3,112.37

④ 借：本年利润　　　　　　　　　　　　　　　　　　31,123.73
　　贷：利润分配——未分配利润　　　　　　　　　　　　31,123.73

7.2.3　使用 Excel 进行会计核算

1. 生成总分类账

打开"第 7 章.xlsx"工作簿的"会计凭证表"工作表，使用第 5 章介绍的生成总分类账的方法，通过执行"插入"|"数据透视表"命令，建立透视数据表 Sheet1，并将其重新命名为"总分类账"，结果如图 7-8 所示。

图 7-8　建立总分类账

2. 生成明细分类账

打开"第 7 章.xlsx"工作簿的"会计凭证表"工作表，使用第 5 章介绍的生成明细分类账的方法，建立透视数据表 Sheet 2，并将其重新命名为"明细分类账"，如图 7-9 所示。

注释：

也可不必建立明细分类账，直接在想要了解具体数据的总分类账的数据单元格上双击鼠标，即可生成 sheet1 等新的工作表，显示相关账户的明细数据。

图 7-9　建立明细分类账

3. 筛选出现金日记账、银行存款日记账

（1）打开"第 7 章.xlsx"工作簿的"会计凭证表"工作表，选择如图 7-10 所示的"开始"|"排序和筛选"|"筛选"|命令。

图 7-10　进行筛选操作

（2）单击"科目名称"右侧的按钮 ▼，在弹出的下拉列表中选中"银行存款"选项作为筛选条件，然后单击"确定"按钮，即可生成如图 7-11 所示的银行存款日记账。

图 7-11 生成的银行存款日记账

（3）使用同样的方法，自动生成现金日记账，如图 7-12 所示。

图 7-12 生成的现金日记账

4. 建立科目汇总表

打开"第 7 章.xlsx"工作簿的"会计凭证表"工作表，使用第 5 章介绍的生成科目汇总表的方法，通过执行"数据透视表工具"|"选项"|"显示报表筛选页"命令，建立透视数据表 Sheet 3，并将其重命名为"科目汇总表"，结果如图 7-13 所示。

5. 建立科目余额表

（1）建立科目余额表的基本格式。将"第 7 章.xlsx"工作簿的工作表 Sheet 4 重命名为"科目余额表"，按照第 5 章介绍的科目余额表格式的编制步骤，建立科目余额表的基本格式，如图 7-14 所示。

（2）期初余额的链接调用。在 A4:B56 的单元格中输入科目代码及相应的会计科目，使用第 5 章介绍的期初余额的链接调用的直接引用公式，建立会计科目期初余额的链接，完成 12 月科目余额表的期初余额编制，本例直接根据已知宏达有限责任公司的科目余额直接填制 12 月期初余额，如图 7-15 所示。

图 7-13 建立的科目汇总表

图 7-14 科目余额表的基本格式

（3）本期发生额的链接调用。使用第 5 章介绍的本期发生额借助于函数进行间接调用的方法，从本期科目汇总表中调用本期发生额，如图 7-16 所示。

（4）期末余额的计算。使用第 5 章介绍的期末余额计算的基本公式：资产/成本类账户期末余额=期初余额+本期借方发生额-本期贷方发生额；负债/所有者权益类账户期末余额=期初余额+本期贷方发生额-本期借方发生额；损益类账户期末无余额，在资产类、负债类、所有者权益类、成本类、损益类账户所对应的单元格中分别输入各自的期末余额计算公式（注意：分清借贷方向），完成期末余额的计算，如图 7-17 所示。

图 7-15　直接填制或调用 12 月期初余额

图 7-16　调用 12 月本期发生额

图 7-17　计算生成 12 月期末余额

7.2.4　使用 Excel 编制会计报表

1. 编制资产负债表

（1）建立资产负债表格式。

将"第 7 章.xlsx"工作簿新建的工作表 Sheet 5 重命名为"资产负债表"，按照第 6 章介绍的账户式资产负债表的编制步骤，建立资产负债表的基本格式，并将表头的各个项目填制完整，如图 7-18 所示。

（2）编制资产负债表。在建立好的科目余额表基础上，使用第 6 章介绍的资产负债表的编制方法，采用数据链接直接引用的方法，进行资产负债表的编制。一般的资产负债表项目可以引用科目余额表对应的会计科目而不需要调整，例如，交易性金融资产、短期借款、应付票据、应付职工薪酬和实收资本等，可以进行直接引用。但是，有些资产负债表项目的填制，需要对科目余额表的数据进行分析调整。下面介绍需要分析调整的资产负债表项目的填制。公式如下。

货币资金=库存现金+银行存款+其他货币资金

货币资金期初数=科目余额表！C5+科目余额表！C6+科目余额表！C7

货币资金期末数=科目余额表！G5+科目余额表！G6+科目余额表！G6

应收账款=应收账款－坏账准备

图 7-18　建立资产负债表基本格式

应收账款期初数=科目余额表！C10－科目余额表！D11

应收账款期末数=科目余额表！G10－科目余额表！H11

存货=原材料+在途物资（即物资采购）+低值易耗品+库存商品+分期收款发出商品+委托加工物资+包装物+委托加工物资+委托代销商品+受托代销商品+生产成本－代销商品款－存货跌价准备

存货期初数=科目余额表！C15+科目余额表！C16+科目余额表！C17－科目余额表！D18+科目余额表！C43

存货期末数=科目余额表！G15+科目余额表！G16+科目余额表！G17－科目余额表！H18+科目余额表！G43

以下省略编制公式。

长期股权投资=长期股权投资－长期股权投资减值准备

固定资产=固定资产－累计折旧－固定资产减值准备

在建工程=在建工程－在建工程减值准备

相对资产类项目，负债类项目与所有者权益类项目相对简单，只要直接调用科目余额表对应的会计科目对应的金额即可。

以上填制的内容需要结合报表编制者对资产负债表编制的知识，故显示部分内容的编制。

使用第 6 章介绍的资产负债表的编制方法，完成资产负债表的编制（注意检查资产负债表编制是否正确，具体检查方法见下文），如图 7-19 所示。

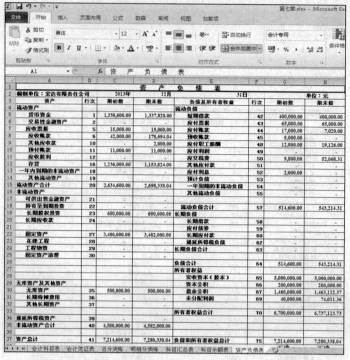

图 7-19 编制完成的资产负债表

（3）由于资产负债表编制的依据是会计恒等式"资产=负债+所有者权益"，同样可以通过函数"IF()"对生成的资产负债表数据进行判断，具体方法在上文试算平衡中已经详加说明，不再赘述。

2. 编制利润表

（1）建立利润表格式。将"第7章.xlsx"工作簿的工作表 Sheet 6 重命名为"利润表"，按照第6章介绍的多步式利润表的编制步骤，建立利润表的基本格式，并将表头的各个项目填制完整，如图 7-20 所示。

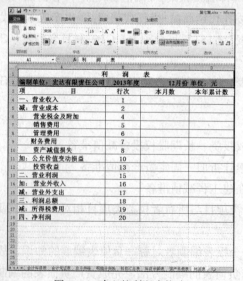

图 7-20 建立的利润表格式

（2）编制利润表。利润表的编制也是建立在科目余额表上，但是收入、费用类账户是虚账户，此类账户每期没有期初、期末余额，只有本期发生额。在编制时，需要根据科目余额表中本期发生额的有关会计科目进行编制。使用第 6 章介绍的利润表的编制方法，利用间接调用方式（选择函数"VOOLKUP()"）填制本月数，完成利润表的编制，如图 7-21 所示。

图 7-21　编制完成的利润表

3. 编制现金流量表

（1）建立现金流量表格式。将"第 7 章.xlsx"工作簿的工作表 Sheet 7 重命名为"现金流量表"，按照第 6 章介绍的现金流量表的编制步骤，建立现金流量表的基本格式，并将表头的各个项目填制完整，如图 7-22 所示。

注：本书重点讲述现金流量表主表的编制，不涉及补充资料的填制问题。

图 7-22　建立的现金流量表格式

（2）编制调整分录表。将"第 7 章.xlsx"工作簿的工作表 Sheet 8 重命名为"调整分录表"，将工作表"会计凭证表"复制到工作表"调整分录表"，以会计凭证表为基础编制调整分录表。

调整的方式为找到涉及库存现金和银行存款的单元格，按照业务发生的类型分别调整为"经营活动现金"、"投资活动现金"、"筹资活动现金"，其对应的会计科目调整为资产负债表或利润表报表项目，例如凡是涉及"原材料"、"在途物资"、"库存商品"、"生产成本"、"制造费用"等的会计科目调整为"存货"资产负债表项目，但须说明明细内容。具体调整过程见下文，登记后的调整分录表如图 7-23 所示。

图 7-23　调整分录表

具体调整分录如下所示。

① 借：管理费用——办公用品　　　　　　　　　400.00
　　贷：经营活动现金——支付其他　　　　　　　　　　　400.00

② 借：应付账款——宁泰公司　　　　　　　　17,000.00
　　贷：经营活动现金——购买商品　　　　　　　　　17,000.00

③ 借：财务费用——转账支票　　　　　　　　　　60.00
　　贷：经营活动现金——支付其他　　　　　　　　　　　60.00

④ 借：存货——A　　　　　　　　　　　　　16,000.00
　　贷：存货——甲　　　　　　　　　　　　　　　16,000.00

⑤ 借：其他应收款　　　　　　　　　　　　　2,000.00
　　贷：经营活动现金——支付其他　　　　　　　　　2,000.00

⑥ 借：存货——甲　　　　　　　　　　　　　16,000.00

　　　应交税费——应交增值税（进项税额）　　2,720.00

　　贷：经营活动现金——购买商品　　　　　　　　16,000.00

　　　　经营活动现金——进项税　　　　　　　　　2,720.00

⑦ 借：应交税费——未交增值税　　　　　　　8,909.09

　　　　　　——应交城市维护建设税　　　　623.64

　　　　　　——教育费附加　　　　　　　　267.27

　　贷：经营活动现金——支付税费　　　　　　　　9,800.00

⑧ 借：其他应收款——张平　　　　　　　　　2,000.00

　　贷：经营活动现金——支付其他　　　　　　　　2,000.00

⑨ 借：经营活动现金——销项税　　　　　　　15,470.00

　　　经营活动现金——销售商品　　　　　　91,000.00

　　贷：营业收入——B　　　　　　　　　　　　　91,000.00

　　　　应交税费——应交增值税（销项税额）　　15,470.00

⑩ 借：管理费用——养路费　　　　　　　　　3,000.00

　　贷：经营活动现金——支付其他　　　　　　　　3,000.00

⑪ 借：存货　　　　　　　　　　　　　　　　2,000.00

　　贷：存货——乙　　　　　　　　　　　　　　　2,000.00

⑫ 借：管理费用——支付修理费　　　　　　　500.00

　　贷：经营活动现金——接受劳务　　　　　　　　500.00

⑬ 借：管理费用——支付书报费　　　　　　　600.00

　　贷：经营活动现金——支付其他　　　　　　　　600.00

⑭ 不涉及现金流入流出，即现金流量总额不动，不需要编制调整分录。

⑮ 借：应付职工薪酬　　　　　　　　　　　　46,900.00

　　贷：经营活动现金——支付职工工资　　　　　　46,900.00

⑯ 借：管理费用——业务招待　　　　　　　　460.00

　　贷：经营活动现金——支付其他　　　　　　　　460.00

⑰ 借：应付职工薪酬　　　　　　　　　　　　240.00

　　贷：经营活动现金——支付职工福利　　　　　　240.00

⑱ 借：存货——乙　　　　　　　　　　　　　6,000.00

　　　应交税费——应交增值税（进项税额）　　1,020.00

　　贷：应付账款——宁泰公司　　　　　　　　　　7,020.00

⑲ 借：存货　　　　　　　　　　　　　　　　600.00

　　贷：经营活动现金——支付其他　　　　　　　　600.00

⑳ 借：存货——B　　　　　　　　　　　　　30,000.00

　　贷：存货——乙　　　　　　　　　　　　　　　30,000.00

㉑ 借：应收账款——齐天　　　　　　　　　　137,592.00

　　贷：营业收入——A　　　　　　　　　　　　　117,600.00

　　　　应交税费——应交增值税（销项税）　　　19,992.00

㉒ 借：销售费用——广告费 2,000.00
　　贷：经营活动现金——支付其他 2,000.00
㉓ 借：管理费用——差旅费 2,700.00
　　贷：其他应收款——张平 2,000.00
　　　经营活动现金——支付其他 700.00
㉔ 借：管理费用 800.00
　　存货 1,900.00
　　贷：经营活动现金——支付其他 2,700.00
㉕ 借：财务费用 1,000.00
　　贷：应付利息 1,000.00
㉖ 借：预收款项 8,000.00
　　经营活动现金——销售商品 11,000.00
　　　　　　——销项税 3,230.00
　　贷：营业收入——丙 19,000.00
　　　应交税费——应交增值税（销项税额） 3,230.00
　借：营业成本——丙 17,000.00
　　贷：存货——丙 17,000.00
㉗ 借：管理费用——电话费 1,000.00
　　贷：经营活动现金——支付其他 1,000.00
㉘ 借：存货——A 18,000.00
　　存货——B 12,000.00
　　存货 6,600.00
　　管理费用——工资 10,300.00
　　贷：应付职工薪酬 46,900.00
㉙ 借：存货——A 2,520.00
　　存货——B 1,680.00
　　存货 924.00
　　管理费用——福利费 1,442.00
　　贷：应付职工薪酬 6,566.00
㉚ 借：管理费用 1,000.00
　　贷：经营活动现金——接受劳务 1,000.00
㉛ 借：固定资产 8,000.00
　　贷：以前年度损益调整 8,000.00
　借：以前年度损益调整 2,000.00
　　贷：应交税费——应交所得税 2,000.00
㉜ 借：待处理财产损溢——待处理流动资产损溢 1,872.00
　　贷：存货——甲 1,600.00
　　　应交税费——应交增值税（进项税额转出） 272.00
㉝ 借：应付利息 3,000.00

	贷：筹资活动现金——偿付利息	3,000.00
㉞ 借：存货		10,000.00
	管理费用	8,000.00
	贷：固定资产——累计折旧	18,000.00
㉟ 借：固定资产		12,000.00
	贷：营业外收入	12,000.00
㊱ 借：以前年度损益调整		6,000.00
	贷：利润分配——未分配利润	6,000.00
借：营业外支出		1,872.00
	贷：待处理财产损溢——待处理流动资产损溢	1,872.00
㊲ 借：存货——A		13,214.40
	——B	8,809.60
	贷：存货	22,024.00
㊳ 借：存货——A		49,734.40
	贷：存货——A	49,734.40
㊴ 借：营业税金及附加		3,515.13
	贷：应交税费——应交城市维护建设税	2,460.59
	应交税费——教育费附加	1,054.54
㊵ 借：资产减值损失		3,000.00
	贷：存货——存货跌价准备	3,000.00
㊶ 借：管理费用——税票		500.00
	贷：经营活动现金——支付税费	500.00
㊷ 借：管理费用——加油费		300.00
	贷：经营活动现金——支付其他	300.00
㊸ 借：资产减值损失		897.96
	贷：应收账款——坏账准备	897.96
㊹ 借：营业成本——A		76,800.00
	——B	60,000.00
	贷：存货——A	76,800.00
	——B	60,000.00

（3）编制现金流量表。使用函数"SUMIF()"引用并计算现金流量表的各个项目。

● 经营活动现金流量各项目。

① "销售商品或提供劳务收到现金"项目栏反映的是企业销售商品、提供劳务实际收到的现金（含销售收入和应向购买者收取的增值税），包括本期销售商品、提供劳务收到的现金，以及前期销售和前期提供劳务本期收到的现金和本期预收的账款，扣除本期退回本期销售的商品和前期销售本期退回的商品支付的现金。需要注意的是，企业销售材料和代购代销业务收到的现金也在本项目中反映。根据该项目所反映的内容，编辑公式如下。

单击选中 C5 单元格，输入公式"=SUMIF(调整分录表!$C$2:$C$115,"经营活动现金*销售商品*",调整分录表!$D$2:$D$115)+SUMIF(调整分录表!$C$2:$C$115,"经营活动现金*提供劳务*",调整分录表!$D$2:$D$115)+SUMIF(调整分录表!$C$2:$C$115,"经营活动现金*销项税*",调整分录表!$D$2:$D$115)",单击"确认"按钮,完成对公式的编辑。

②"收到税费返还"项目栏反映的是企业收到返还的各种税费,例如,收到的增值税、消费税返还等。根据该项目所反映的内容,编辑公式如下。

单击选中 C6 单元格,输入公式"=SUMIF(调整分录表!$C$2:$C$115,"经营活动现金*收到税费*",调整分录表!$D$2:$D$115)",单击"确认"按钮,完成对公式的编辑。

③"收到的与经营业务有关的其他现金"项目栏反映的是企业除了上述各项目外,收到的其他与经营活动有关的现金流入,如罚款收入等。根据该项目所反映的内容,编辑公式如下。

单击选中 C7 单元格,输入公式"=SUMIF(调整分录表!$C$2:$C$115,"经营活动现金*收到其他*",调整分录表!$D$2:$D$115)",单击"确认"按钮,完成对公式的编辑。

④"现金流入合计"项目栏反映的是上述各经营活动现金流入项目的合计数。根据该项目所反映的内容,编辑公式如下。

单击选中 C8 单元格,输入公式"=C5+C6+C7(或=SUM(C5:C7))",单击"确认"按钮,完成对公式的编辑。

⑤"购买商品、接受劳务支付的现金"项目栏反映的是企业购买商品、接受劳务实际支付的现金,包括本期购入商品、接受劳务支付的现金(包括增值税进项税额),以及本期支付前期购入商品、接受劳务的未支付款项和本期预付款项。本期发生的购货退回收到的现金应从本项目中扣除。根据该项目所反映的内容,编辑公式如下。

单击选中 C9 单元格,输入公式"=SUMIF(调整分录表!$C$2:$C$115,"经营活动现金*购买商品*",调整分录表!$E$2:$E$115)+SUMIF(调整分录表!$C$2:$C$115,"经营活动现金*接受劳务*",调整分录表!$E$2:$E$115)+SUMIF(调整分录表!$C$2:$C$115,"经营活动现金*进项税*",调整分录表!$E$2:$E$115)",单击"确认"按钮,完成对公式的编辑。

⑥"支付给职工以及为职工支付的现金"项目栏反映的是企业实际支付给职工,以及为职工支付的现金,包括本期实际支付给职工的工资、奖金、各种津贴和补贴等,以及为职工支付的其他费用。需要注意的是,本项目不包括支付的离退休人员的各项费用和支付各在建工程人员的工资等。根据该项目所反映的内容,编辑公式如下。

单击 C10 单元格,输入公式"=SUMIF(调整分录表!$C$2:$C$115,"经营活动现金*支付职工*",调整分录表!$E$2:$E$115)",单击"确认"按钮,完成对公式的编辑。

⑦"支付的各项税费"项目栏反映的是企业当期实际上缴税务部门的各种税金,以及支付的教育费附加、矿产资源补偿费、印花税、房产税等。需要注意的是,本项目不包括计入固定资产价值、实际支付的耕地占用税。根据该项目所反映的内容,编辑公式如下。

单击 C11 单元格,输入公式"=SUMIF(调整分录表!$C$2:$C$115,"经营活动现金*支付税费*",调整分录表!$E$2:$E$115)",单击"确认"按钮,完成对公式的编辑。

⑧"支付的与经营活动有关的其他现金"项目栏反映的是企业除上述各项目外,支付的其他与经营活动有关的现金流出,如罚款支出、支付的查旅费、业务招待费现金支出等。根据该项目所反映的内容,编辑公式如下。

单击 C12 单元格,输入公式"=SUMIF(调整分录表!$C$2:$C$115,"经营活动现金*支付其他*",调整分录表!$E$2:$E$115)",单击"确认"按钮,完成对公式的编辑。

⑨"现金流出合计"项目栏反映的是上述各经营活动现金流出项目的合计数。根据该项目所反

映的内容，编辑公式如下。

单击 C13 单元格，输入公式 "=C9+C10+C11+C12(或者=SUM(C9:C12))"，单击确认按钮，完成对公式的编辑。

⑩ "经营活动产生的现金流量净额"项目栏反映的是上述各经营活动现金流入项目的合计数，减去上述各经营活动现金流出项目的合计数之后的差额。根据该项目所反映的内容，编辑公式如下。

单击 C14 单元格，输入公式 "=C8-C13"，单击 "确认" 按钮，完成对公式的编辑。

● 投资活动产生的现金流量各项目。

① "收回投资所收到的现金"项目栏反映的是企业出售、转让或者到期收回除现金等价物以外的短期投资、长期股权投资而收到的现金，以及收回长期债权投资本金而收到的现金。需要注意的是，本项目不包括长期债券投资收回的利息以及收回的非现金资产。根据该项目所反映的内容，编辑公式如下。

单击 C16 单元格，输入公式 "=SUMIF(调整分录表!$C$2:$C$115,"投资活动现金*收回投资*",调整分录表!$D$2:$D$115)"，单击 "确认" 按钮，完成对公式的编辑。

② "取得投资收益所收到的现金"项目栏反映的是企业因各种投资而分得的现金股利、利润、利息等。根据该项目所反映的内容，编辑公式如下。

单击 C17 单元格，输入公式= "SUMIF(调整分录表!$C$2:$C$115,"投资活动现金*取得投资收益*",调整分录表!$D$2:$D$115)"，单击 "确认" 按钮，完成对公式的编辑。

③ "处置固定资产、无形资产和其他长期资产的现金净额"项目栏反映的是企业处置固定资产、无形资产和其他长期资产所取得的现金，扣除为处置这些资产而支付的有关费用后的净额。由于自然灾害所造成的固定资产等长期资产损失而收到的保险赔偿收入，也在本项目中反映。根据该项目所反映的内容，编辑公式如下。

单击选中 C18 单元格，输入公式 "=SUMIF(调整分录表!$C$2:$C$115,"投资活动现金*固定资产*",调整分录表!$D$2:$D$115)+SUMIF(调整分录表!$C$2:$C$115,"投资活动现金*无形资产*",调整分录表!$D$2:$D$115)+SUMIF(调整分录表!$C$2:$C$115,"投资活动现金*其他资产*",调整分录表!$D$2:$D$115)"，单击 "确认" 按钮，完成对公式的编辑。

④ "收到的与投资活动有关的其他现金"项目栏反映的是企业除了上述各项以外，收到的其他与投资活动有关的现金流入。根据该项目所反映的内容，编辑公式如下。

单击选中 C19 单元格，输入公式 "=SUMIF(调整分录表!$C$2:$C$115,"投资活动现金*其他现金*",调整分录表!$D$2:$D$115)"，单击 "确认" 按钮，完成对公式的编辑。

⑤ "现金流入合计"项目栏反映的是上述各投资活动现金流入项目的合计数。根据该项目所反映的内容，编辑公式如下。

单击选中 C20 单元格，输入公式 "=C16+C17+C18+C19(或者=SUM(C16:C19))"，单击 "确认" 按钮，完成对公式的编辑。

⑥ "购建固定资产、无形资产和其他长期资产支付的现金"项目栏反映的是企业购买、建造固定资产、无形资产和其他长期资产所支付的现金。需要注意的是，本栏目不包括为构建固定资产而发生的借款利息资本化的部分，以及融资租入固定资产支付的租赁费。根据该项目所反映的内容，编辑公式如下。

单击选中 C21 单元格，输入公式 "=SUMIF(调整分录表!$C$2:$C$115,"投资活动现金*固定资产*",调整分录表!$E$2:$E$115)+SUMIF(调整分录表!$C$2:$C$115,"投资活动现金*无形资产*",调整分录表!$E$2:$E$115)+SUMIF(调整分录表!$C$2:$C$115,"投资活动现金*其他长期资产*",调整分录表!$E$2:$E$115) ",单击"确认"按钮,完成对公式的编辑。

⑦"投资所支付的现金"项目栏反映的是企业进行各种性质的投资所支付的现金,包括企业取得的除现金等价物以外的短期股票投资、长期股权投资、长期债券投资等支付的现金,以及为取得各项投资而支付的佣金、手续费等附加费用。根据该项目所反映的内容,编辑公式如下。

单击选中 C22 单元格,输入公式"=SUMIF(调整分录表!$C$2:$C$115,"投资活动现金*投资*",调整分录表!$E$2:$E$115) ",单击"确认"按钮,完成对公式的编辑。

⑧"支付的与投资活动有关的其他现金"项目栏反映的是企业除了上述各项以外,支付的其他与投资活动有关的现金流出。根据该项目所反映的内容,编辑公式如下。

单击选中 C23 单元格,输入公式"=SUMIF(调整分录表!$C$2:$C$115,"投资活动现金*投资*",调整分录表!$E$2:$E$115) ",单击"确认"按钮,完成对公式的编辑。

⑨"现金流出合计"项目栏反映的是上述各投资活动现金流出项目的合计数。根据该项目所反映的内容,编辑公式如下。

单击选中 C24 单元格,输入公式"=C21+C22+C23(或者=SUM(C21:C23)) ",单击"确认"按钮,完成对公式的编辑。

⑩"投资活动产生的现金流量净额"项目栏反映的是上述各投资活动现金流入项目的合计数,减去上述各投资活动现金流出项目的合计数之后的差额。根据该项目所反映的内容,编辑公式如下。

单击选中 C25 单元格,输入公式"=C20－C24",单击"确认"按钮,完成对公式的编辑。

● 筹资活动产生的现金流量各项目。

①"吸收投资所收到的现金"项目栏反映的是企业收到的投资者投入的现金,包括以发行股票方式筹集的资金、发行债券实际收到的现金等。根据该项目所反映的内容,编辑公式如下。

单击选中 C27 单元格,输入公式"=SUMIF(调整分录表!$C$2:$C$115,"筹资活动现金*吸收投资*",调整分录表!$D$2:$D$115) ",单击"确认"按钮,完成对公式的编辑。

②"借款所收到的现金"项目栏反映的是企业举借各种短期、长期借款所收到的现金。根据该项目所反映的内容,编辑公式如下。

单击选中 C28 单元格,输入公式"=SUMIF(调整分录表!$C$2:$C$115,"筹资活动现金*借款*",调整分录表!$D$2:$D$115) ",单击"确认"按钮,完成对公式的编辑。

③"收到的与投资活动有关的其他现金"项目栏反映的是企业除上述各项目外,收到的其他与筹资活动有关的额现金流入,如接受捐赠的现金等。根据该项目所反映的内容,编辑公式如下。

单击选中 C29 单元格,输入公式"=SUMIF(调整分录表!$C$2:$C$115,"筹资活动现金*其他现金*",调整分录表!$D$2:$D$115) ",单击"确认"按钮,完成对公式的编辑。

④"现金流入合计"项目栏反映的是上述各筹资活动现金流入项目的合计数。根据该项目所反映的内容,编辑公式如下。

单击选中 C30 单元格,输入公式"=C27+C28+C29(或者=SUM(C27:C29)) ",单击确认按钮,完成对公式的编辑。

⑤"偿还债务所支付的现金"项目栏反映的是企业以现金偿还债务的本金,包括偿还金融企业的借款本金、偿还债券本金等。需要注意的是,本项目不包括企业偿还的借款利息、债券利息等。根据该项目所反映的内容,编辑公式如下。

单击选中 C31 单元格，输入公式 "=SUMIF(调整分录表!\$C\$2:\$C\$115,"筹资活动现金*借款*",调整分录表!\$E\$2:\$E\$115) "，单击 "确认" 按钮，完成对公式的编辑。

⑥ "分配股利、利润、偿付利息所支付的现金" 项目栏反映的是企业实际支付给投资者的现金股利、利润以及支付给债权人的利息。根据该项目所反映的内容，编辑公式如下。

单击选中 C32 单元格，输入公式 "=SUMIF(调整分录表!\$C\$2:\$C\$115,"筹资活动现金*股利*",调整分录表!\$E\$2:\$E\$115)+SUMIF(调整分录表!\$C\$2:\$C\$115,"筹资活动现金*利润*",调整分录表!\$E\$2:\$E\$115)+SUMIF(调整分录表!\$C\$2:\$C\$115,"筹资活动现金*利息*",调整分录表!\$E\$2:\$E\$115) "，单击 "确认" 按钮，完成对公式的编辑。

⑦ "支付的与筹资活动有关的其他现金" 项目栏反映的是企业除了上述各项目外，支付的其他与筹资活动有关的现金流出，如捐赠现金支出等。根据该项目所反映的内容，编辑公式如下。

单击选中 C33 单元格，输入公式 "=SUMIF(调整分录表!\$C\$2:\$C\$115,"筹资活动现金*其他资金*",调整分录表!\$E\$2:\$E\$115) "，单击 "确认" 按钮，完成对公式的编辑。

⑧ "现金流出合计" 项目栏反映的是上述各筹资活动现金流出项目的合计数。根据该项目所反映的内容，编辑公式如下。

单击选中 C34 单元格，输入公式 "=C31+C32+C33(或者=SUM(C31:C33)) "，单击 "确认" 按钮，完成对公式的编辑。

⑨ "筹资活动产生的现金流量净额" 项目栏反映的是上述各筹资活动现金流入项目的合计数，减去上述各筹资活动现金流出项目的合计数之后的差额。根据该项目所反映的内容，编辑公式如下。

单击选中 C35 单元格，输入公式 "=C30－C34"，单击 "确认" 按钮，完成对公式的编辑。

● 汇率变动对现金的影响。

"汇率变动对现金的影响" 项目栏反映的是企业外币现金流量以及境外子公司的现金流量折算为人民币时，所采用的现金流量发生日的汇率或者平均汇率折算的人民币金额与 "现金及现金等价物净增加额" 中外币现金净增加额，按照期末汇率折算的人民币金额之间的差额。一般企业不涉及该业务，本章不对此作介绍。

● 现金流量净额。

"现金流量净额" 项目栏反映的是上述经营活动现金流量净额，筹资活动现金流量净额与筹资活动现金流量净额的合计数。根据该项目所反映的内容，编辑公式如下。

单击选中 C36 单元格，输入公式 "=C14+C25+C35"，单击 "确认" 按钮，完成对公式的编辑。

经过一系列函数的应用，完成现金流量表的编制工作，如图 7-24 所示。

（4）检验现金流量表编制的正确性。借助报表之间的勾稽关系，可以检验编制完成的现金流量表是否正确。

如果不考虑现金等价物的影响，现金流量表的现金流量净额项目与资产负债表中的货币资金项目的期末余额与期初余额的差额应该相同。

根据 "现金流量表的现金净流量=资产负债表中货币资金的期末余额－货币资金的期初余额" 可以建立一个简单的验证公式。

单击 C10 单元格，在单元格输入公式 "=资产负债表!D5－资产负债表!C5"，而后确认，C10 单元格中显示 "7,200.00"，该数据与现金流量净额完全一致，证明现金流量表编制正确，如图 7-25 所示。

图 7-24　编制完成的现金流量表

图 7-25　检验现金流量表编制的正确性

本章小结

本章介绍了如何使用 Excel 进行会计核算。首先介绍了手工记账和使用 Excel 进行会计核算的区别，使读者认识到使用 Excel 进行会计核算的优势和便利；接着介绍了如何利用 Excel 各种基础功能建立会计凭证表；通过会计凭证表进一步生成总分类账、明细分类账、现金日记账、银行存款日记账；通过建立科目汇总表、科目余额表，进一步建立资产负债表、利润表和现金流量表；并通过实例介绍了如何通过 Excel 的公式设置、函数等功能进行账表间数据的直接或间接链接引用，使读者对使用 Excel 进行会计核算的过程形成更加直观、全面的认识。

思考练习

1. 与手工账务处理程序相比，使用 Excel 进行会计核算的显著优势有哪些？

2. 企业常用账簿的类型有哪些，是否必须全部建立日记账，如何使用 Excel 利用现有资料自动生成部分日记账？

3. 编制调整分录表的目的是什么？编制调整分录表的依据是什么？如何编制调整分录表？如何验证编制的各个报表的正确性？

4. 上机操作题

[资料]：云阳股份有限公司为一家加工制造企业，属于增值税一般纳税人，增值税率为 17%，所得税率为 25%。存货采用先进先出法核算。

2012 年 11 月 30 日，公司各总分类账户及其所属明细分类账户的期末余额如下。

资产类账户	借方余额（元）	负债及所有者权益类账户	贷方余额（元）
库存现金	2,500	短期借款	140,000
银行存款	600,000	应付账款	93,500
应收账款	172,000	其中：运丰公司	85,000
其中：鼎盛公司	32,000	大通公司	8,500
齐天公司	140,000	应付职工薪酬	9,000
管理费用-办公费	800	应付利息-短期借款利息	2,000
原材料	240,000	长期借款	100,000
-甲材料（100 吨，900 元/吨）	90,000		
-乙材料（250 吨，600 元/吨）	150,000		
生产成本-A 产品	52,500		
库存商品	270,000		
-A 产品（2800 件，50 元/件）	140,000		
-B 产品（1300 件，100 元/件）	130,000	股本	800,000
持有至到期投资	10,000	盈余公积	55,000

续表

资产类账户	借方余额（元）	负债及所有者权益类账户	贷方余额（元）
固定资产	186,000	本年利润	200,000
累计折旧	贷余 94,300	利润分配-未分配利润	40,000
合计	1,439,500	合计	1,439,500

公司 2012 年 12 月发生经济业务如下。

① 1 日，开出现金支票一张（支票号码 No.560），从银行提取现金 8,000 元备用。

② 1 日，职工李山预借差旅费 3,500 元，出纳以现金支付。

③ 2 日，以现金购买办公用品 700 元。

④ 2 日，从 A 公司购入甲、乙、两种材料，发票账单已到达，货款用银行存款支付，材料已验收入库。其中，甲材料 15 吨，单价 900 元；乙材料 20 吨，单价 600 元。

⑤ 3 日，向鼎盛公司销售 A 产品 2,000 件，每件售价 95 元，开具增值税专用发票。产品已发出，货款已收到并存入银行。

⑥ 4 日，以银行存款支付前欠运丰公司货款 85,000 元。

⑦ 5 日，生产 A 产品领用甲材料 15 吨，领用乙材料 8 吨。

⑧ 6 日，职工李山出差归来报销差旅费 3,300 元，余额退回现金。

⑨ 15 日，开出转账支票（No.763）一张，支付车间设备修理费 1,170 元（价税合计）。

⑩ 17 日，向齐天公司销售 B 产品 1,000 件，每件售价 130 元，开具增值税专用发票。货款尚未收到。

⑪ 22 日，用银行存款支付明年全年的财产保险费 3,600 元。

⑫ 22 日，用现金支付职工报销医药费 950 元。

⑬ 23 日，本月应付职工工资 150,000 元。其中，A、B 产品生产工人工资分别为 50,000 元、50,000 元，厂部管理人员工资 50,000 元。

⑭ 23 日，按工资总额的 14%提取职工福利费。

⑮ 24 日，通知银行转账 150,000 元，发放工资。

⑯ 26 日，以银行存款支付本月销售费用 35,000 元。

⑰ 27 日，预提本月短期借款利息 7,000 元。

⑱ 31 日，计提本月固定资产折旧 20,000 元，其中生产车间应负担折旧费 15,000 元，厂部负担折旧费 5,000 元。

⑲ 31 日，本月发生书报费 400 元，以银行存款转账支付。

⑳ 31 日，分摊并结转本月发生的制造费用（按 A、B 两种产品的生产工人工资的比例分摊）。

㉑ 31 日，本月 A 产品全部完工，结转其完工成本（包括上月未完工成本）。

㉒ 31 日，结转本月 A、B 产品的销售成本。其中，A 产品每件 50 元，B 产品每件 100 元。

㉓ 31 日，本月经营业务应交城市维护建设税、教育费附加。城建税税率 7%，教育费附加费率 3%。

㉔ 31 日，结转本月收支至"本年利润"账户。

㉕ 31 日，按当月利润总额计算所得税（所得税率为 25%），并结转至"本年利润"账户。

㉖ 31 日，结转"本年利润"账户余额至"利润分配"账户。

根据以上企业资料，建立会计凭证表，生成总分类账、明细分类账、现金日记账、银行存款日记账，建立科目汇总表、科目余额表，建立资产负债表、利润表、现金流量表。

通过本章的学习，读者应了解并掌握 Excel 在针对企业现有的应收账款进行管理的具体方法。

学习目标

- 掌握如何利用 Excel 建立并登记应收账款明细账
- 掌握如何利用 Excel 分析逾期应收账款
- 掌握如何利用 Excel 分析应收账款账龄
- 掌握如何利用 Excel 计算应收账款的坏账准备

8.1

应收账款管理概述

8.1.1 应收账款的概念与作用

应收账款，是指企业因销售商品、产品或提供劳务等原因，应向购货单位或接受劳务单位收取的款项，包括代垫的运杂费等。应收账款实质是由于赊销向客户提供的信用。

企业通过提供商业信用，采取赊销、分期付款等方式可以扩大销售，增强竞争力，获得利润。具体而言，应收账款具有增加销售和减少存货的作用。

（1）应收账款产生于赊销，而赊销会给企业带来销售收入和利润增加。

（2）企业持有一定产成品存货时，会相应占用资金，形成相关管理成本等，而赊销可避免这些成本的产生。故当企业产成品存货较多，一般会赊销，将存货转化为应收账款，节约存货管理成本。

8.1.2 应收账款管理的必要性

随着商品经济的发展，商业信用越来越重要，应收账款管理已经成为企业流动资产管理中的一个重要项目。根据对企业日常管理的调研分析发现，部分企业经营不善甚至倒闭，不是因为没有盈利能力，而是因为没有重视应收账款管理。

应收账款管理的目标是：在发挥应收账款扩大销售，减少存货，增加竞争力的同时，制定合理的应收账款信用政策，强化应收账款管理，减少坏账损失。

应收账款管理的基本内容包括客户（即债务人）管理和应收账款账龄分析。

（1）客户管理的具体内容是对现有债权人的还款情况进行分析。客户通常都是货款到期后才付款，有的客户只有被不断催促后才付款，甚至还有些客户蓄意欺诈，根本无意还款。这就要求企业做好客户的甄别筛选工作，做好债权凭证的制作保管工作，尽可能防范和降低交易风险。

（2）应收账款账龄分析是指根据应收账款入账时间的长短来估计坏账损失的方法。账龄分析法的设计，对提取坏账准备来说应该肯定是比较科学的，虽然应收账款能否收回以及能收回多少，不一定完全取决于时间的长短，但一般来说，账款拖欠的时间越长，发生坏账的可能性就越大。

以上针对应收账款进行具体管理时，利用 Excel 可以极大提高管理人员的工作效率。

8.2 应收账款统计

8.2.1 应收账款明细账的建立

在 Excel 中进行应收账款管理，首先要将企业现有应收账款信息登记到工作表中，具体操作如下所示。

（1）建立应收账款管理工作表。

首先打开"第 8 章.xlsx"工作簿，将鼠标光标移至左下方 sheet1 处，单击鼠标右键，在弹出的快捷菜单中选择"重命名"命令，输入"应收账款管理"，如图 8-1 所示。

图 8-1　修改 Excel 工作表的名称

（2）登记各项应收账款的相关信息。

针对各项应收账款分别登记其相关信息如下。

① 应收账款产生日期（赊销日期）。

② 客户（债务人）单位名称。

③ 应收账款金额（赊销金额）。

④ 付款期限（信用期，一般以天为单位）。

⑤ 应收账款到期日。

以上所列相关信息仅作为参考，可以根据企业管理的实际需要，对上述信息进行添加或删除。

（1）登记应收账款的相关明细信息。

选择 A1 单元格，输入"宏达公司应收账款管理"。将列单元格调整为合适的宽度。

选择 A2 单元格，输入"当前日期"本例默认日期为"2013 年 12 月 31 日"，实际工作中可以使用函数"NOW()"来确定当前日期，并将该列单元格的格式调整为日期格式中的年月日形式，调整后单击回车键确认，如图 8-2 所示。

图 8-2　输入当前日期

选择 A3 单元格，输入"赊销日期"。登记应收账款产生的日期。选择 B3 单元格，输入"债务人名称"。选择 C3 单元格，输入"应收金额"。选择 D3 单元格，输入"付款期限（天）"。选择 E3 单元格，输入"到期日"。在具体实务处理中，为了使应收账款管理更加合理、完善，可以根据实际情况添加补充说明资料，如图 8-3 所示。

图 8-3　输入应收账款管理信息

（2）输入企业现有应收账款详细信息。

选择 A4 单元格，输入具体赊销（应收账款产生）日期，将单元格格式设置为"日期"，选择企业常用日期格式。选择 B4 单元格，输入具体债务人名称。选择 C4 单元格，输入"应收金额"，将单元格格式设置为"货币"，选择企业常用货币形式。选择 D4 单元格，输入"付款期限（天）"。选择 E4 单元格，输入函数="A4+D4"，单击回车键确认，即可直接计算出该项应收账款的到期日，如图 8-4 所示。将以上单元的有效性控制复制到 A～D 列的其他单元。

图 8-4　输入宏达公司现有应收账款详细信息

8.2.2 各债务人的应收账款统计

当宏达公司现有的各项应收账款登记完毕后，由于债务人众多，为了方便了解某一债务人所欠本公司款项的总额，利用 Excel 提供的数据命令，建立针对不同债权人所欠金额进行汇总的功能。

首先打开"第 8 章.xlsx"工作簿，将鼠标光标移至左下方 sheet 2 处，单击鼠标右键，在弹出的快捷菜单中选择"重命名"命令，输入"债务人应收账款金额统计"。复制"应收账款管理"工作表中的数据到当前工作表。

（1）以"债务人名称"重新排序。

为了方便数据筛选，可以先删除该表的表头，即删除"宏达公司应收账款管理"和"当前日期"两行。接下来选择"开始"选项卡中的"排序和筛选"|"筛选"|命令，如图 8-5 所示。其中，在"主要关键字"选择"债务人名称"，并"增加条件"在出现的"次要关键字"选择"赊销日期"，其中"排列依据"默认为"数值"，排列"次序"默认为"升序"，单击确定按钮。

图 8-5 排序命令

执行命令后，原来按照应收账款发生先后顺序登记的数据，重排序为按照债务人名称进行排序，如图 8-6 所示。

图 8-6 按照债务人名称重新排序

（2）对各债务人的应收账款金额进行汇总。

接下来选中 A2"债权人名称"单元格，然后选择"数据"|"分级显示"|"分类汇总"|命令，弹出分类汇总对话框，如图 8-7 所示。其中，"分类字段"选择"债务人名称"，"汇总方式"选择"求和"，"选定汇总项"选择"应收金额"，默认"替换当前分类汇总"和"汇总结果显示在数据下方"后，单击确认按钮，如图 8-8 所示。

图 8-7　分类汇总命令

图 8-8　分类汇总选项

执行命令后，即可显示按照债务人名称针对应收账款金额进行的汇总数据，如图 8-9 所示。

图 8-9　按照债务人名称汇总应收账款总额

通过汇总数据可以看出，长治公司与宁泰公司所欠本公司的款项较高，必须对其进行重点管理。

8.2.3 利用函数、图标统计各债务人应收账款

除了利用工具栏对各债务人进行排序和金额的汇总以外，还可以利用 SUMIF 函数实现该统计结果。

1. 使用 SUMIF 函数统计各债务人的应收账款

（1）建立应收账款分类明细账。

首先打开"第 8 章.xlsx"工作簿，将鼠标光标移至左下方 sheet 3 处，单击鼠标右键，在弹出的快捷菜单中选择"重命名"命令，输入"应收账款分类明细账"。

选择 A1 单元格，输入"宏达公司应收账款分类明细"。将列单元格调整为合适的宽度。选择 A2 单元格，输入"债务人名称"。选择 A3 单元格输入各个债务人名称。输入选择 B2 单元格，输入"应收账款合计"。将该列单元格的格式调整为货币形式，如图 8-10 所示。

图 8-10 建立应收账款分类明细账

（2）使用 SUMIF 公式进行汇总。

选择 B3 单元格，输入公式"=SUMIF(应收账款管理!$B$4:$B$17,应收账款管理!B9,应收账款管理! $E$4:$E$17"，按回车键确认。注意，公式中的符号为英文模式下的符号。具体函数参数如图 8-11 所示。

该公式表示针对"应收账款管理"工作表中的债务人名称进行汇总计算，找到"应收账款汇总明细账"中"长治公司"单元格，针对"长治公司"所涉及的所有"应收金额"进行汇总。

图 8-11 使用 SUMIF 函数进行汇总

（3）生成分类汇总数据。

将 B3 单元格公式复制到该列其他单元格中，则可快速计算出其他债务人的应收账款合计金额，如图 8-12 所示。

图 8-12　复制 SUMIF 函数公式汇总各债务人所欠金额

通过对比可发现,利用 SUMIF 函数公式汇总的各个债务人应收账款合计金额与利用分类汇总命令计算的合计金额完全相同,以上两种汇总方式根据应收账款管理人员的需要可自行选择。

2. 建立图表进行对比分析

通过建立饼形图可以更加直观地显示出各债务人应收账款占应收账款总额的百分比。具体操作如下。

(1)在上文编制完成的"应收账款分类明细账"工作表中, 在"插入"选项卡中的"图表"组, 单击"饼图" 按钮,如图 8-13 所示。

图 8-13　单击图表组中的"折线图"按钮

(2)可以根据制表要求,选择二维饼图、三维饼图以及所有图表类型,选择"二维饼图"中的某种"饼图",系统即可自动生成二维折线图,效果如图 8-14 所示。在图表创建完成后,可以按照前文所述,修改其各种属性,以使整个图表更加完善。从作图程序来看,Excel 2010 较 Excel 2003 简便得多,图标形式和内容修改起来也灵活得多。

图 8-14　各债务人应收账款分析饼图

通过分析图可以更加明确地看出，长治公司与宁泰公司所欠本公司的款项分别占宏达公司应收账款总额的34%和26%，必须对这两个公司的应收账款重点进行管理。

（3）除了自动生成饼图以外，还可以根据需要调整为柱形图、折线图、条形图、面积图、散点图以及所需要的其他图表。例如，单击"柱形图" 按钮，选择"三维柱形图"中的"簇状柱形图"，即可自动生成三维簇状柱形图，效果如图 8-15 所示。

图 8-15　各债务人应收账款分析柱形图

通过分析图可以看出，长治公司与宁泰公司所欠本公司的款项分别占宏达公司应收账款金额的46940 元和 34900 元，必须对这两个公司的应收账款重点进行管理。

8.3　逾期应收账款分析

应收账款在登记入账时会记录赊销日期和约定付款期限，当企业应收账款数量较多时，一般于月底统计本期是否有应收账款到期，如果到期应收账款尚未收款，必须反映逾期天数，以便及时采取催收措施，减少坏账发生的可能性，降低企业应收账款的坏账损失。

8.3.1　计算分析应收账款是否到期

（1）建立"逾期应收账款分析"工作表。在"第 8 章.xlsx"工作簿中插入新建工作表 sheet1，并重命名为"逾期应收账款分析"。复制"应收账款管理"工作表中的数据到当前工作表中。为方便后文使用函数进行分析、判断，将"当前日期"与"2013 年 12 月 31 日"分列 A2 和 B2 两个单元格。

注：本例假设"当前日期"为"2013 年 12 月 31 日"，实际工作中可以使用函数"NOW()"来确定当前日期。

选中 E 列与 F 列两列，单击鼠标右键，选择插入命令，即可一次性插入两列。单击 E3 单元格输入"已收金额"，单击 F3 单元格输入"未收金额"，并输入实际已收金额和未收金额，将 E 列与 F 列的单元格格式调整为"货币"格式。单击 H3 单元格输入"是否到期"，建立"宏达公司逾期应收账款分析表"，如图 8-16 所示。

（2）判断现有各项应收账款是否到期。通过 IF 函数判断宏达公司现有各项应收账款是否到期。

单击 H4 单元格，输入公式"=IF(G4<\$B\$2,"是","否")"，按回车键确认。注意，公式中的符号为英文模式下的符号。具体函数参数如图 8-17 所示。

该公式表示针对"宏达公司逾期应收账款分析表"工作表中某债务人的应收账款是否到期进行

判断，如果该表中"G4"单元格（即到期日）小于"B2"单元格（即当前日期），即该项应收账款已经到期。满足上述条件，显示为"是"，如果不满足应收账款已经到期条件，则显示为"否"。

图 8-16　宏达公司逾期应收账款分析表

图 8-17　使用 IF 函数分析应收账款是否到期

（3）生成判断结果。将 H4 单元格公式复制到该列其他单元格中，则可快速判断其他债务人所欠本企业的款项是否到期，如图 8-18 所示。

图 8-18　复制 IF 函数公式判断各债务人所欠款项是否到期

（4）显示未到期金额。单击 I3 单元格，输入"未到期金额"。单击 I4 单元格，输入公式"=IF($B$2-$G4<0,$C4-$E4,0)"，按回车键确认。注意，公式中的符号为英文模式下的符号。具体函

数参数如图 8-19 所示。

该公式表示针对"宏达公司逾期应收账款分析表"工作表中某债务人的未到期应收账款的金额进行判断计算，如果该表中"B2"单元格（即当前日期）小于"G4"单元格（即到期日），即该项应收账款尚未到期。满足上述条件，返回"$C4-$E4"计算公式，计算该项尚未到期应收账款的剩余未收金额；如果不满足未到期条件，则返回"0"，表示未到期金额为 0，即该项应收账款已经到期。

图 8-19　使用 IF 函数计算未到期应收账款

（5）生成计算结果。将 I4 单元格公式复制到该列其他单元格中，则可快速计算其他债务人所欠本企业的尚未到期的应收账款，如图 8-20 所示。

图 8-20　复制 IF 函数公式计算各债务人所欠未到期金额

8.3.2　计算应收账款逾期天数

虽然上文为应收账款管理提供了应收账款是否到期的判断结果，但是为了下文进一步分析应收账款账龄，还需要利用 Excel 进一步计算各项应收账款的逾期天数，以便提供更加详细管理数据。具体计算过程如下。

（1）设计逾期天数分析表。在"逾期应收账款分析"工作表的数据右侧建立"逾期天数分析表"，对逾期天数进行分类筛选，实际工作中，通常对逾期天数划分不同等级，如"0～30"、"30～60"、"60～90"、"90 天以上"等，如图 8-21 所示。

（2）使用 IF 函数分析逾期"0～30"天的应收账款。单击 J4 单元格，输入公式"=IF(AND($K$2-$G4>0, $K$2-$G4<=30),$C4-$E4,0)"，按回车键确认。注意，公式中的符号为英文模式下的符号。具体函数参数如图 8-22 所示。

该公式表示针对"宏达公司逾期应收账款分析表"工作表中某债务人逾期应收账款的具体金额

进行判断计算，如果该表中"K2"单元格（即当前日期为 2013 年 12 月 3 日）大于"G4"单元格（即到期日），即该项应收账款已经逾期，但逾期天数在 30 天以内（包括 30 天）。满足上述条件，返回"$C4-$E4"计算公式，计算该项已经逾期应收账款的剩余未收金额；如果不满足未到期条件，则返回"0"，表示未到期金额为 0，即逾期应收账款不在 0～30 天期限内。

图 8-21　在原有工作表中建立逾期天数分析表

图 8-22　使用 IF 函数计算逾期应收账款具体金额

　　将 J4 单元格公式复制到该列已经逾期的其他单元格中（即 J5～J15，由于最后两笔应收账款尚未逾期，没有必要分析逾期天数，故不需复制公式），则可快速计算其他债务人所欠本企业"逾期 0～30 天"的应收账款具体金额，如图 8-23 所示。

图 8-23　复制 IF 函数公式计算各债务人所欠逾期 0～30 天的应收账款金额

　　（3）使用 IF 函数分析逾期"30～60"天的应收账款。单击 K4 单元格，输入公式"=IF(AND($K$2-$G4＞30, $K$2-$G4＜=60),$C4-$E4,0)"，按回车键确认。注意，公式中的符号为英文模式下的符号。具体函数参数如图 8-24 所示。

该公式表示针对"宏达公司逾期应收账款分析表"工作表中某债务人的逾期应收账款的具体金额进行判断计算，如果该表中"K2"单元格（即当前日期为 2013 年 12 月 31 日）大于"G4"单元格（即到期日），即该项应收账款已经逾期，但逾期天数在 30～60 天以内（大于 30 天，小于等于60 天）。满足上述条件，返回"$C4-$E4"计算公式，计算该项已经逾期应收账款的剩余未收金额；如果不满足未到期条件，则返回"0"，表示未到期金额为 0，即逾期应收账款不在 30～60 天期限内。

图 8-24　使用 IF 函数计算逾期应收账款具体金额

将 K4 单元格公式复制到该列已经逾期的其他单元格中（即 K5～K15，同样由于最后两笔应收账款尚未逾期，没有必要分析逾期天数，故不需复制公式），则可快速计算其他债务人所欠本企业"逾期 30～60 天"的应收账款具体金额，如图 8-25 所示。

图 8-25　复制 IF 函数公式计算各债务人所欠逾期 30～60 天的应收账款金额

（4）使用 IF 函数分析逾期"60～90"天和"90 天以上"的应收账款。以此类推，使用 IF 函数分析计算逾期"60～90"天和"90 天以上"的应收账款金额。

单击 L4 单元格，输入公式"=IF(AND($K$2-$G4>60, $K$2-$G4<=90),$C4-$E4,0)"，按回车键确认。可以计算各债权人所欠逾期"60～90"天的应收账款金额。

单击 M4 单元格，输入公式"=IF($K$2-$G4>90,$C4-$E4,0)"，按回车键确认。可以计算各债权人所欠逾期"90 天以上"的应收账款金额。

将以上公式复制到该列已经逾期的其他单元格中，则可快速计算其他债务人所欠本企业"逾期60～90 天和"90 天以上"的应收账款具体金额，并将 J4:M15 单元格区域的单元格格式设置为货币格式，如图 8-26 所示。

由以上统计数据可以明显看出，宏达公司应收账款逾期情况非常严重，本企业 14 笔应收账款中有 8 笔逾期 90 天以上，必须重视以上逾期应收账款的催收，盘活流动资产，减少坏账损失的发生。

図 8-26　复制 IF 函数公式计算各债务人所欠更长逾期天数的应收账款金额

根据应收账款逾期天数分析表所提供的信息，可使企业了解各债务人收款、欠款情况，判断欠款的可收回程度和可能发生的损失。同时，企业还可酌情作出采取放宽或紧缩商业信用政策，并可作为衡量负责收款部门和资信部门工作效率的依据。

8.4 | 应收账款账龄分析

账龄是指债务人欠本企业应收账款的时间。一般账龄越长，发生坏账损失的可能性就越大。所以账龄分析法是指根据应收账款的时间长短来估计坏账损失的一种方法，又称"应收账款账龄分析法"。

在估计坏账损失之前，可将应收账款按其账龄编制一张"应收账款账龄分析表"，借以了解应收账款在各个债务人之间的金额分布情况及其拖欠时间的长短。这张应收账款账龄分析表实际上就是上文刚编制完成的"逾期天数分析表"，利用逾期天数分析表，不仅可以对个债务人产生的应收账款进行分析，更为计算坏账准备提供了可靠地依据。

8.4.1　建立应收账款账龄分析表

（1）利用"应收账款逾期天数分析表"建立"应收账款账龄分析表"。

利用 8.3.2 节中对应收账款逾期天数进行分析的表格可以建立账龄分析表。在"第 8 章.xlsx"工作簿中插入新建工作表 sheet 2，并重命名为"应收账款账龄分析"。单击 A1 单元格，输入"应收账款账龄分析表"。单击 A2 单元格，输入"当前日期"。单击 B2 单元格，输入"2013 年 12 月 31 日"。

注：本例假设"当前日期"为"2013 年 12 月 31 日"，实际工作中可以使用函数"NOW()"来确定当前日期。

单击 A3 单元格，输入"账龄"，并设置账龄的种类。本例将账龄分为 5 类，分别为"未到期"、"0～30 天"、"30～60 天"、"60～90 天"、"90 天以上"。

单击 B3 单元格，输入"应收账款"，此列显示不同账龄的应收账款金额，设置此列单元格格式

为 "货币",选择企业常用的货币表示形式即可。

单击 C3 单元格,输入 "占应收账款总额百分比",此列显示不同账龄的应收账款金额占应收账款总额的比例,设置此列单元格格式为 "百分比",并默认小数位数为 2。

对填制完的内容进行调整、美化,从而完成应收账款账龄分析表的表头以及各项标示的建立,如图 8-27 所示。

图 8-27   建立应收账款账龄分析表

(2)计算各账龄所涉及的应收账款金额。

单击 B4 单元格,输入公式 "=SUM(逾期应收账款分析!I4:I17)",按回车键确认。可以引用 "逾期应收账款分析" 工作表中的未到期金额,汇总计算出截止到 2013 年 12 月 31 日,应收账款总额中尚未到期的应收账款金额为 "¥8,510.00",如图 8-28 所示。

图 8-28   统计未到期应收账款金额

以此类推,单击 B4~B8 单元格,可以输入 SUM 公式,对其余账龄的应收账款金额进行统计、汇总,各具体求和公式如图 8-29 所示。按回车键确认,生成各账龄所对应的应收账款金额,如图 8-30 所示。

图 8-29   统计其他应收账款金额的 SUM 公式

(3)计算各账龄所涉及的应收账款占应收账款总额的百分比。

首先计算现有应收账款总额,单击 B9 单元格,输入公式 "=SUM(B4:B8)",按回车键确认,即可计算各账龄所涉及的应收账款总额，如图 8-31 所示。

图 8-30 统计得到各账龄的应收账款金额

图 8-31 汇总各账龄所涉及的应收账款总额

然后计算各账龄所涉及的应收账款占应收账款总额的百分比，单击 C4 单元格，输入公式
"=B4/$B$9"，按回车键确认，即可计算出未到期应收账款占应收账款总额的百分比。复制公式到该
列其他单元格中，可计算出其他账龄所涉及的应收账款占应收账款总额的百分比，如图 8-32 所示。

图 8-32 计算各账龄所涉及的应收账款占应收账款总额的百分比

8.4.2 计算应收账款坏账准备的金额

企业赊销虽然可以扩大销售，消化库存，但也会发生各种成本，例如应收账款机会成本，管理
成本和坏账成本等，其中坏账是应收账款带来的最大损失，必须加以重视。

我国现行会计制度要求企业应当定期于每年年度终了，对应收账款进行全面检查，预计各项应
收账款可能发生的坏账准备，对预计不能收回的应收款项，应当计提坏账准备。企业计提坏账准备
的方法由企业自行确定，常用计提坏账准备的方法是账龄分析法。

采用账龄分析法计提坏账准备时，将不同账龄的应收账款进行分组，将应收账款拖欠时间（即
逾期天数也就是账龄）的长短分为若干区间，计列各个区间上应收账款的金额，并为每一个区间估

计一个坏账损失百分比；然后，用各区间上的应收账款金额乘以各该区间的坏账损失百分比，估计各个区间上的坏账损失；最后，将各区间上的坏账损失估计数求和，即为坏账损失的估计总额。采用这种方法，使坏账损失的计算结果更符合客观情况。

（1）估计坏账准备比例。

坏账率就是坏账额占应收账款总额的比例，其计算公式为：坏账率=年坏账额/年应收账款总额。

我国《企业会计制度》在坏账准备计提比例方面给予企业较大的自主权，主要表现在：一是计提比例不限，二是对不能够收回或收回的可能性不大的应收账款可以全额计提坏账准备，在实际工作中，企业估计坏账准备比例时可以考虑以下因素。

① 函证情况，每次函证发出后，对方是否及时、准确地回函；

② 历史上应收款项回收的情况，包括回收时间和归还应收账款是否呈现周期性；

③ 债务单位历史上是否存在无法支付的情况；

④ 某一债务单位近期内是否有不良记录；

⑤ 债务单位目前发生的财务困难与过去已发生的财务状况是否存在类似的情形；

⑥ 债务单位的债务状况有否好转的可能性，包括债务单位的产品开发，现产品的销售、回款，市场需求以及资产质量状况，有否呈现出好转态势等；

⑦ 债务单位所处的经济、政治和法制环境；

⑧ 债务单位的内部控制、财务、生产、技术管理等情况，以及其他有利于判断可收回性的情况。

而账龄分析法下，计提坏账准备的比例则简单得多，通常账龄越长，发生坏账的可能性越大，估计的坏账准备的比例就越高，假设宏达公司根据历史经验估计，未到期的应收账款发生坏账的可能性是0%，逾期"0~30天"的应收账款发生坏账的可能性约为1%，逾期"30~60天"的应收账款发生坏账的可能性约为3%，逾期"60~90天"的应收账款发生坏账的可能性约为6%，逾期"90天以上"的应收账款发生坏账的可能性约为10%，将估计的坏账准备率分别输入D4～D9单元格，实际工作中，企业可以根据历史经验进行估计，如图8-33所示。

图8-33　宏达公司估计的坏账准备计提比例

（2）计算坏账准备金额。

单击E3单元格，输入"坏账准备金额"。单击E4单元格，输入公式"=B4*D4"，按回车键确认。

将E4单元格公式复制到该列已经逾期的其他单元格中（即E5～E8），则可计算各账龄所涉及应收账款产生的坏账准备金额。单击E9单元格，输入公式"=SUM(E4:E8)"，按回车键确认，计算坏账准备总额，如图8-34所示。

由以上计算的坏账准备可以明显看出，宏达公司应收账款产生的坏账金额较高，主要原因是逾期"90天以上"的应收账款较多，且坏账发生的比例较高。但即便如此企业也不能放弃对逾期时间

第8章
Excel 在应收账款管理中的应用

较长的应收账款的催收，而且还要加强对逾期"60～90 天"以及逾期"30～60 天"的应收账款的催收工作，防止债务人继续拖欠款项，造成企业更多坏账损失的发生。

图 8-34　计算各账龄所涉及应收账款产生的坏账准备

使用 Excel 进行应收账款管理的方法，同样可以应用于企业的应收票据管理甚至应付账款管理，本章不再重复介绍，对于应收票据和应付账款的账龄分析，可以参照前文进行操作，但需要注意，应收票据和应付账款不需要研究坏账准备的问题。

本章小结

本章介绍了应收账款管理明细账的建立和填制；列示了采用函数、图标等方法统计不同债务人所欠应收账款的金额；分析了统计逾期应收账款的必要性，讲解了判断应收账款是否逾期的函数，进而计算应收账款逾期天数；利用已经统计完成的应收账款逾期数据，建立应收账款账龄分析表，并利用账龄分析数据进一步帮助企业快捷地计算坏账准备的金额等。

思考练习

1．为什么需要对应收账款进行重点管理？

2．如何使用 Excel 的工具对现有债务人所欠款项进行统计？

3．如何使用 Excel 的函数或图表分析现有债务人所欠款项？

4．什么是应收账款账龄，分析应收账款账龄有何意义？

5．如何利用已知账龄结果快捷计算坏账准备？

6．云阳公司 2013 年 11 月 30 日发生的应收账款资料，如表 8-1 所示。

表 8-1　　　　　　　　　应收账款概况

赊 销 日 期	债务人名称	应 收 金 额	付款期限（天）
2013 年 1 月 8 日	红光公司	30,000	50
2013 年 2 月 18 日	蓝天公司	500,000	40

赊 销 日 期	债务人名称	应 收 金 额	付款期限（天）
2013 年 3 月 6 日	胜利公司	20,000	30
2013 年 4 月 20 日	永安公司	100,000	40
2013 年 5 月 11 日	蓝天公司	12,000	35
2013 年 6 月 4 日	永安公司	30,000	30
2013 年 7 月 23 日	胜利公司	15,000	30
2013 年 8 月 15 日	红光公司	58,000	30
2013 年 10 月 17 日	蓝天公司	16,000	30
2013 年 11 月 5 日	永安公司	40,000	25

要求：（1）分别计算各应收账款到期日；

（2）汇总统计各债务人所欠云阳公司的欠款总额，并建立饼形图分析各债务人所占比重；

（3）计算各应收账款是否到期以及未到期金额，并计算逾期天数；

（4）建立应收账款账龄分析表；

（5）根据未到期的应收账款发生坏账的可能性是 0%，逾期"0～30 天"的应收账款发生坏账的可能性约为 2%，逾期"30～60 天"的应收账款发生坏账的可能性约为 5%，逾期"60～90 天"的应收账款发生坏账的可能性约为 8%，逾期"90 天以上"的应收账款发生坏账的可能性约为 10%的估计值，分别计算各账龄所涉及应收账款的坏账准备。

工资是企业在一定时间内直接支付给本单位员工的劳动报酬，也是企业进行各种费用计提的基础。工资管理是企业管理的重要组成部分，是每个单位财会部门最基本的业务之一，不仅关系到每个员工的切身利益，也是直接影响产品成本核算的重要因素。手工进行工资核算，需要占用财务人员大量的精力和时间，并且容易出错，采用计算机进行工资核算可以有效提高工资核算的准确性和及时性。通过本章的学习，读者应了解并掌握 Excel 在工资账务处理流程中的应用。

学习目标

- 掌握如何利用 Excel 制作员工工资表
- 掌握如何利用 Excel 进行工资项目的设置
- 掌握如何利用 Excel 进行工资数据的查询与汇总分析
- 掌握如何利用 Excel 打印工资发放条

9.1 | 制作员工工资表

9.1.1 背景资料

宏达股份有限公司是一家小型工业企业，主要有管理部、生产部、销售部 3 个部门。另外，它还有 5 种职务类别：公司管理、生产管理、生产工人、销售管理、销售人员。每个员工的工资项目有基本工资、岗位工资、住房补贴、奖金、事假扣款、病假扣款、养老保险扣款、医疗保险扣款等。除基本工资因人而异外（要求必须一一输入），其他的工资项目将根据员工职务类别和部门决定，而且随时间的变化而变化（为便于介绍，假设有 12 名员工）。

2014 年 1 月宏达股份有限公司员工基本工资情况与出勤情况如表 9-1 所示。

表 9-1　　　　　　　　2014 年 1 月公司员工基本工资情况与出勤情况

员工编号	姓　名	部　门	性　别	员工类别	基本工资	事假天数	病假天数
1001	李飞	管理部	男	公司管理	4500		
1002	马媛	管理部	女	公司管理	4000	2	
1003	李正	管理部	男	公司管理	3800		2
2001	张力	生产部	男	生产管理	4000		
2002	王沙	生产部	男	生产工人	3300		
2003	孔丽	生产部	女	生产工人	3000		
2004	赵阳	生产部	男	生产工人	3000	16	
3001	白雪	销售部	女	销售管理	4000		
3002	孙武	销售部	男	销售人员	3500		

续表

员工编号	姓 名	部 门	性 别	员工类别	基本工资	事假天数	病假天数
3003	齐磊	销售部	男	销售人员	3000		15
3004	牛玲	销售部	女	销售人员	3000		
3005	王林	销售部	男	销售人员	3200		

其他工资项目的发放情况及有关规定如下。

（1）岗位工资：根据员工类别不同进行发放，管理人员（公司管理、生产管理、销售管理）为1000元，生产工人为500元，销售人员800元。

（2）住房补贴：根据员工类别不同进行发放，生产工人为200元，销售人员280，管理人员为350元。

（3）奖金：奖金根据部门的效益决定，本月管理部奖金为500元，生产部奖金为600元，销售部奖金与个人销售额相关，完成基本销售额30万的奖金为500元，超额完成的按超出金额的1%提成，未完成基本销售额的奖金没有。

（4）事假扣款规定：如果事假小于14天，将应发工资平均到每天（每月按22天计算），按天扣钱；如果事假大于14天，扣除应发工资的80%。

（5）病假扣款规定：如果病假小于14天，工人扣款300元，非工人扣款500元；如果病假大于14天，工人扣款500元，非工人扣款800元。

（6）养老保险扣款：按基本工资+岗位工资的8%扣除

（7）医疗保险扣款：按基本工资+岗位工资的2%扣除

（8）个人所得税：依据个人所得税税率表，如表9-2所示。

表9-2 　　　　　　　　　　　　　　　个人所得税税率表

级　　数	全月应纳所得税额	税　率	速算扣除数
1	不超过1500元部分	3%	0
2	超过1500至4500元部分	10%	105
3	超过4500至9000元部分	20%	555
4	超过9000至35000元部分	25%	1005
5	超过35000至55000元部分	30%	2755
6	超过55000至80000元部分	35%	5505
7	超过80000元以上	45%	13505

9.1.2　基本工资项目和数据的输入

（1）建立以下工资项目。员工编号、姓名、部门、性别、员工类别、基本工资、岗位工资、住房补贴、奖金、应发合计、事假天数、事假扣款、病假天数、病假扣款、其他扣款、扣款合计、养老保险、医疗保险、应扣社保合计、应发工资、代扣税、实发合计，如图9-1、图9-2和图9-3所示。

图9-1　输入基本工资项目1

图 9-2   输入基本工资项目 2

图 9-3   输入基本工资项目 3

（2）进行有效性控制。为了输入方便并防止出错，可对"部门"列，"性别"列，"员工类别"列设置有效性控制。以"部门"列为例，将光标移到 C2 单元，选择"数据"|"有效性"命令，按如图 9-4 所示设置对话框，在"有效性条件"中选择"序列"选项，在"来源"选项中输入本企业的所有部门——管理、生产和销售，设置完成后，向下拖动鼠标，如图 9-5 所示，将 C2 单元格的有效性控制复制到 C 列的其他单元格。

图 9-4   设置有效性控制

图 9-5   有效性控制复制

（3）输入员工编号。可先在 A2 单元中输入第一个员工编号 1001，然后向下拖动鼠标并同时按下 Ctrl 键自动生成其他管理部门的员工编码。如图 9-6 所示，使用同样的方法，依次输入生产部门、销售部门的员工编码。

图 9-6   输入员工编号

（4）依次输入"员工姓名"、"部门"、"性别"、"员工类别"、"基本工资"、"事假天数"、"病假天数"各项信息。对于设置了有效性控制的列也可进行输入，其他项目的信息不必输入，如图 9-7 所示。

图9-7　有关项目的信息输入

图9-8　设置记录单

（5）输入时，也可以采取另外一种方式，即选择"记录单"命令，右键单击快速访问工具栏将弹出"自定义快速访问工具栏"，选择"自定义"选项中的"从下列位置选择命令"下的"所有命令"选项，其中按拼音列出了所有命令，找到"记录单…"，单击"添加>>"按钮，并单击"确定"按钮；"记录单"将出现在"快速访问工具栏"上，如图 9-8 所示。

单击"记录单"按钮，可以输入一条新记录；单击"下一条"按钮，可查询下一条记录；单击"上一条"按钮，可查询上一条记录；如图 9-9 和图 9-10 所示。如图 9-11 所示的是宏达公司 2014 年 1 月员工的基本工资与请假情况。

图9-9　新建记录

图9-10　查询记录

员工编号	姓名	部门	性别	员工类型	基本工资	事假天数	事假扣款
1001	李飞	管理	男	公司管理	4500		
1002	马嫒	管理	女	公司管理	4000	2	
1003	李正	管理	男	公司管理	3800		2
2001	张力	生产	男	生产管理	4000		
2002	王沙	生产	男	生产工人	3300		
2003	孔丽	生产	女	生产工人	3000		
2004	赵阳	生产	男	生产工人	3000	16	
3001	白雪	销售	女	销售管理	4000		
3002	孙武	销售	男	销售人员	3500		
3003	齐磊	销售	男	销售人员	3000		16
3004	牛玲	销售	女	销售人员	3000		
3005	王林	销售	男	销售人员	3200		

图9-11　基本工资与请假情况

9.2 工资项目的设置

9.2.1 "岗位工资"项目的设置

根据宏达公司的规定,"岗位工资"是根据"员工类别"的不同而不同,具体要求如表 9-3 所示。

表 9-3　　　　　　　　　　　　岗位工资情况

员 工 类 别	岗 位 工 资
公司管理	1000
生产管理	1000
销售管理	1000
生产工人	500
销售人员	800

（1）光标移到 G2 单元格,输入嵌套的 IF 函数。如图 9-12 所示,如果 G2 单元格的值为"生产工人",IF()函数的值为 500;如果不是,再进一步判断。如果是"销售人员",IF()函数的值为 800;如果不是,则为"管理人员（公司管理、生产管理、销售管理）",IF()函数的值为 1000。

图 9-12　岗位工资的函数设置

（2）将 G2 单元格的公式复制到 G 列的其他单元格,结果如图 9-13 所示。

图 9-13　岗位工资设置结果

9.2.2 "住房补贴"项目的设置

在宏达公司,"住房补贴"是根据"员工类别"来决定的,具体要求如表 9-4 所示。

表 9-4   住房补贴情况

单位：元

员 工 类 别	住 房 补 贴
公司管理	350
生产管理	350
销售管理	350
生产工人	200
销售人员	280

（1）光标移到 H2 单元格，输入嵌套的 IF 函数。如图 9-14 所示，如果 H2 单元格的值为"生产工人"，IF()函数的值为 200；如果不是，则进一步判断。如果是"销售人员"，IF()函数的值为 280；如果不是，则为"管理人员（公司管理、生产管理、销售管理）"，IF()函数的值为 350。

	A	B	C	D	E	F	G	H	
	员工编号	姓名	部门	性别	员工类型	基本工资	岗位工资	住房补贴	奖金
2	1001	李飞	管理	男	公司管理	4500	1000	350	
3	1002	马媛	管理	女	公司管理	4000	1000		
4	1003	李正	管理	男	公司管理	3800	1000		
5	2001	张力	生产		生产管理	4000	1000		

图 9-14　住房补贴的函数设置

（2）将 H2 单元格的公式复制到 H 列的其他单元格，结果如图 9-15 所示。

	A	B	C	D	E	F	G	H	
1	员工编号	姓名	部门	性别	员工类型	基本工资	岗位工资	住房补贴	奖金
2	1001	李飞	管理	男	公司管理	4500	1000	350	
3	1002	马媛	管理	女	公司管理	4000	1000	350	
4	1003	李正	管理	男	公司管理	3800	1000	350	
5	2001	张力	生产	男	生产管理	4000	1000	350	
6	2002	王沙	生产	男	生产工人	3300	500	200	
7	2003	孔丽	生产	女	生产工人	3000	500	200	
8	2004	赵阳	生产	男	生产工人	3000	500	200	
9	3001	白雪	销售	女	销售管理	4000	1000	350	
10	3002	孙武	销售	男	销售人员	3500	800	280	
11	3003	齐磊	销售	男	销售人员	3000	800		

图 9-15　住房补贴设置结果

9.2.3 "奖金"项目的设置

根据宏达公司的规定，"奖金"是根据部门的效益决定，具体要求如表 9-5 所示。

表 9-5   奖金情况

单位：元

部 门	奖 金
管理部	500
生产部	600
销售部	与个人销售额相关，完成基本销售额 30 万的奖金为 500 元，超额完成的按超出金额的 1%提成，未完成基本销售额的没有奖金

假设销售部本月销售情况完成，如表 9-6 所示。

表 9-6 销售情况

单位：万元

姓　名	销　售　额
白雪	35
孙武	42
齐磊	15
牛玲	36
王林	34

（1）将 I2 单元格的公式设置为"=IF(C2="管理部",500,IF(C2="生产部",600,"销售部"))"，如图 9-16 所示。

图 9-16　奖金的函数设置 1

（2）将 I2 单元格的公式复制到 I 列的其他单元格，结果如图 9-17 所示。

图 9-17　奖金的设置结果 1

（3）从第一个显示"销售部"的 I9 单元格，将该单元格的公式设置为"=IF(AND(C9="销售部",销售总额!F2>=30),500+100*(销售总额!F2-30),0)"，如图 9-18 所示。（该步骤需要用到销售部的销售总额表，如图 9-19 所示。）

图 9-18　奖金的函数设置 2

图 9-19　销售总额表

（4）将 I9 单元的公式复制到 I 列的其他显示为"销售部"的单元格，结果如图 9-20 所示。

图 9- 20　奖金的设置结果 2

9.2.4　"应发合计"项目的设置

"应发合计"项目为基本工资、岗位工资、奖金的合计数。

（1）选中 J2 单元格，单击"自动求和"按钮"Σ"，或直接在 J2 单元格中进行公式设置"=sum(F2:I2)"，如图 9-21、图 9-22 所示。

图 9-21　应发合计自动求和

图 9-22　应发合计的函数设置

（2）将 J2 单元格的公式复制到 J 列的其他单元格，结果如图 9-23 所示。

图 9-23　应发合计设置结果

9.2.5 "事假扣款"项目的设置

在宏达公司,"事假扣款"与事假天数相关,具体如表 9-7 所示。

表 9-7 事假扣款情况

事 假 天 数	事 假 扣 款
>14 天	应发工资的 80%
<=14 天	(应发工资/22)×事假天数

(1)将 L2 单元格的公式设置为 "=IF(K2>14,J2*0.8,J2/22*K2)",如图 9-24 所示。

图 9-24 事假扣款的函数设置

(2)将 L2 单元格的公式复制到 L 列的其他单元格,结果如图 9-25 所示。

图 9-25 事假扣款的设置结果

9.2.6 "病假扣款"项目的设置

在宏达公司,"病假扣款"由病假天数和员工类别来决定,具体如表 9-8 所示。

表 9-8 病假扣款情况

病 假 天 数	员 工 类 别	病 假 扣 款
>14 天	生产工人	500
>14 天	非生产工人	800
<=14 天	生产工人	300
<=14 天	非生产工人	500

(1)将 N2 单元格的公式设置为 "=IF(M2=0,0,IF(M2<=14,IF(E2="生产工人",300,500),IF(E2="生产工人",500,800)))",如图 9-26 所示。

图 9-26 病假扣款的函数设置

（2）将 N2 单元格的公式复制到 N 列的其他单元格，结果如图 9-27 所示。

图 9-27 病假扣款的设置结果

9.2.7 "扣款合计"项目的设置

扣款合计是"事假扣款"和"病假扣款"与"其他扣款"的合计，假设本月没有发生其他扣款。

（1）将 P2 单元格的公式设置为"=L2+N2+O2"，如图 9-28 所示。

应发合计	事假天数	事假扣款	病假天数	病假扣款	其他扣款	扣款合计
6350		0		0		0
5850	2	531.8182		0		
5650		0	2	500		
5950		0		0		
4600		0		0		

图 9-28 扣款合计的公式设置

（2）将 P2 单元格的公式复制到 P 列的其他单元格，结果如图 9-29 所示。

图 9-29 扣款合计的设置结果

9.2.8 "养老保险"、"医疗保险"项目的设置

在宏达公司，"养老保险"是按基本工资+岗位工资的 8%扣除。"医疗保险"是按基本工资+岗位工资的 2%扣除。

（1）将 Q2 单元格的公式设置为"=(F2+G2)*0.08"，如图 9-30 所示。

奖金	应发合计	事假天数	事假扣款	病假天数	病假扣款	其他扣款	扣款合计	养老保险
500	6350		0		0		0	440
500	5850	2	531.8182		0		531.8182	
500	5650		0	2	500		500	
600	5950		0		0		0	
600	4600		0		0		0	

图 9-30 养老保险的公式设置

（2）将 Q2 单元格的公式复制到 Q 列的其他单元格，结果如图 9-31 所示。

图 9-31　养老保险的设置结果

（3）将 R2 单元格的公式设置为"=(F2+G2)*0.02"，如图 9-32 所示。

图 9-32　医疗保险的公式设置

（4）将 R2 单元格的公式复制到 R 列的其他单元格，结果如图 9-33 所示。

图 9-33　医疗保险的设置结果

9.2.9　"应扣社保合计"项目的设置

"应扣社保合计"为"养老保险"和"医疗保险"的合计。

（1）将 S2 单元格的公式设置为"=Q2+R2"，如图 9-34 所示。

图 9-34　应扣社保合计的公式设置

（2）将 S2 单元格的公式复制到 S 列的其他单元格，结果如图 9-35 所示。

图 9-35　应扣社保合计的设置结果

9.2.10　"应发工资"项目的设置

"应发工资"是"应发合计"和"扣款合计"、"应扣社保合计"的差额。

（1）将 T2 单元格的公式设置为"=J2-P2-S2"，如图 9-36 所示。

图 9-36　应发工资的公式设置

（2）将 T2 单元格的公式复制到 T 列的其他单元格，结果如图 9-37 所示。

图 9-37　应发工资的设置结果

9.2.11　"代扣税"项目的设置

"代扣所得税"应当是根据应发工资的数额而定，根据该企业的情况，假设要求如表 9-9 所示。

表 9-9　　　　　　　　　　　　　　所得税情况

单位：元

应发工资-2000	代　扣　税
应发工资-3500<=0	0
<0 应发工资-3500<=1500	(应发工资-3500)*0.03

续表

应发工资-2000	代 扣 税
1500<应发工资-3500<=4500	(应发工资-3500)*0.10-105
4500<应发工资-3500<=9000	(应发工资-3500)*0.20-555
9000<应发工资-3500<=35000	(应发工资-3500)*0.25-1005
35000<应发工资-3500<=55000	(应发工资-3500)*0.30-2755
55000<应发工资-3500<=80000	(应发工资-3500)*0.35-5505
80000<应发工资-3500	复核应发工资

（1）将 U2 单元格的公式设置为 "=IF(T2-3500<=0,0,IF(T2-3500<=1500, (T2-3500)*0.03,IF(T2-3500<=4500,(T2-3500)*0.1-105,IF(T2-3500<=9000,(T2-3500)*0.20-555,IF(T2-3500<=35000,(T2-3500)*0.25-1005,IF(T2-3500<=55000,(T2-3500)*0.30-2755,IF(T2-3500<=80000,(T2-3500)*0.35-5505,"复核应发工资")))))))"，如图 9-38 所示。

图 9-38　代扣税的函数设置

（2）将 U2 单元格的公式复制到 U 列的其他单元格，结果如图 9-39 所示。

图 9-39　代扣税的函数设置结果

9.2.12 "实发合计"项目的设置

"实发合计"即实发工资，是"应发工资"与"代扣税"的差。

（1）将 V2 单元格的公式设置为 "=T2－U2"，如图 9-40 所示。

图 9-40　实发合计的公式设置

(2) 将 V2 单元格的公式复制到 V 列的其他单元格，结果如图 9-41 所示。

图 9-41　实发合计的设置结果

9.3 | 工资数据的查询与汇总分析

9.3.1　利用筛选功能进行工资数据的查询

要利用筛选功能进行工资数据的查询，首先选择"数据"|"筛选"命令，进入筛选状态，如图 9-42 所示。

图 9-42　筛选状态

1. 以员工姓名为依据进行查询

例如，查询姓名为"白雪"的员工工资情况。

（1）单击"姓名"列的下拉按钮，在弹出的下拉列表中选择"文本筛选"|"等于"选项，如图 9-43 所示。

图 9-43　"等于"选项

（2）在打开的对话框中输入需要查询的员工姓名，如图 9-44 所示。单击"确定"按钮，查询结果如图 9-45 所示。

图 9-44　自定义筛选条件

图 9-45　筛选结果

2. 以部门为依据进行查询

例如，查询销售部的所有员工的工资情况。

（1）单击"部门"列的下拉按钮，在弹出的下拉列表中选择"销售部"选项，如图 9-46 所示。查询结果如图 9-47 所示。

图 9-46　选择查询

图 9-47　查询结果

（2）如果要返回原来的状态，则单击相应列的下拉按钮，然后选择"全选"选项，如图 9-48 所示。

图 9-48　返回原来状态

3．以员工类别和基本工资为依据进行查询

例如，查询生产工人中基本工资低于或等于 3000 的员工的工资情况。

（1）单击"员工类别"列的下拉按钮，选择"生产工人"选项，如图 9-49 所示。

图 9-49　选择筛选

（2）单击"基本工资"列的下拉按钮，选择"自定义"选项，在打开的对话框中输入基本工资小于或等于 3000 的筛选条件，如图 9-50 和图 9-51 所示。单击"确定"按钮，查询结果如图 9-52 所示。

图 9-50　自定义筛选

图 9-51　自定义筛选条件

图 9-52　筛选结果

如果要退出筛选状态，选择"数据"|"筛选"|"自动筛选"命令。

9.3.2　利用 VLOOKUP 函数进行工资数据的查询

利用 VLOOKUP 函数，依据员工的姓名查询个人工资情况。

（1）将当前工作表切换到 Sheet 2，并将它重命名为"工资查询"，在"工资查询"表中输入个工资项目，如图 9-53 所示。

图 9-53　工资查询项目

（2）为了便于函数的设置，将工资数据区 Sheet1！B2:V13 命名为 GZ，选择"公式"|"名称管理器"选项，区域选择完毕，单击"确定"按钮，结果如图 9-54 所示。

（3）将光标移动到工资查询表的 B2 单元格，选择"公式"|"查找与引用"命令，在打开的对话框中选择 VLOOKUP 函数，如图 9-55 所示。

图 9-54　选定区域命名

图 9-55　选择 VLOOKUP 函数

（4）设置 VLOOKUP 函数的各个参数，如图 9-56 所示，则 B2 单元格的公式设置如图 9-57 所示。

（5）将 B2 单元格的公式复制到其他单元格，并修改 Col_index_num 参数，即按照此项在 GZ 中对应的列数修改。

图 9-56　输入 VLOOKUP 函数的各参数

图 9-57　B2 单元格的公式设置

（6）在 A2 单元格输入需要查询的员工姓名，即可查询出此员工的工资情况，如图 9-58 和图 9-59 所示。

图 9-58　查询结果 1

图 9-59　查询结果 2

9.3.3　依据部门和员工类别的统计分析

计算每一部门每一员工类别"应发工资"汇总数和"实发合计"的汇总数。

（1）选择"插入"|"数据透视表"|"数据透视图"命令，如图 9-60 所示。

图 9-60　选择"数据透视图"命令

（2）单击"下一步"，选择需要汇总的工资数据区域，如图 9-61 所示。进入下一步，选择数据透视表产生的位置，选择产生在新建的工作表上，单击"完成"按钮。

图 9-61　选择要汇总的数据区域

（3）选择要添加到报表的字段，分别选择"部门""员工类别"和"应发工资"，产生"应发工资"按部门与员工类别的数据透视图和数据透视汇总表，如图 9-62 和图 9-63 所示。

图 9-62　数据透视图

求和项:应发工资		
A	B	C
部门	员工类别	汇总
⊟管理部	公司管理	15288.18182
管理部 汇总		15288.18182
⊟生产部	生产工人	8680
	生产管理	5450
生产部 汇总		14130
⊟销售部	销售管理	5850
	销售人员	18330
销售部 汇总		24180
总计		53598.18182

图 9-63　数据透视汇总表

（4）点击数据透视图，选择"布局"|"数据标签"|"居中"命令，即可在数据透视表上显示数字，如图 9-64 所示。

图 9-64　显示数据标志的透视图

（5）在"选择要添加到报表"对话框中选中"实发合计"选项，并取消选中"应发工资"选项，如图 9-65 所示。即可变成"实发合计"的透视表和透视图，结果如图 9-66 和图 9-67 所示。

图 9-65　数据透视表字段列表

求和项:实发合计		
A	B	C
部门	员工类别	汇总
⊟管理部	公司管理	15088.53636
管理部 汇总		15088.53636
⊟生产部	生产工人	8644.9
	生产管理	5360
生产部 汇总		14004.9
⊟销售部	销售管理	5720
	销售人员	18122.6
销售部 汇总		23842.6
总计		52936.03636

图 9-66　实发合计的数据透视表

图 9-67　实发合计的带有数据表的数据透视图

9.4 打印工资发放条

9.4.1　生成工资发放条

工资发放条需要每月生成打印出来发放给员工，并且每月都需要打印。每个员工的工资发放条上都需要打印标题，因此可以利用 Excel 中的复制和选择性粘贴功能由工资表数据生成工资发放条，保存在新的工作表中，并将其命名为"工资发放条一"，如图 9-68 所示。

									宏达公司工资发放条				
月份	员工编号	姓名	部门	性别	员工类别	基本工资	岗位工资	住房补贴	奖金	应发合计	事假天数	事假扣款	病假天数
2014年1月	1001	李飞	管理部	男	公司管理	4500	1000	350	500	6350		0	
月份	员工编号	姓名	部门	性别	员工类别	基本工资	岗位工资	住房补贴	奖金	应发合计	事假天数	事假扣款	病假天数
2014年1月	1002	马媛	管理部	女	公司管理	4000	1000	350	500	5850	2	531.8182	
月份	员工编号	姓名	部门	性别	员工类别	基本工资	岗位工资	住房补贴	奖金	应发合计	事假天数	事假扣款	病假天数
2014年1月	1003	李正	管理部	男	公司管理	3800	1000	350	500	5650		0	2

图 9-68　工资发放条一

为了避免在生成每月的工资发放条时都进行上述烦琐的操作，可以将某一个月的工资发放条的操作录制为宏，随后生成每月的工资发放条时直接调用宏即可。

此外，会计人员还可以利用 Excel 的复制和选择性粘贴功能直接复制工资表，如图 9-69 所示。通过打印时的相应设计来编制另一种格式的工资发放条。

								宏达公司工资发放条				
月份	员工编号	姓名	部门	基本工资	岗位工资	住房补贴	奖金	应发合计	事假扣款	病假扣款	其他扣款	扣款合计
2014年1月	1001	李飞	管理部	4500	1000	350	500	6350		0		0
2014年1月	1002	马媛	管理部	4000	1000	350	500	5850	531.8182	0		531.8182
2014年1月	1003	李正	管理部	3800	1000	350	500	5650	0	500		500
2014年1月	2001	张力	生产部	4000	1000	350	600	5950	0	0		0
2014年1月	2002	王沙	生产部	3300	500	200	600	4600	0	0		0
2014年1月	2003	孔丽	生产部	3000	500	200	600	4300	0	0		0
2014年1月	2004	赵阳	生产部	3000	500	200	600	4300	3440	0		3440
2014年1月	3001	白雪	销售部	4000	1000	350	1000	6350	0	0		0
2014年1月	3002	孙武	销售部	3500	800	280	1700	6280	0	0		0
2014年1月	3003	齐磊	销售部	3000	800	280	0	4080	0	800		800
2014年1月	3004	牛玲	销售部	3000	800	280	1100	5180	0	0		0
2014年1月	3005	王林	销售部	3200	800	280	900	5180	0	0		0

图 9-69　工资发放条二

9.4.2　打印工资发放条

对于工资发放条，会计人员需要对每一员工所在的行进行分页，并且工资发放条的每个员工的工资所在页都需要打印出标题和工资项目，因此还需要进行设置跨页列、行标题，最后进行打印。

（1）插入分页符。选择第 4 行，选择"页面布局"|"页面设置"|"分隔符"|"插入分页符"命令，从第一个员工下方开始插入行分页符，进行强制分页，并依次进行直至最后一位员工。如图 9-70 和图 9-71 所示。

图 9-70　插入分页符

图 9-71　插入分页设置结果

（2）单击"页面布局"|"页面设置"|"打印标题"命令，打开"页面设置"对话框，切换到"工作表"选项卡，进行"顶端标题行"设置，如图 9-72 所示。这样设置的结果将会保证打印出来的每一个员工的工资条上都出现第一行为标题"宏达公司工资发放条"，第二行标题为工资项目行。

图 9-72　顶端标题行设置

（3）打印预览。单击"打印预览"按钮，则屏幕上将出现"打印预览"结果，如图 9-73 所示。

也可点击"视图"|"页面布局"查看，结果更清晰。如图9-74所示。

月份	员工编号	姓名	部门	基本工资	岗位工资	住房补贴	奖金	宏达公司工资发放条										
								应发合计	事假扣款	病假扣款	其他扣款	扣款合计	养老保险	医疗保险	应扣社保合计	应发工资	代扣税	实发合计
2014年1月	1001	李飞	管理部	4500	1000	350	500	6350	0	0	0	0	440	110	550	5800	125	5675

图9-73 "打印预览"结果

月份	员工编号	姓名	部门	基本工资	岗位工资	住房补贴	奖金	宏达公司工资发放条						
								应发合计	事假扣款	病假扣款	其他扣款	扣款合计	养老保险	医疗保险
2014年1月	1001	李飞	管理部	4500	1000	350	500	6350	0	0	0	0	440	110

图9-74 页面布局查看结果

（4）指定工资发放条的打印区域，进行打印。在"页面设置"对话框，切换到"工作表"选项卡，选择"打印区域"输入要打印的范围，如图9-75所示，然后单击"打印"按钮，即可打印。

图9-75 打印区域设置

本章小结

本章讲解了如何利用Excel进行企业的工资核算。首先，介绍了如何制作员工工资表，工资表项目的设置，使读者对Excel在工资核算中的应用有一定的初步认识。接下来介绍了如何利用Excel的功能进行工资数据的查询与汇总分析以及如何打印工资发放条，以便向员工发放。

思考练习

上机操作题

（1）依照下列步骤，完成公司员工工资表。

● 新建Excel工作簿，并将工作表Sheet1命名为"员工工资表"，按表9-10的工作表输入相关内容并自行修饰工作表。

表 9-10

序　号	姓　名	职　称	基 本 工 资	超 课 时 费	工 资 总 额	应 扣 税 金	应 发 工 资
01							
02							
03							
04							
005							

（2）利用 Excel 函数功能，并结合给出数据资料如图 9-76 所示，完成工资表项目的设置。

- 把给出资料放在同一表页，作为已知数据库。
- 利用给出资料建立并完成超课时费表，如图 9-77 所示。
- 利用 Vlookup 等函数，并结合已知数据库完成工资表项目的设置。

（3）利用 Excel 完成如图 9-78 所示的工资表的查询与汇总。

图 9-76　已知数据库资料

图 9-77　超课时费表

图 9-78　工资表的查询与汇总

第10章 | Excel 在固定资产管理中的应用

通过本章的学习，读者应了解并掌握 Excel 在针对企业拥有或控制的固定资产进行管理的具体方法。

学习目标

- 掌握如何利用 Excel 建立并登记固定资产卡片账
- 掌握如何利用 Excel 计算固定资产的累计折旧
- 掌握如何利用 Excel 计算固定资产的账面价值

10.1 固定资产概述

10.1.1 固定资产的概念

固定资产指的是企业拥有或控制的，使用期限超过 1 年的房屋、建筑物、机器、机械、运输工具以及其他与生产、经营有关的设备、器具、工具等。不属于生产经营主要设备的物品，单位价值在 2000 元以上，并且使用年限超过 2 年的，也应当作为固定资产。

企业固定资产种类很多，根据不同的分类标准，可以分成不同的类别。企业应当选择适当的分类标准，将固定资产进行分类，以满足经营管理的需要。

（1）固定资产按经济用途分类，可以分为生产用固定资产和非生产用固定资产。生产用固定资产指的是直接服务于企业生产经营过程的固定资产。非生产用固定资产指的是不直接服务于生产经营过程的固定资产。

固定资产按经济用途分类，可以归类反映企业生产经营用固定资产和非生产经营用固定资产之间的组成变化情况，借以考核和分析企业固定资产管理和利用情况，从而促进固定资产的合理配置，充分发挥其效用。

（2）固定资产按使用情况分类，可分为使用中的固定资产、未使用的固定资产和不需用的固定资产。使用中的固定资产指的是正在使用的经营性和非经营性固定资产。由于季节性经营或修理等原因，暂时停止使用的固定资产仍属于企业使用中的固定资产；企业出租给其他单位使用的固定资产以及内部替换使用的固定资产，也属于使用中的固定资产。未使用的固定资产指的是已完工或已购建的尚未交付使用的固定资产以及因进行改建、扩建等原因停止使用的固定资产，例如，企业购建的尚待安装的固定资产、经营任务变更停止使用的固定资产等。不需用的固定资产指的是本企业多余或不适用，需要调配处理的固定资产。

固定资产按使用情况进行分类，有利于企业掌握固定资产的使用情况，便于比较分析固定资产的利用效率，挖掘固定资产的使用潜力，促进固定资产的合理使用，同时也便于企业准确合理地计提固定资产折旧。

（3）固定资产按所有权进行分类，可分为自有固定资产和租入固定资产。自有固定资产指的是企业拥有的可供企业自由支配使用的固定资产；租入固定资产指的是企业采用租赁方式从其他单位租入的固定资产。

（4）固定资产按经济用途和使用情况进行综合分类，可分为生产经营用固定资产、非生产经营用固定资产、租出固定资产、不需用固定资产、未使用固定资产、土地、融资租入固定资产。

由于企业的经营性质不同，经营规模有大有小，对于固定资产的分类可以有不同的分类方法，企业可以根据自己的实际情况和经营管理、会计核算的需要进行分类。

10.1.2 对固定资产进行单独管理的必要性

固定资产由于其特殊性，在企业资产管理中，处于举足轻重的地位。一般而言，其重要性体现在以下几个方面。

（1）固定资产是生产资料，是物质生产的基础。

固定资产属于生产资料，生产资料是劳动者用以影响或改变劳动对象的性能或形态的物质资料，例如，机器设备、厂房、运输工具等。生产资料是物质生产的基础，在企业经济活动中处于十分重要的地位。

（2）固定资产单位价值高，所占资金比重大。

与流动资产相比，固定资产的购置或取得，通常要花费较大的代价。在绝大多数企业中，固定资产所占的资金在其资金总额中占有较大的比重，是企业家底的"大头"。由于经济价值大的特点，固定资产对企业财务状况的反映也有很大影响，任何在固定资产计价或记录上的错误，都有可能在较大程度上改变企业真实的财务状况。

（3）固定资产的折旧计提对成本费用的影响较大。

固定资产在使用过程中，它们的价值应以折旧的形式逐渐转移到产品或服务成本中去。由于固定资产的价值较大，即使其折旧计提几乎贯穿整个使用期间，在某一会计期间计入产品或服务成本中的折旧额依然较大，所以，固定资产的折旧计提方法是否合理，折旧额的计算是否正确，将在很大程度上影响当期的成本费用水平以及固定资产的净值。

（4）固定资产管理工作的难度较大，问题较多。

由于企业的固定资产种类多、数量大、使用分散、使用期限较长，在使用和管理中容易发生被遗忘、遗失、损坏或失盗等事件。

10.2
固定资产卡片账的管理

10.2.1 固定资产卡片账的建立

在我国的会计实务中，企业对固定资产在日常核算时常采用卡片账形式。卡片账是将账户所需的格式印刷在硬卡上。严格说，卡片账也是一种活页账，只不过它不是装在活页账夹中，而是装在卡片箱内。在卡片账上详细登记固定资产的相关信息。卡片账能够对固定资产进行独立的、详尽的记录，帮助企业加强对固定资产的管理。但是，纸质卡片账也存在记录和保存的不便，通过 Excel 对固定资产取得的信息进行记录、查询、修改和删除，比纸质卡片账更加准确、快捷、方便，保管更加节约空间和安全。

（1）建立固定资产管理工作表。

首先打开 Excel 工作簿，将鼠标光标移至左下方 sheet1 处，单击鼠标右键，在弹出的快捷菜单中选择"重命名"命令，输入"固定资产管理"，如图 10-1 所示。

图 10-1　修改 Excel 工作表的名称

（2）登记单项固定资产的相关信息。针对单项固定资产分别登记其相关信息如下。

① 资产购置日期。

② 资产类别，该部分是固定资产管理的重要分类依据。在前文提到，固定资产基本分为 5 个类别：房屋建筑物、电子设备、机器设备、办公设备、运输设备。

③ 资产名称。

④ 增加方式。

⑤ 购置单位。

⑥ 数量。

⑦ 初始购置成本。

⑧ 金额合计。

⑨ 使用年限。

⑩ 预计净残值。

⑪ 本期计提折旧。

⑫ 累计折旧。

⑬ 账面价值。

⑭ 处置时间。

⑮ 处置净损益。

以上所列相关信息仅作参考，可以根据不同企业的实际需要，进行添加或删除。

登记固定资产的相关明细信息。选择 A1 单元格，输入"宏达公司固定资产管理"。选择 A2 单元格，输入"购置日期"。将列单元格调整为合适的宽度，并将该列单元格的格式调整为日期格式。选择 B2 单元格，输入"资产类别"，登记固定资产名称。选择 C2 单元格，输入"资产名称"。使用相同的方法登记固定资产的其他信息。在具体实务处理中，为了使固定资产管理更加完善，可以根据实际情况添加明细资料，如图 10-2 和图 10-3 所示。

图 10-2　输入固定资产详细信息 1

图 10-3　输入固定资产详细信息 2

（3）保证输入固定资产相关信息的方便和有效。

为了方便数据的输入并防止出错，在"增加方式"列设置有效性控制。将光标移到 D3 单元格，在"数据"选项卡的"数据工具"组中，单击"数据有效性"按钮，在打开的对话框中单击设置"允许"旁边的下拉按钮，在该下拉菜单中选择"序列"选项，如图 10-4 所示。

在"来源"选项中设置固定资产增加方式："在建工程转入、投资者投入、直接购入、部门调拨、捐赠"等方式（注意，输入增加方式的具体内容时，以英文模式下的","进行分隔，不可以采用中文模式下的","进行分隔，否则无法按照序列显示具体的增加方式），如图 10-5 所示。单击确定后，将 D3 单元的有效性控制，复制到 D 列的其他单元格。

图 10-4　"数据有效性"对话框

图 10-5　输入固定资产增加方式

（4）输入现有固定资产的具体信息，如图 10-6 所示。

图 10-6　现有固定资产的具体信息

10.2.2 固定资产卡片账的查询

当企业拥有的固定资产登记完毕后，由于固定资产数量众多，为了方便查找某一项固定资产，利用 Excel 提供的自动筛选命令，建立固定资产查询功能。自动筛选命令为用户提供了在具有大量记录的数据清单中快速查找符合某种条件记录的功能。使用自动筛选命令筛选记录时，字段名称将变成一个下拉列表框的框名。下面演示针对现有固定资产进行查找、筛选的操作步骤。首先选中 A2 单元格，然后在"开始"选项卡中的"排序和筛选"组，单击"筛选"按钮选择筛选命令，如图 10-7 所示。

图 10-7　选择自动筛选命令

执行命令后，系统在"购置日期"等栏显示筛选按钮，如图 10-8 所示。

图 10-8　出现筛选按钮

单击该按钮，弹出查询方式的下拉列表，单击任意一栏的下拉列表，可以看到有"升序"、"降序"、"按颜色排序"以及"日期筛选"等数据查询方式，如图 10-9 所示。

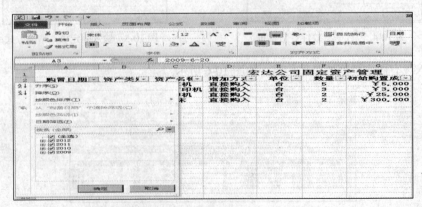

图 10-9　弹出查询方式下拉列表

　　自动筛选功能中最强大的是使用"自定义"方式来查询数据。Excel 2010 筛选功能中的 "按颜色排序"实质就是自定义排序，可以添加、删除自定义筛选条件，比 Excel 2003 的筛选方式更为灵活。在图 10-9 中选择"按颜色排序"|"自定义排序"选项，打开如图 10-10 所示的"排序"对话框，可以看到，自定义次序功能是升序与降序及自定义来排列指定的固定资产数据。

图 10-10 "自定义筛选方式"对话框

　　下面以现有的固定资产资料为例，介绍自定义筛选的查询方式。如果需要查询 2011—2012 最近两年购置的固定资产，首先将光标移至 A1 栏，单击 A1 栏；然后在"数据"选项卡中的"排序和筛选"组，单击"筛选"按钮，A1 栏显示筛选按钮 ▼，单击该按钮，选择"日期筛选"，在"日期筛选"项目中取消 2009 年和 2010 年如图 10-11 所示。设置完毕后，单击"确定"按钮开始执行筛选命令。

　　当返回固定资产管理工作表后，可以看到显示的固定资产项目数据已经成为所需查询的从 2011—2012 年的数据，显示结果如图 10-12 所示。

图 10-11 确定筛选条件

　　当返回固定资产管理工作表后，可以看到显示的固定资产项目数据已经成为所需查询的从 2011—2012 年的现有固定资产数据，如图 10-12 所示。

图 10-12　显示筛选后的数据

如果需要还原为"显示全部数据",只需要单击"筛选"按钮,选择"从购置日期中清除筛选"选项,即可显示现有的全部数据,如图 10-13 所示。

图 10-13　取消筛选的数据

10.3 固定资产折旧的计提

10.3.1　固定资产折旧的计提

1. 固定资产折旧概述

固定资产的折旧是指固定资产在使用过程中逐渐损耗而消失的那部分价值。固定资产损耗的这部分价值应当在固定资产的有效使用年限内进行分摊,形成折旧费用,计入各期成本。

(1)固定资产折旧的性质。固定资产的价值随着固定资产的使用而逐渐转移到产品成本中或构成期间费用,然后通过产品(商品)的销售,收回货款,得到补偿。

固定资产的损耗分为有形损耗和无形损耗两种:有形损耗是指固定资产由于使用和自然力的影响而引起的使用价值和价值的损失。无形损耗是指由于科学进步等而引起的固定资产的价值损失。

(2)计提折旧的范围

企业在用的固定资产(包括经营用固定资产、非经营用固定资产、租出固定资产)一般均应计提折旧,包括房屋和建筑物,在用的机器设备、仪器仪表、运输工具,季节性停用、大修理停用的设备,融资租入和以经营租赁方式租出的固定资产。

不计提折旧的固定资产包括未使用、不需用的机器设备；以经营租赁方式租入的固定资产；在建工程项目交付使用以前的固定资产；已提足折旧继续使用的固定资产；未提足折旧提前报废的固定资产；国家规定不提折旧的其他固定资产（如土地等）。

2．固定资产折旧方法

企业一般应按当月提取折旧，当月增加的固定资产，当月不提折旧；当月减少的固定资产，当月照提折旧。

所谓提足折旧是指已经提足该项固定资产的应提折旧总额。应提折旧总额为固定资产原价减去预计残值。

（1）年限平均法。年限平均法又称直线法，是根据固定资产原值减去预计净残值后的金额，将固定资产剩余价值均衡的分摊折旧额到各期的一种方法。

$$年折旧率 = \frac{1-预计净残值率}{预计使用年限} \times 100\%$$

$$月折旧率 = 年折旧率 \div 12$$

$$月折旧额 = 固定资产原值 \times 月折旧率$$

按年限平均法计提的折旧额可以使用 SLN 函数来计算（SLN 函数用法见本章下文介绍）。

（2）工作量法。工作量法是根据实际工作量计提折旧额的一种方法。

$$每一工作量折旧额 = \frac{固定资产原值 \times (1-预计净残值率)}{预计总工作量}$$

某项固定资产月折旧额=该项固定资产当月工作量×每一工作量折旧额

（3）双倍余额递减法。双倍余额递减法是在不考虑固定资产净残值的情况下，根据每期期初固定资产账面余额和双倍的直线法折旧率计算固定资产折旧的一种方法。

$$年折旧率 = \frac{2}{预计使用年限} \times 100\%$$

$$月折旧率 = 年折旧率 \div 12$$

$$月折旧额 = 固定资产账面净值 \times 月折旧率$$

实行双倍余额递减法计提折旧的固定资产，应当在其固定资产折旧年限到期以前两年内，将固定资产净值（扣除净残值）平均摊销。

按双倍余额递减法法计提的折旧额可以使用 DDB、VDB 函数来计算（DDB、VDB 函数用法见本章下文介绍）。

（4）年数总和法。年数总和法又称合计年限法，是将固定资产的原值减去净残值后的净额乘以一个逐年递减的分数计算每年的折旧额，这个分数的分子代表固定资产尚可使用的年数，分母代表使用年限的逐年数字总和。

$$年折旧率 = \frac{尚可使用的年数}{预计使用年限的年数总和}$$

或者

$$年折旧率 = \frac{预计使用年限-已使用年限}{预计使用年限 \times (预计使用年限+1) \div 2}$$

$$月折旧率 = 年折旧率 \div 12$$

$$月折旧额 = (固定资产原值-预计净残值) \times 月折旧率$$

按年数总和法计提的折旧额可以使用 SYD 函数来计算（SYD 函数用法见本章下文介绍）。

10.3.2　固定资产折旧函数

手工计算固定资产的折旧金额非常繁琐，但是，利用 Excel 拥有的函数可以自动生成固定资产折旧金额。具体处理折旧的函数有 7 个（常用的有 5 个），每个折旧函数都有不同的使用方式，在本书第二章介绍了 DB 和 DDB 两个函数，在此进一步具体说明。

1. DB 函数

（1）函数用途：DB 函数是利用固定余额递减法计算在一定日期内资产的折旧额。

（2）使用语法：DB(Cost，Salvage，Life，Period，Month)

（3）参数说明如下。

● Cost：指固定资产的初始取得（常为外购）成本。

● Salvage：指固定资产的残值（预计残值）。

● Life：指固定资产的预计可使用年限。

● Period：指需要计算折旧的日期，注意使用时 Period 必须与 Life 使用相同的衡量单位。

● Month：指第一年的月份数，如果 Month 自变量被省略，则假定其值为 12。

（4）用法说明：固定余额递减法为在一固定比率下计算折旧。DB 函数运用下列公式来计算折旧：(Cost－上一期总折旧值)*比率。其中，比率=1－((Salvage / Cost)^(1 / Life))，计算时四舍五入至小数第三位。对于第一期的折旧和最后一期的折旧，必须使用特别的计算方式。对第一期而言，DB 函数使用运算公式：Cost*比率*Month / 12。对最后一期而言，DB 函数使用公式((Cost－前几期折旧值总合)*比率*(12－Month)) / 12。

2. DDB 函数

（1）函数用途：DDB 函数是指定固定资产在指定日期内按加倍余额递减法或其他指定方法计算所得的折旧值。

（2）使用语法：DDB(Cost, Salvage, Life, Period, Factor)

（3）参数说明如下。

● Cost、Salvage、Life、Period 参数说明同 DB 函数。

● Factor：此参数用来指定余额递减的速率。如果该参数被省略，其假定值是 2（即采用双倍余额递减法）。

3. SLN 函数

（1）函数用途：SLN 函数是指定固定资产使用"年限平均法"计算出的每期折旧金额。

（2）使用语法：SLN(Cost, Salvage, Life)

（3）参数说明如下。

● Cost、Salvag、Life 参数说明同 DB 函数。

4. SYD 函数

（1）函数用途：SYD 函数是指定固定资产在某段日期内按年数合计法(Sum-Of-Years)计算出的每期折旧金额。

（2）使用语法：SYD(Cost，Salvage，Life，Per)

参数说明如下。

● Cost、Salvage、Life、Per 参数说明同 DB 函数。

5．VDB 函数

（1）函数用途：VDB 函数是指定固定资产在某一时段间的折旧数总额，折旧方式是使用倍率递减法计算的。VDB 函数是指变量余额递减(Variable Declining Balance)折旧法。

（2）使用语法：VDB(Cost, Salvage, Life, Start-Period, End-Period, Factor，No-Switch)

（3）参数说明如下。

⬤ Cost、Salvage、Life 参数说明同 DB 函数。

⬤ Start-Period：此参数用来指定折旧数额的计算是从第几期开始，该参数必须与 Life 自变量采用相同的衡量单位。

⬤ End-Period：此参数用来指定折旧数额的计算是要算到第几期为止，该参数必须与 Life 自变量采用相同的单位。

⬤ Factor：用途为指定余额递减的速率。如果省略 Factor 自变量，则使用默认值 2(即采用倍率递减法)。

⬤ No-Switch：此参数是个逻辑值参数，用于判断是否要在折旧数额大于递减余额法算出的数额时将折旧切换成直线法的折旧数额。

6．AMORDEGRC 函数（略）

7．AMORLINC 函数（略）

10.3.3 折旧函数应用举例

对于固定资产管理而言，折旧费用的计提尤其重要，一般计算常用的折旧方法即本节前文所述的 5 种方法。在本节采用双倍余额递减法作为资产计提折旧的计算方法。

例 1 某固定资产的原值为 50,000，预计净残值率为 5%，预计使用年限为 6 年，采用双倍余额递减法计提折旧，计算此固定资产第一年的折旧额。计算过程如下。

首先打开 Excel 工作簿，将鼠标光标移至左下方 Sheet 2 处，单击鼠标右键，在弹出的快捷菜单中选择"重命名"命令，输入"固定资产计提折旧演示"，在该工作表中进行演示。

（1）单击 A1 单元格，单击"函数"按钮右端的箭头，打开函数列表框，如图 10-14 所示。

图 10-14　找到插入函数标志

（2）在打开的对话框中单击"或选择类别"下拉按钮▼，在弹出的下拉列表中选择"财务"选项，在出现的财务函数中选择"DDB"函数，如图 9-15 所示。

（3）按要求输入 DDB 函数的参数——固定资产原值(Cost)=50,000、固定资产估计残值(Salvage)=50,000*0.05、预计使用年限(Life)=6、折旧计提年(Period)=1，如图 10-16 所示。

注意

使用时 Period 必须与 Life 使用相同的衡量单位，该例题均为年。

单击确认按钮，要计算的折旧值出现在 A1 单元中，显示的具体函数内容如图 10-17 所示。

图 10-15 选择折旧函数

图 10-16 输入按照年份计提的折旧参数

图 10-17 显示第一年折旧数据

例 2 承例 1，如果需要计算第一年至第六年所有的折旧金额，具体操作步骤如下。

（1）单击 A1～A7 单元格，分别输入需要计提折旧的固定资产原值 50,000 元。单击 B1～B7 单元格，输入需要计提折旧的时间即计提折旧年份 1～6 年，如图 10-18 所示。

图 10-18 输入需要计提折旧的金额和年份

（2）单击 C1 单元格，输入"每年计提折旧额"。单击 C2 单元格，根据以上 DDB 函数的输入方法，引用 A2 和 B2 单元格的数据，完成函数内容的填制，如图 10-19 所示。

（3）单击"确定"按钮，在 C2 单元格生成第一年折旧数据，将光标移至 C2 单元格右下方，当光标变为"＋"时，向下拖动鼠标进行复制，复制至 C7 单元格，C2～C7 则出现第一年至第六年的折旧额，如图 10-20 所示。

图 10-19　引用或输入折旧参数

图 10-20　产生全部的折旧数据

（4）利用 SUM 函数计算 6 年计提折旧金额之和。合计数为 45610.43，不等于固定资产的原值－净残值(50000－50000*0.05=47500)，如图 10-21 所示。原因在于，采用双倍余额递减法计算折旧，最后两年的数据需要改用年限平均法计提折旧。

图 10-21　计算各年折旧金额之和

（5）单击 C6 和 C7 单元格，删除错误的折旧金额。在 C6 单元格中单击"函数"按钮右端的箭头，打开函数列表框，在打开的对话框中单击"或选择类别"下拉按钮 ⯆，在弹出的下拉列表中选择"财务"选项，在出现的财务函数中选择"SLN"函数。在 Cost 选项中输入固定资产在计提了前 4 年折旧之后的剩余账面价值(50,000－40,123.46)。在 Salvage 选项中输入固定资产的净残值 (50,000*0.05=2,500)。在 Life 选项中输入固定资产的剩余使用年限 2 年，如图 10-22 所示。

图 10-22　转为年限平均法需要填制的数据

（6）单击"确定"按钮后，固定资产在第五年需要计提的折旧额为 3,688.27 元，将该格式复制至 C7 单元格。将最后两年的折旧金额确定下来。利用 SUM 函数计算 6 年计提折旧金额之和，合计数为 47,500，等于固定资产的原值-净残值(50000-50000*0.05=47500)，说明折旧的金额计算正确，如图 10-23 所示。

图 10-23　修改后的各年折旧金额之和

例 3　承例 1，由于通常需要显示按月计提折旧的金额，如果需要计算第一年各月的折旧金额，具体操作步骤如下。

由于双倍余额递减法下，年折旧率=2÷折旧年限×100%，月折旧率=年折旧率÷12，月折旧额=固定资产账面净值×月折旧率，所以，第一年各月折旧额实质为当年折旧额除以 12 即可，单击 E2 单元格，输入公式"=C2/12"，要计算的折旧值出现在 E2 单元中，如图 10-24 所示。将公式复制到 E列其他单元格，即可计算出各年每月计提折旧的金额，如图 10-25 所示。通过这种方法，可以进一步得到该固定资产使用过程中，每个月需要计提的折旧金额。

图 10-24　显示第一年各月折旧额

图 10-25　显示每一年各月的折旧数据

10.3.4　固定资产计提折旧的具体应用

以现有的固定资产具体资料为例，介绍固定资产计提折旧的实务处理方法。

1. 固定资产计提折旧前的准备工作

为了能方便、正确地计提现有的每一项固定资产的折旧额，在计提折旧前，需要根据当前的日期先计算每一固定资产已经计提折旧的月份、年份。如果固定资产是依据工作量法计提折旧的，需要输入相关工作量。本节固定资产具体资料来自 10.2.1 小节。

（1）打开"固定资产管理"工作表，将光标移至 K 列，在"开始"选项卡的"单元格"组中单击"插入"按钮旁的倒三角按钮，弹出下拉菜单。在该下拉列表中选择命令插入"当前日期"列，如图 10-26 所示。假设当前日期为 2013 年 12 月 31 日。

图 10-26　确定当前日期

（2）将光标移至 J 列，按照上述程序，插入"已计提折旧月份"列。单击 J2 单元格，设置单元格公式为"=INT(DAYS360(A2,L2)/30)"，并将此公式复制到 J 列的其他单元格，在相关单元格显示出具体的已计提折旧月份，如图 10-27 所示。在操作时注意必需将 A 列和 K 列单元格的格式设置为"日期"格式。

函数 DAYS360(A2,K2)表示将计算从固定资产购置日期（认定为固定资产使用日期）开始，到当前日期的天数（如果每月按 30 天计算），函数 DAYS360(A2,L2)/30 表示为从固定资产使用日期开始到当前日期的月份数，如果该数据不是整数，则在其前面加一条取整函数 INT()。

图 10-27　确定已提折旧月份

（3）将光标移至 K 列，按照上述程序，插入"已计提折旧年份"列。单击 K2 单元格，设置单元格公式为"=INT(J2/12)"，并将此公式复制到 K 列的其他单元格，在相关单元格显示出具体的已计提折旧年份，如图 10-28 所示。

图 10-28　确定已提折旧年份

2. 固定资产折旧的计提

在计提固定资产折旧时，首先，需要确定固定资产计提折旧的方法（本例选择年限平均法计提折旧）；其次，需要考虑当月新增固定资产当月不提折旧；再次，需要考虑折旧已经计提完毕仍继续使用的固定资产不应再计提折旧；最后，还需要考虑由于各种原因导致最后一个月计提折旧时，可能会出现固定资产的剩余价值小于按正常公式计算的折旧额，这时的折旧额应为固定资产的剩余价值。

具体操作步骤如下。

（1）计算本月计提的折旧金额。

根据前文列示，N 列将反映当月计提的折旧金额。单击 N2 单元格，输入"本月计提折旧金额"。本例假定现有固定资产均采用年限平均法计提折旧。单击 N3 单元格，设置单元格公式为"=SLN(H3,L3,I3*12)"，并将此公式复制到 N 列的其他单元格，在相关单元格显示出具体的当月计提折旧金额，如图 10-29 所示。

图 10-29 确定本月计提折旧金额

（2）调整本月新增固定资产折旧。

如果本月新增固定资产，则如何列示呢？单击 A7 单元格，输入"2013-12-6"，随后在资产类别、资产名称等相关类别内输入本月新增固定资产详情，如图 10-30 所示。

图 10-30 本月新增固定资产

我们发现第 7 行的运输设备属于本月新增固定资产，本月不应计提折旧，但是如果将 N6 公式复制到 N7，则发现当月本不应该计提折旧的资产也出现了当月折旧金额"￥3708.33"。考虑到这种情况，将 N 列数据在 O 列进行修正。

单击 O2 单元格，输入"修正后的本期计提折旧"列。单击 O3 单元格，设置单元格公式为"=IF(J3=0,0,N3)"，并将此公式复制到 O 列的其他单元格。此公式的含义为：如果"已计提折旧月份"为 0（即为当月新增固定资产），则该项固定资产的月折旧额为 0，否则为原月折旧额。如图 10-31 所示。经过修正后，可以看出当月新增固定资产的折旧已经显示为 0。

图 10-31　修正后的本月计提折旧金额

（3）计算截至本期的累计折旧金额。

由于本例中规定的累计折旧的计提方法为年限平均法，需要根据已提折旧月份和本期计提折旧的修正数额，相乘计算出累计折旧的金额。单击 P2 单元格，输入"累计折旧"。单击 P3 单元格，设置单元格公式为"=J3*O3"，并将此公式复制到 P 列的其他单元格，在相关单元格显示出具体的从计提折旧开始到截至本月的累计折旧金额，如图 10-32 所示。

图 10-32　计算累计折旧金额

需要注意的是，本例采用的是年限平均法计提折旧，累计折旧的计算方式可以使用公式"=每月计提折旧*已提折旧月份"。但并非所有情况下都使用这种计算公式，例如双倍余额递减法下计提折旧，由于每年计提折旧的金额在逐期递减，则不可以直接使用上述公式。使用到前文介绍的 VDB公式。以 2012 年 6 月 30 日购入的办公设备为例，在第 10 行输入该资产各项基础资料，如果该资产采用双倍余额额递减法计提折旧，在 P10 单元格输入公式"=VDB(H10,L10,I10,0,INT(J10/12))+DDB(H10,L10,I10,INT(J10/12) +1)/12*MOD(J10,12)"。该公式表示首先计算 VDB(H10,L10,I10,0,INT(J10/12))，即计算该批固定资产从开始使用至当年的前一年的折旧总额（按整年数计算），本例为已经计提 1 整年的折旧。

然后再加上 DDB(H10,L10,I10,INT(J10/12)+1)/12*MOD(J10,12)的分解意思为：DDB(H10,L10,I10,INT(J10/12) +1)/12 为计算该批资产(J10/12) +1 期的折旧，本例中 J10 为 18 个月，因此(J10/12) +1等于 2，DDB(H10,L10,I10,INT(J10/12) +1)/即求出第二年的年折旧额，再除以 12 得出第二年每月折旧额；DDB(H10,L10,I10,INT(J10/12) +1)/12*MOD(J10,12)则为第二年前 6 个月的折旧合计金额。则截至当月累计计提折旧金额为 7800 元。

而在 N10 单元格输入公式"=DDB(H10,L10,I10,INT(J10/12) +1)/12"可以计算本月折旧额为 300元，如图 10-33 所示。

图 10-33　使用双倍余额递减法计算累计折旧

（4）计算固定资产账面价值。

固定资产账面价值=固定资产原价－累计折旧。单击 Q2 单元格，输入"账面价值"。单击 Q3 单元格，设置单元格公式为"=H3－P3"，并将此公式复制到 Q 列的其他单元格，在相关单元格显示出固定资产的账面价值，如图 10-34 所示。

图 10-34　计算固定资产账面价值

本章小结

本章介绍了固定资产卡片账的建立和填制；列示了利用不同的折旧函数计算固定资产的累计折旧；分析了在正确计算固定资产累计折旧的基础上，进一步计算固定资产的账面价值。首先，浏览了固定资产的基本概念和对其实施单独管理的必要性，使读者建立对固定资产重点管理的认识，接着详细列示了计提固定资产折旧的几种常用方法和相关函数。之后，详细介绍了运用 Excel 进行固定资产卡片账的建立与登记的具体过程，例如，如何创建和管理固定资产卡片账，采用不同的函数计提固定资产的累计折旧，进而计算固定资产的账面价值等。

思考练习

1. 如何利用 Excel 建立固定资产管理明细账，具体可以设置哪些管理项目？
2. 常用固定资产折旧函数有哪些？各函数的使用语法是什么？
3. 按月计提的折旧函数与按年计提的折旧有何不同？
4. 如何对当月增加的固定资产计提折旧进行修正？
5. 云天公司 2013 年 12 月 31 日有关固定资产资料，如表 10-1 所示。

表 10-1　　　　　　　　　　　　　　固定资产概况

项　　目	取得时间	金　　额	预计使用年限	预计净残值率
机器设备	2009 年 5 月 20 日	300,000	10	0.3%
办公设备	2010 年 3 月 5 日	80,000	5	0.5%
建筑物	2000 年 8 月 13 日	90,000,000	20	0.02%

要求：利用折旧函数，采用年限平均法、双倍余额递减法、年数总和法计算各项固定资产的年折旧额和月折旧额。

第11章 | Excel 在财务分析中的应用

通过本章的学习，读者应了解并掌握 Excel 在针对已经编制完成的财务会计报表进行财务分析、帮助财务决策的应用。

学习目标

- 掌握如何引用已经编制完成的财务报表
- 掌握如何利用 Excel 进行比率分析
- 掌握如何利用 Excel 进行趋势分析
- 掌握如何利用 Excel 进行比较分析
- 掌握如何利用 Excel 进行综合财务分析

11.1 | 财务分析概述

财务分析，又称财务报表分析，是指在财务报表及其相关资料的基础上，通过一定的方法和手段，对财务报表提供的数据进行系统和深入的分析研究，揭示有关指标之间的关系、变动情况及其形成原因，从而向使用者提供相关和全面的信息，也就是将财务报表及相关数据转换为对特定决策有用的信息，对企业过去的财务状况和经营成果以及未来前景做出评价。通过这一评价，可以为财务决策、计划和控制提供帮助。

财务报表中涉及的数据不仅种类繁多，而且还包括不同时期、不同企业之间的比较，因此，利用 Excel 所提供的各种功能来辅助财务分析和决策人员的工作，可以迅速、准确地完成财务分析。

本章将介绍财务分析中的常见方法和如何运用 Excel 进行财务分析。

11.1.1 财务分析目的

财务报表的使用者包括投资人、债权人、经理、政府、雇员、会计师事务所等利益关系人，不同的人员所关心的问题和侧重点不同，因此进行财务分析的目的也有所不同。主要有以下几个方面。

1. 评价企业的财务状况

通过对企业的财务报表等会计资料进行分析，了解企业资产的流动性、负债水平和偿债能力，从而评价企业的财务状况和经营成果，为企业管理者、投资者和债权人等提供财务信息。

2. 评价企业的资产管理水平

企业的生产经营过程就是利用资产取得收益的过程。资产是企业生产经营活动的经济资源，资产的管理水平直接影响到企业的收益，它体现了企业的整体素质。通过财务分析可以了解到企业资产的管理水平和资金周转情况，为评价经营管理水平提供依据。

3. 评价企业的获利能力

通过财务分析可以评价企业的获利能力。利润是企业经营的最终成果的体现，是企业生存和发展的最终目的。因此，不同的利益关系人都十分关心企业的获利能力。

4. 评价企业的发展趋势

通过财务分析可以判断出企业的发展趋势，预测企业的经营前景，从而避免因决策失误而带来的重大经济损失。

11.1.2　财务报表分析的方法

财务报表虽然可以提供大量的财务信息，但很难获取各种直接有用的信息，有时甚至还会被会计数据引入歧途，被表面假象所蒙蔽。为了让报表使用者正确揭示各种会计数据之间存在着的重要关系，并且全面反映企业财务状况和经营成果，通常采用以下几种方法进行报表分析。

1. 财务报表纵向分析

纵向分析又称动态分析或趋势分析，是指不同时期财务报表之间相同项目变化的比较分析，即将企业连续两年（或多年）的财务报表的相同项目并行排列在一起，并计算相同项目增减的绝对额和增减的百分比，编制出比较财务报表，以揭示各会计项目在这段时期内所发生的绝对金额变化和百分率变化情况。在计算相同项目增减的绝对额和增减的百分比时，基期（被比较的时期）可以是固定（例如基期固定在第一年）的，也可以是变动的（例如将计算期的第一期作为基期）。若基期是固定的，则称为定基趋势分析；若基期是变动的，则称为环比趋势分析。

2. 财务报表横向分析

横向分析又称静态分析，是指同一时期财务报表中不同项目之间的比较和分析，主要是通过编制"共同比财务报表"（或称百分比报表）进行分析，即将财务报表中的某一重要项目（如资产负债表中的资产总额或权益总额，利润表中的营业收入，现金流量表中现金来源总额等）的数据作为100%，然后将报表中其余项目的金额都以这个重要项目的百分率的形式作纵向排列，从而揭示出各个项目的数据在企业财务中的相对意义。不仅如此，采用这种形式编制的财务报表还使得在规模不同的企业之间进行经营和财务状况比较成为可能。因为把报表中各个项目的绝对金额都转化成百分数，在经营规模不同的企业之间就形成了可比性，这就是"共同比"的含义。当然，要在不同企业之间进行比较，其前提条件是这些企业应属于同一行业，它们所采用的会计核算方法和财务报表编制程序也必须大致相同，否则就不会得到任何有实际意义的结果。

3. 财务比率分析

财务比率是相互联系的指标项目之间的比值，用以反映各项财务数据之间的相互关系，从而揭示企业的财务状况和经营成果，是财务分析中最重要的部分。财务比率包括同一张报表中不同项目之间的比较和不同财务报表的相关项目之间的比较；其比值有的是用系数表示的，有的是用百分数表示的。

4. 因素分析

因素分析是利用各种因素之间的数量依存关系，通过因素替换，从数量上测定各因素变动对某项综合性经济指标的影响程度的一种方法，具体包括差额分析法、指标分解法、连环替代法和定基替代法等。

11.1.3　财务分析的数据来源

会计报表的数据是财务分析的主要数据来源，财务分析的数据来源主要有以下两方面。

1. 会计核算数据源

会计核算数据源是指第 7 章中通过 Excel 生成的资产负债表、利润表、现金流量表等。财务分析以本企业的资产负债表、利润表和现金流量表为基础，通过提取、加工和整理会计核算数据来生成所需的数据报表，然后再对其进行加工处理，便可得到一系列的财务指标。

除了会计核算数据外，进行财务分析还需要其他的数据，如同行业的主要经营比率等，这些数据统称为其他数据。

2. 外部数据库

在 Excel 中获取外部数据库的方式之一是利用 Microsoft Query 获取外部数据库。首先建立 Excel 与 Query 之间的通信，然后让 Query 与 ODBC 驱动程序之间进行通信，而通过 ODBC 可以与数据库通信，这样，通过一系列的通信交换过程便可实现数据库的读取。

别一种获取外部数据库的方式是利用 VBA 直接与 ODBC 通信获取外部数据库。在 Excel 中可通过宏调用 Visual Basic for Application(VBA)，VBA 又可以直接与 ODBC 通信，从而获取外部数据库。限于篇幅，对如何使用 Excel 调用外部数据库这一部分的内容，本书不做详细介绍，有兴趣的读者可参考和查阅其他书籍。

11.2　Excel 在财务比率分析中的应用

11.2.1　财务比率分析的具体指标

财务比率分析是指将财务报表中的有关项目进行对比，得出一系列的财务比率，以此来揭示企业财务状况。常用的财务比率可分为 5 大类：变现能力比率、资产管理比率、负债比率、盈利能力比率和市价比率。

1. 变现能力比率

变现能力比率又称偿债能力比率，是衡量企业产生现金能力大小的比率，它取决于可以在近期转变为现金的流动资产的多少。反映变现能力的财务比率主要有流动比率和速动比率。

（1）流动比率。流动比率是企业流动资产与流动负债之比，其计算公式如下。

$$流动比率=流动资产/流动负债$$

流动资产一般包括库存现金、有价证券、应收账款及库存商品。流动负债一般包括应付账款、应付票据、一年内到期的债务、应付未付的各项税费及其他应付未付的开支。

流动比率是衡量企业短期偿债能力的一个重要财务指标。这个比率越高，说明企业偿还流动负债的能力越强，流动负债得到偿还的保障越大。如果流动负债上升的速度过快，会使流动比率下降，从而引起财务方面的麻烦。一般情况下，营业周期、流动资产中的应收账款和存货的周转速度是影响流动比率的主要因素。因此，在分析流动比率时，还要结合流动资产的周转速度和构成情况来进行。

（2）速动比率。速动比率也称酸性测试比率，是流动资产扣除变现能力较差且不稳定的存货、预付账款等资产后形成的速动资产与流动负债之比。其计算公式如下。

$$速动比率=速动资产/流动负债$$

$$速动资产=货币资金+交易性金融资产+应收账款+应收票据$$

$$=流动资产-存货-预付账款-1年内到期的非流动资产-其他流动资产$$

影响速动比率的重要因素是应收账款的变现能力。

除了以上财务比率外，还应结合影响变现能力的其他因素来分析企业的短期偿债能力。增强变现能力的因素主要有可动用的银行贷款指标，准备很快变现的长期资产及企业偿债能力的声誉等；减弱变现能力的因素主要有未做记录的或有负债、担保责任引起的负债等。

2. 资产管理比率

资产管理比率，又称运营效率比率，是用来衡量企业在资产管理方面效率高低的财务比率。资产管理比率包括存货周转率、应收账款周转率、流动资产周转率、固定资产周转率和总资产周转率等。通过对这些指标的高低及其成因的考察，利益关系人能够对资产负债表的资产是否在有效运转、资产结构是否合理、所有的资产是否能有效利用以及资产总量是否合理等问题，做出较为客观的认识。

（1）存货周转率。在流动资产中，存货所占的比重较大。存货的变现能力将直接影响企业资产的利用效率，因此，必须特别重视对存货的分析。存货周转率是衡量和评价企业购入存货、投入生产、销售收回等各环节管理状况的综合性指标。它是营业成本与平均存货余额的比值，也称为存货的周转次数。用时间表示的存货周转率就是存货周转天数。其计算公式如下：

$$存货周转率=营业成本/平均存货余额$$

$$存货周转天数=360/存货周转率$$

$$其中，平均存货余额=(期初存货余额+期末存货余额)/2$$

（2）应收账款周转率。应收账款周转率是反映年度内应收账款转换为现金的平均次数的指标，用时间表示的应收账款周转速度是应收账款周转天数，也称为平均应收款回收期，它表示企业从取得应收账款的权利到收回款项所需要的时间。其计算公式如下。

$$应收账款周转率=营业收入/平均应收账款余额$$

$$应收账款周转天数=360/应收账款周转率$$

$$其中，平均应收账款余额=(期初应收账款余额+期末应收账款余额)/2$$

（3）营业周期。营业周期是指从取得存货开始到销售存货并收回现金为止的这段时间。营业周期的长短取决于存货周转天数和应收账款周转天数，其计算公式如下。

$$营业周期=存货周转天数+应收账款周转天数$$

存货周转率和应收账款周转率以及两者相结合的营业周期是反映企业资产运营效率的最主要的指标。

（4）流动资产周转率。流动资产周转率是营业收入与平均流动资产总额之比，它反映的是全部流动资产的利用效率。其计算公式如下。

$$流动资产周转率=营业收入/平均流动资产总额$$

$$其中，平均流动资产总额=(期初流动资产总额+期末流动资产总额)$$

（5）固定资产周转率。固定资产周转率指的是企业营业收入与平均固定资产净值之比。该比率越高，说明固定资产的利用率越高，管理水平越好。其计算公式如下。

$$固定资产周转率=营业收入/平均固定资产净值$$

$$其中，平均固定资产净值=(期初固定资产净值+期末固定资产净值)/2$$

（6）总资产周转率。总资产周转率指的是企业营业收入与平均资产总额之比，可以用来分析企业全部资产的使用效率。如果该比率较低，企业应采取措施提高营业收入或处置资产，以提高总资产利用率。其计算公式如下。

$$总资产周转率=营业收入/平均资产总额$$

$$其中，平均资产总额=(期初资产总额+期末资产总额)/2$$

3. 长期负债比率

长期负债比率是说明债务和资产、净资产间关系的比率。它反映企业偿付到期长期债务的能力。反映长期偿债能力的负债比率主要有资产负债率、产权比率、有形净值债务率和利息保障倍数。通过对负债比率的分析，可以看出企业的资本结构是否健全合理，从而评价企业的长期偿债能力。

（1）资产负债率。资产负债率是企业负债总额与资产总额之比，又称举债经营比率，它反映企业的资产总额中有多少是通过举债而得到的。资产负债率反映企业偿还债务的综合能力，该比率越高，企业偿还债务的能力越差。反之，偿还债务的能力越强。其计算公式如下。

$$资产负债率=负债总额/资产总额$$

（2）产权比率。产权比率又称负债权益比率，是负债总额与所有者权益（或股东权益，以下同）总额之比，也是衡量企业长期偿债能力的指标之一。该比率反映了债权人所提供的资金与投资人所提供资金的对比关系，从而揭示企业的财务风险以及所有者权益对债务的保障程度。其计算公式如下。

$$产权比率=负债总额/所有者权益总额$$

（3）有形净值债务率。有形净值债务率是企业负债总额与有形净值的百分比。有形净值是所有者权益减去无形资产净值。其计算公式如下：

$$有形净值债务率=负债总额/(所有者权益总额-无形资产净值)$$

（4）利息保障倍数。利息保障倍数是税前利润加利息费用之和与利息费用的比值，反映了企业用经营所得支付债务利息的能力。其计算公式如下。

$$利息保障倍数=息税前利润/利息费用$$

$$息税前利润=税前利润+利息费用$$

$$=净利润+所得税费用+利息费用$$

如果企业有租金支出，则应予以考虑，相应的比率称为固定负担倍率。其计算公式如下。

$$固定负担倍率=(息税前利润+租金)/(利息费用+租金)$$

公式中的"息税前利润"是指利润表中未扣除利息费用和所得税之前的利润。它可以通过"利润总额+利息费用"计算得到，其中，"利息费用"是指本期发生的全部应付利息，不仅包括财务费用中的利息费用，还包括计入固定资产成本中的资本化利息。由于我国现行利润表中的"利息费用"没有单列，而是列计在"财务费用"之中，外部报表使用人员只好用"利润总额加财务费用"来估算"息税前利润"。该比率越高，说明企业用经营所得按时按量支付债务利息的能力越强，它会增强贷款人对企业支付能力的信任程度。

除了用以上相关项目之间的比率来反映长期偿债能力外，还应该注意一些影响长期偿债能力的因素，如经营租赁、担保责任、或有负债等。

4. 盈利能力比率

盈利能力比率是考察企业赚取利润能力高低的比率。不论是投资人、债权人还是企业经理人员都重视和关心企业的盈利能力。因此，可以按照会计基本要素设置营业利润率、成本费用利润率、盈余现金保障倍数、总资产报酬率、净资产收益率和资本收益率等 6 项指标，借以评价企业各要素的获利能力及资本保值增值情况。此外，上市公司经常使用的获利能力指标还有每股收益、每股股利、市盈率和每股净资产等。

（1）营业利润率。营业利润率指的是企业一定时期营业利润与营业收入的比率。其计算公式如下。

$$营业利润率=营业利润/营业收入$$

在会计实务中也经常使用销售净利率、销售毛利率等指标来分析企业经营业务的获利水平。销售毛利率表示每 1 元营业收入扣除销售成本后，有多少剩余可以用于各项期间费用的补偿和形成盈利。销售净利率可以评价企业通过销售赚取利润的能力。该比率越高，说明企业通过扩大销售获取收益的能力越强。销售净利率反映每 1 元营业收入带来净利润的多少，表示通过营业收入获得利润的水平。其计算公式如下。

$$销售毛利率=销售毛利/营业收入净额$$
$$=(销售收入净额-销售成本)/营业收入净额$$
$$销售净利率=净利润/营业收入净额$$

（2）总资产报酬率。总资产报酬率也称资产利润率或总资产收益率，是企业在一定时期内所获得的报酬总额与平均资产总额之比。总资产报酬率用来衡量企业利用全部资产获取利润的能力，反映了企业总资产的利用效率。其计算公式如下。

$$总资产报酬率=息税前利润/平均资产总额$$
$$息税前利润=税前利润+利息费用$$
$$=净利润+所得税费用+利息费用$$

（3）净资产收益率。净资产收益率是在一定时期内企业的净利润与平均净资产之比。净资产收益率是评价企业获利能力的一个重要财务指标，反映了企业自有资本获取投资报酬的高低。其计算公式如下。

$$净资产收益率=净利润/平均净资产$$
$$其中，平均净资产=(期初所有者权益总额+期末所有者权益总额)/2$$

5. 市价比率

市价比率又称市场价值比率，实质上是反映每股市价和企业盈余、每股账面价值关系的比率，它是上述 4 个指标的综合反映。管理者可根据该比率来了解投资人对企业的评价。市价比率包括每股盈余、市盈率、每股股利、股利支付比率和每股账面价值等指标。

（1）每股盈余。每股盈余是本年盈余与流通在外股数的比值，是衡量股份制企业盈利能力的指标之一。其计算公式如下。

$$每股盈余=(净利润-优先股股息)/发行在外的加权平均普通股股数$$

每股盈余反映普通股的获利水平，指标越高，每股可获得的利润越多，股东的投资效益越好，反之则越差。由于每股盈余是一个绝对指标，因此在分析时，还应结合流通在外的普通股的变化及每股股价高低的影响。

（2）市盈率。市盈率是每股股价与每股盈余相比计算得到的比率，是衡量股份制企业盈利能力的重要指标。其计算公式如下。

$$市盈率=每股市价/每股盈余$$

公式中的市价是指每股普通股在证券市场上的买卖价格。市价与每股盈余比率是衡量股份制企业盈利能力的重要指标,市盈率反映投资者对每 1 元利润愿支付的价格。

(3)每股股利。每股股利是股利总额与流通股数的比值,是衡量股份制企业的获利能力指标之一。其计算公式如下。

$$每股股利=股利总额/流通股数$$

(4)股利支付比率。股利支付比率是每股股利与每股盈余的比例,反映普通股东从每股全部盈余中能分到手的那部分的数量多少。股利支付率反映公司的净利润中有多少用于股利的分派。其计算公式如下。

$$股利支付比率=每股股利/每股盈余$$

(5)每股账面价值。每股账面价值是股东权益总额减去优先股权益后的余额与发行在外的普通股股数的比值,反映的是发行在外的每股普通股所代表的企业记在账面上的股东权益额。计算公式如下。

$$每股账面价值=(股东权益总额 – 优先股权益)/发行在外的普通股股数$$

11.2.2 利用 Excel 计算和分析财务比率

利用 Excel 进行各财务比率的计算,方法比较简单,可直接用 Excel 中的数据链接功能,在财务比率的计算公式基础上,对其进行定义。即根据已有财务报表中的原始数据(主要是资产负债表和利润表),从不同工作表的财务报表中读取数据,设计相应的公式,并在相应的单元格中输入公式。

下面以宏达公司 2012 年和 2013 年的财务报表数据(资产负债表和利润表)为例,利用 Excel 计算和分析财务比率。具体操作步骤如下。

(1)首先打开 Excel,创建宏达公司的资产负债表和利润表,如图 11-1 和图 11-2 所示。

图 11-1 宏达公司的资产负债表

图 11-2 宏达公司的利润表

（2）按照财务分析比率分类创建一个宏达公司的财务比率分析表的框架，如图 11-3 所示。

图 11-3   宏达公司财务比率分析表

（3）在财务比率表中创建公式和跨表引用数据。以计算 2013 年流动比率为例，将光标移至 C3 单元格后单击鼠标左键，如图 11-4 所示。

图 11-4   选取财务比率表的单元格

（4）在 C3 单元格输入"="，进行单元格函数公式的编辑，如图 10-5 所示。

图 11-5   单元格函数公式编辑

（5）根据流动比率公式提示（流动比率=流动资产/流动负债），单击工作簿中的"资产负债表"工作表，将光标移至 B11 单元格（单元格 B11 为宏达公司期末流动资产余额合计）并单击鼠标左键，然后在函数编辑栏中输入"/"。单击单元格 E9，生成流动比率计算公式，如图 11-6 所示。

图 11-6 　流动比率计算公式

（6）单击"确认"按钮，结束公式的输入，这时单元格中已显示计算结果，如图 11-7 所示。

图 11-7 　流动比率公式计算结果

（7）如果需要计算 2012 年流动比率，因为计算公式一致，相对引用工作表也一致，所以，直接可以将 2013 年流动比率计算公式复制到单元格 D3，自动生成 2012 年流动比率的计算公式，从而进行两年数据的对比（为了简化计算，在输入公式时，均使用各年末数据），如图 11-8 所示。

图 11-8 　自动生成 2010 年流动比率公式的计算结果

（8）以同样的方法，按照公式提示，在相应的单元格中输入速动比率的计算公式，以便计算速动比率，如图 11-9 和图 11-10 所示。

图 11-9 　速动比率计算公式

图 11-10　速动比率计算结果

（9）使用相同的方法，按照公式提示，在"财务比率分析表"相应的单元格中输入各个财务比率的计算公式，并对已经输入的公式进行复制粘贴操作，如图 11-11 所示。图 11-12 的显示模式为"公式审核"。在主菜单"工具栏"下的"公式审核"栏内单击"工具审核模式"即可。

	财务比率分析表	2013	2012
一、变现能力比率			
流动比率	流动资产/流动负债	=资产负债表!B11/资产负债表!E9	
速动比率	（货币资金+交易性金融资产+应收账款+应收票据）/流动负债	=资产负债表!B5+资产负债表!B6+资产负债表!B7)/资产负债表!E9	
二、长期负债比率			
资产负债率:	负债总额/资产总额	=资产负债表!E13/资产负债表!B19	
产权比率:	负债总额/所有者权益总额	=资产负债表!E13/资产负债表!E18	
有形资产债务率:	负债总额/（所有者权益-无形资产净值）	=资产负债表!E13/(资产负债表!E18-资产负债表!B15)	
已获利息倍数:	息税前利润/利息费用	=(利润表!B14+利润表!B9)/利润表!B9	
三、资产管理比率			
存货周转率	营业成本/平均存货	=利润表!B5/资产负债表!B9	
应收账款周转率	营业收入/平均应收账款	=利润表!B4/资产负债表!B7	
流动资产周转率	营业收入/平均流动资产	=利润表!B4/资产负债表!B11	
总资产周转率	营业收入/平均资产总额	=利润表!B4/资产负债表!B19	
四、盈利能力比率			
营业利润率	营业利润/营业收入	=利润表!B11/利润表!B4	
总资产报酬率	息税前利润/平均资产总额	=(利润表!B14+利润表!B9)/资产负债表!B19	
净资产收益率	净利润/平均净资产	=利润表!B16/资产负债表!E18	

图 11-11　生成各财务比率计算公式

公式的计算结果如图 11-12 所示。

将计算得到的数据与同行业企业的财务指标标准值进行比较，即可利用相关报表分析的方法，对企业的财务状况和经营成果进行分析、对比和评价。

	财务比率分析表	2013	2012
一、变现能力比率			
流动比率	流动资产/流动负债	2.01	2.09
速动比率	（货币资金+交易性金融资产+应收账款+应	0.68	0.88
二、长期负债比率			
资产负债率:	负债总额/资产总额	28.26%	27.00%
产权比率:	负债总额/所有者权益总额	39.39%	36.99%
有形资产债务率:	负债总额/（所有者权益-无形资产净值）	40.75%	38.30%
已获利息倍数:	息税前利润/利息费用	15.00	21.00
三、资产管理比率			
存货周转率	营业成本/平均存货	2.38	2.73
应收账款周转率	营业收入/平均应收账款	16.31	15.67
流动资产周转率	营业收入/平均流动资产	2.63	2.65
总资产周转率	营业收入/平均资产总额	0.92	0.94
四、盈利能力比率			
营业利润率	营业利润/营业收入	22.17%	23.94%
总资产报酬率	息税前利润/平均资产总额	19.57%	21.00%
净资产收益率	净利润/平均净资产	19.09%	20.55%

图 11-12　财务比率分析表计算结果

11.3 财务状况的趋势分析

一个会计年度中可能有较多的非常或偶然事项，这些事项既不能代表企业的过去，也不能说明其未来，因此，只分析一个会计年度的财务报表往往是不够全面的。如果对企业若干年的财务报表按时间序列做分析，就能看出其发展趋势，有助于规划未来，同时也有助于判断本年度是否具有代表性。不同时期的分析有 3 种常用方法：多期比较分析、结构百分比分析和定基百分比趋势分析。不同时期的分析，主要是判断发展趋势，故亦称趋势分析；分析时主要使用百分率，故亦称百分率分析。

11.3.1 趋势分析的具体方法

1. 多期比较分析

多期比较分析是研究和比较连续几个会计年度的会计报表及相关项目。其目的是查明变化内容、变化原因及其对企业的未来有何影响。在进行多期比较时，可以用前后各年每个项目金额的差额进行比较，也可以用百分率的变化进行比较，还可以计算出各期财务比率进行多期比较。比较的年度数一般为 5 年，有时甚至要列出 10 年的数据。图 11-12 所示即为连续两年的比较分析表。

2. 结构百分比分析

结构百分比分析是把常规的财务报表换算成结构百分比报表，然后逐项比较不同年份的报表，查明某一特定项目在不同年度间百分比的差额。同一报表中不同项目的结构分析的计算公式为：结构百分比=部分/总体。

通常情况下，利润表的"总体"是指"营业收入"；资产负债表的"总体"是指"总资产"。

3. 定基百分比趋势分析

定基百分比趋势分析，首先要选取一个基期，将基期报表上各项数额的指数均定为 100，其他各年度财务报表上的数字也均用指数表示，由此得出定基百分比报表。通过定基百分比可以看出各项目的发展变化趋势。不同时期的同类报表项目的定基百分比的计算公式为：考察期指数=考察期数值/基期数值。

11.3.2 Excel 在财务状况趋势分析中的应用

沿用上一节中某企业的财务报表数据，可以利用 Excel 非常方便地将常规财务报表转换为结构百分比报表。具体操作步骤如下。

（1）新建"比较资产负债表"工作表，如图 11-13 所示。

（2）在该工作表中，单击单元格 C5，输入计算公式"=B5/$B$19"，并且拖动鼠标，向后列复制公式直到单元格 C19，即可得出各个资产项目占资产总额的计算数据，如图 11-14 所示。

（3）单击选中 C 列，准备设置单元格格式，单击 **%** 按钮，生成百分比数据，但此时生成的百分比数据为整数，不够精确，再单击 按钮添加小数位数，保留两位小数即可，如图 11-15 所示。

图 11-13 新建"比较资产负债表"

图 11-14 复制计算公式

图 11-15 设置单元格格式

（4）单击单元格 E5，输入计算公式"=D5\$D\$19"，并且拖动鼠标，列向复制公式到单元格 E32；单击单元格 H5，输入计算公式"=G5\$G\$19"，并且拖动鼠标，列向复制公式到单元格 H32；单击单元格 J5，输入计算公式"=I5\$I\$19"，并且拖动鼠标，列向复制公式到单元格 J32，可以得到各个负债和所有者权益项目占负债与所有者权益合计数（即权益总额）的比例，进而得到比较百分比资产负债表，如图 11-16 所示。

（5）新建"比较利润表"工作表，在该工作表中，单击单元格 C4，输入计算公式"=B4/\$B\$4"，并且拖动鼠标，列向复制公式到单元格 C16；单击单元格 E4，输入计算公式"=D4/\$D\$4"，并且拖动鼠标，列向复制公式到单元格 E16，可得各个利润表项目与营业收入的比例，进而得到比较百分比利润表，如图 11-17 所示。

用比较资产负债表（见图 11-16）和比较利润表（见图 11-17）的计算结果，可以分析该企业的资产、负债和所有者权益的变化趋势，同时也可以用于分析应该采取何种有效措施改善财务状况。

比较资产负债表

编制单位：宏达公司　　　　2013年12月31日　　　　单位：万元

资产	2013		2012		负债和所有者权益	2013		2012	
流动资产：					流动负债：				
货币资金	900	3.91%	800	4.00%	短期借款	2,300	10.00%	2,000	10.00%
交易性金融资产	500	2.17%	1,000	5.00%	应付账款	1,200	5.22%	1,000	5.00%
应收账款	1,300	5.65%	1,200	6.00%	预收账款	400	1.74%	300	1.50%
预付账款	70	0.30%	40	0.20%	其他应付款	100	0.43%	100	0.50%
存　货	5,200	22.61%	4,000	20.00%	流动负债合计	4,000	17.39%	3,400	17.00%
其他流动资产	80	0.35%	60	0.30%	非流动负债：				
流动资产合计	8,050	35.00%	7,100	35.50%	长期借款	2,500	10.87%	2,000	10.00%
非流动资产：					非流动负债合计	2,500	10.87%	2,000	10.00%
持有至到期投资	400	1.74%	400	2.00%	负债合计	6,500	28.26%	5,400	27.00%
固定资产	14,000	60.87%	12,000	60.00%	所有者权益：				
无形资产	550	2.39%	500	2.50%	实收资本(或股本)	12,000	52.17%	12,000	60.00%
非流动资产合计	14,950	65.00%	12,900	64.50%	盈余公积	1,600	6.96%	1,600	8.00%
					未分配利润	2,900	12.61%	1,000	5.00%
					所有者权益合计	16,500	71.74%	14,600	73.00%
资产总计	23,000	100.00%	20,000	100.00%	负债及所有者权益合计	23,000	100.00%	20,000	100.00%

图11-16　比较资产负债表

比较利润表

编制单位：宏达公司　　　2013 年度　　　单位：万元

项　　　目	2013		2012	
一、营业收入	21,200	100.00%	18,800	100.00%
减：营业成本	12,400	58.49%	10,900	57.98%
营业税金及附加	1,200	5.66%	1,080	5.74%
销售费用	1,900	8.96%	1,620	8.62%
管理费用	1,000	4.72%	800	4.26%
财务费用	300	1.42%	200	1.06%
加：投资收益	300	1.42%	300	1.60%
二、营业利润	4,700	22.17%	4,500	23.94%
加：营业外收入	150	0.71%	100	0.53%
减：营业外支出	650	3.07%	600	3.19%
三、利润总额	4,200	19.81%	4,000	21.28%
减：所得税费用	1,050	4.95%	1,000	5.32%
五、净利润	3,150	14.86%	3,000	15.96%

图11-17　比较利润表

此外，为了直观地反映出财务状况的变动趋势，还可以利用图解法进行财务状况趋势分析。所谓图解法，是将企业连续几个会计期间的财务数据或财务指标绘制成图，并根据图形走势来判断企业财务状况及其变化趋势。

这种方法能比较简单地反映企业财务状况的发展趋势，使分析者能够发现一些通过比较法所不易发现的问题。

例如，某企业2008—2013年的主营业务利润的数据如图11-18所示。

某公司2008年至2013年主营业务利润					单位：万元	
年度	2008年	2009年	2010年	2011年	2012年	2013年
主营业务利润	3,310	3,542	3,588	3,681	3,410	3,350

图11-18　主营业务利润分析表

（1）在"插入"选项卡中的"图表"组，单击"折线图"　按钮，如图11-19所示。

图 11-19　单击图标组中的"折线图"按钮

（2）可以根据制表要求，选择二维折线图、三维折线图以及所有图表类型，选择"二维折线图"中的某种"折线图"，系统即可自动生成二维折线图，效果如图 11-20 所示。在图表创建完成后，可以按照前文所述，修改其各种属性，以使整个图表更加完善。

图 11-20　自动生成主营业务利润二维折线效果图

（3）除了自动生成折线图以外，还可以根据需要调整为柱形图、饼图、条形图、面积图、散点图以及所需要的其他图表。例如，单击"柱形图" 按钮，选择"二维柱形图"中的"簇状柱形图"，即可自动生成二维簇状柱形图，效果如图 11-21 所示。

图 11-21　自动生成主营业务利润二维簇状柱形效果图

　　从 2008—2013 年该企业主营业务利润折线图中可以看出，该企业的主营业务一直呈上升趋势，2011 年达到高峰，2012 年出现下降趋势。因此，企业应该寻找 2012—2013 年间主营业务利润发生趋势变动的原因，从而采取措施尽量提高主营业务利润率或维持主营业务利润率不再继续下跌。

11.4

企业间财务状况的比较分析

11.4.1 财务状况比较分析的具体方法

在进行财务报表分析时，经常会碰到的一个问题是，计算出财务比率后，使用者会发现无法判断它是偏高还是偏低。如果仅仅将该数据与本企业的历史数据比较，只能看出自身的变化，无法知道在竞争中所处的地位。而如果将该数据与同行业、同规模的其他企业进行比较，则可以看出与对方的区别，为发现问题和查找差距提供线索。

行业平均水平的财务比率可以作为比较的标准，并经常被作为标准财务比率。例如，标准的流动比率、标准的资产利润率等。有了标准财务比率，就可以作为评价一个企业财务比率优劣的参照物。以标准财务比率作为基础进行比较分析，更容易发现企业的异常情况，便于揭示企业存在的问题。

通常可以采用"标准财务比率"或"理想财务报表"来进行比较和分析。

1. 用标准财务比率进行比较、分析

标准财务比率就是特定国家、特定时期和特定行业的平均财务比率。

一个标准的确定，通常有两种方法。一种方法是采用统计方法，即以大量历史数据的统计结果作为标准。这种方法是假定大多数是正常的，社会平均水平是反映标准状态的。脱离了平均水平，就是脱离了正常状态。另一种方法是采用工业工程法，即以实际观察和科学计算为基础，推算出一个理想状态作为评价标准。这种方法假设各变量之间有其内在的比例关系，并且这种关系是可以被认识的。实际上人们经常将以上两种方法结合起来使用，它们互相补充，互相印证，很少单独使用其中的一种方法来建立评价标准。

目前，标准财务比率的建立主要采用统计方法，工业工程法处于次要地位，这可能与人们对财务变量之间关系的认识尚不充分有关。有资料表明，美、日等工业发达国家的某些机构和金融企业在专门的刊物上定期公布各行业财务方面的统计指标，为报表使用人进行分析提供大量资料。我国尚无这方面的正式专门刊物。在各种统计年鉴上可以找到一些财务指标，但行业划分较粗，而且与会计的指标口径也不完全相同，不太适合直接用于当前的报表分析，在使用时要注意指标口径的调整。《中国证券报》提供了上市公司的一些财务比率，包括一些分行业的平均数据，在进行财务分析时可以参考。

对于行业的平均财务报表比率，在使用时应注意以下几个问题。

（1）行业平均指标是根据部分企业抽样调查来的，不一定能真实反映整个行业的实际情况。如果其中有一个极端的样本，则可能歪曲整个情况。

（2）计算平均数的每一个公司采用的会计方法不一定相同，资本密集型与劳动密集型企业可能在一起进行平均。负有大量债务的企业可能与没有债务的企业在一起进行平均。因此，在进行报表分析时往往要对行业平均财务比率进行修正，尽可能建立一个可比的基础。

2. 采用理想财务报表进行比较、分析

理想财务报表是根据标准财务报表比率和所考察企业的规模来共同确定的财务报表。该报表反映了企业的理想财务状况，决策人可将之与实际的财务报表进行对比分析，从而找出差距和原因。

（1）理想资产负债表。理想资产负债表的百分比结构，来自于行业平均水平，同时进行必要的推理分析和调整。如表 11-1 所示的是一个以百分比来表示的理想资产负债表。

表 11-1　　　　　　　　　　　　　　理想资产负债表

项　目	理 想 比 率	项　目	理 想 比 率
流动资产：	60%	负债：	40%
速动资产	30%	流动负债	30%
盘存资产	30%	长期负债	10%
固定资产：	40%	所有者权益：	60%
		实收资本	20%
		公积金	30%
		未分配利润	10%
总计	100%	总计	100%

表 11-1 中的比例数据按如下过程来确定。

① 以资产总计为 100%，根据资产负债率确定负债百分比和所有者权益百分比。通常认为，负债应小于自有资本，这样的企业在经济环境恶化时能保持稳定。但是，过小的资产负债率，也会使企业失去在经济繁荣时期，获取额外利润的机会。一般认为自有资本占 60%，负债占 40% 是比较理想的。当然，这个比率会因国家、历史时期和行业的不同而不同。

② 确定固定资产占总资产的百分率。通常，固定资产的数额应小于自有资本，占到自有资本的 2/3 为好。

③ 确定流动负债的百分比。一般认为流动比率以 2 为宜，那么在流动资产占 60% 的情况下，流动负债是其一半占 30%，因此，在总负债占 40%，流动负债占 30% 时，长期负债占 10%。

④ 确定所有者权益的内部百分比结构，其基本要求是，实收资本应小于各项积累，以积累为投入资本的两倍为宜。这种比例可以减少分红的压力，使企业有可能重视长远的发展。因此，实收资本为所有者权益（60%）的 1/3 即 20%，公积金和未分配利润是所有者权益（60%）的 2/3 即 40%。至于公积金和未分配利润之间的比例，并非十分重要，因为未分配利润的数字经常变化。

⑤ 确定流动负债的内部结构。一般认为速动比率以 1 为宜。因此，速动资产占总资产的比率与流动负债相同，也应该为 30%，存货因为占流动的资产一半左右，则盘存资产（主要是存货）亦占总资产的 30%。

在确定了以百分率表示的理想资产负债后，可以根据具体企业的资产总额建立绝对数的理想资产负债表，然后再将企业报告期的实际资料与之进行比较分析，以判断企业财务状况的优劣。

（2）理想利润表。理想利润表的百分率是以营业收入为基础。一般来说，毛利率因行业而异。周转快的企业奉行薄利多销的销售原则，毛利率一般偏低；反之，周转慢的企业毛利率一般定得比较高。实际上，每个行业都有一个自然形成的毛利率水平。如表 11-2 所示的是一个以百分比表示的理想利润表。

表 11-2 理想利润表

项 目	理 想 比 率
营业收入	100%
销售成本（包括销售税金）	75%
毛利	25%
期间费用	13%
营业利润	12%
营业外收支净额	1%
税前利润	11%
所得税费用	6%
税后利润	5%

假设某公司所在行业的毛利率为 25%，则销售成本率为 75%。在毛利当中，可用于期间费用的约占一半，在本例中按 13% 处理，余下的 12% 是营业利润。营业外收支额的数量不大，本例按 1% 处理。虽然所得税税率为 33%，但是由于有纳税调整等原因，实际负担在一半左右，多数还可能超过一半，故本例按税前利润（11%）的一半多一点处理，定为 6%，这样，余下的税后利润为 5%。

在确定了以百分比表示的理想损益表之后，即可根据企业某期间的营业收入数额来设计绝对数额表示的理想损益表，然后再与企业的实际损益表进行比较，以判断其优劣。

11.4.2 Excel 在企业间财务状况比较分析中的应用

以标准财务比率分析为例进行说明。标准财务比率分析的数据来源为已有的财务报表数据，可采用数据链接的方法来调用相关的数据。本例中的数据来源为 11.2 节中的"财务比率分析表"中的 2012 年数据，如图 11-12 所示。具体操作步骤如下。

（1）打开该工作簿，插入一个新的工作表，命名为"标准财务比率分析"。

（2）在选择项目"财务比率"时，根据需要选择并输入常用财务比率指标（见图 11-22 中单元格 A2～单元格 A9 中所选用的财务比率），如图 11-22 所示。

图 11-22 选取常用的财务比率指标

（3）在单元格区域 C2～C9 中输入计算各个财务比率的计算公式（注意这里采用的是数据链接的形式进行数据的调用），如图 11-23 所示。

图 11-23 调用图 11-12 财务比率分析表的数据

（4）在单元格区域 B2～B9 中输入从有关渠道得到的标准财务比率，在单元格 D2 中输入公式"=C2-B2"，得到企业实际的流动比率与标准的流动比率之间的差异值。利用 Excel 的公式复制功能，将该单元格中的公式复制到单元格区域 D3～D9 中，如图 11-24 所示。

	A	B	C	D
1	项目	标准财务比率	本企业财务比率	差异
2	流动比率	2.58	2.01	=C2-B2
3	速动比率	1.75	0.68	=C2-B3
4	资产负债率	48.00%	28.26%	=C2-B4
5	已获利息倍数	2.46	15.00	=C2-B5
6	应收账款周转率	8.58	15.67	=C2-B6
7	总资产周转率	1.43	0.92	=C2-B7
8	营业利润率	25.00%	22.17%	=C2-B8
9	净资产收益率	18.00%	15.27%	=C2-B9

图 11-24　财务比率差异计算公式

（5）形成标准财务比率分析表，进而对本企业财务比率与标准财务比率进行比较，找出存在差异的原因，并提出改进措施，如图 11-25 所示。

	A	B	C	D
1	项目	标准财务比率	本企业财务比率	差异
2	流动比率	2.58	2.01	-0.57
3	速动比率	1.75	0.68	0.26
4	资产负债率	48.00%	28.26%	1.53
5	已获利息倍数	2.46	15.00	-0.45
6	应收账款周转率	8.58	15.67	-6.57
7	总资产周转率	1.43	0.92	0.58
8	营业利润率	25.00%	22.17%	1.76
9	净资产收益率	18.00%	15.27%	1.83

图 11-25　标准财务比率分析表

11.5　财务状况综合分析

财务状况综合分析是指对各种财务指标进行系统、综合的分析，以便对企业的财务状况做出全面合理的评价。

企业的财务状况是一个完整的系统，内部各种因素相互依存、相互作用，所以进行财务分析要了解企业财务状况内部的各项因素及其相互之间的关系，这样才能比较全面的揭示企业财务状况的全貌。

11.5.1　财务状况综合分析的具体方法

财务状况综合分析与评价的方法分为财务比率综合评分法和杜邦财务分析体系两种。

1．财务比率综合评分法

财务状况综合评价的先驱者之一是亚历山大·沃尔。他在 20 世纪末出版的《信用晴雨表研究》和《财务报表比率分析》中提出了信用能力指数的概念，把若干个财务比率用线性关系结合起来，以此评价企业的信用水平。沃尔选择了 7 种财务比率，分别给定了在总评价中占的比重，总和为 100 分，然后确定标准比率，并与实际比率相比较，评出各项指标的得分，最后求出总评分。如表 11-3 所示的是沃尔所选用的 7 个指标及标准比率。

表 11-3　　　　　　　　　　　　沃尔指标及标准比重

财 务 比 率	比　重	标 准 比 率
流动比率 X_1	25%	2.00
净资产／负债 X_2	25%	1.50
资产／固定资产 X_3	15%	2.50
销售成本／存货 X_4	10%	8.00
销售额／应收账款 X_5	10%	6.00
销售额／固定资产 X_6	10%	4.00
销售额／净资产 X_7	5%	3.00

则综合财务指标 Y 如下。

$$Y=25\%\times X_1+25\%\times X_2+15\%\times X_3+10\%\times X_4+10\%\times X_5+10\%\times X_6+5\%X_7$$

进行财务状况的综合评价时，一般认为企业财务评价的内容主要是盈利能力，其次是偿债能力，此外还有成长能力。它们之间大致可按 5∶3∶2 来分配比重。盈利能力的主要指标是资产净利率、销售净利率和净资产报酬率。虽然净资产报酬率很重要，但前两个指标已经分别使用了净资产和净利，为了减少重复影响，3 个指标可按 2∶2∶1 安排。偿债能力有 4 个常用指标：资产负债率、流动比率、应收账款周转率和存货周转率。成长能力有 3 个常用指标：销售增长率、净利增长率和人均净利增长率。

综合评价方法的关键技术是"标准评分值"的确定和"标准比率"的建立。标准比率应以本行业平均数为基础，适当进行理论修正。

2. 杜邦分析法

杜邦分析法是对企业财务状况进行的综合分析。它通过分析几种主要的财务指标及其指标之间的关系，直观、明了地反映出企业的综合财务状况。该分析法由美国杜邦公司的经理创造的，因此称之为杜邦系统（The Du Pont System），如图 11-26 所示。

图 11-26　杜邦分析系统图

杜邦分析体系的作用在于解释指标变动的原因和变化趋势，为决策者采取措施指明方向。从杜邦分析系统图中可以了解到下面的财务信息。

（1）股东权益报酬率是一个综合性极强、最有代表性的财务比率，它是杜邦系统的核心。企业财务管理的重要目标之一就是实现股东财富的最大化，股东权益报酬率反映了股东投入资金的获利能力，反映了企业筹资、投资和生产运营等各方面经营活动的效率。股东权益报酬率取决于企业的总资产报酬率和权益乘数。总资产报酬率主要反映企业在运用资产进行生产经营活动的效率如何，而权益乘数则主要反映了企业的筹资情况，即企业资金的来源结构如何。

（2）总资产报酬率是反映企业获利能力的一个重要财务比率，它揭示了企业生产经营活动的效率，综合性也极强。企业的营业收入、成本费用、资产结构、资产周转速度以及资金占用量等各种因素都直接影响资产报酬率的高低。资产报酬率是销售净利率与总资产周转率的乘积。因此，可以从企业的销售活动与资产管理各方面来对其进行分析。

（3）从企业的销售方面来看，营业净利率反映了企业净利润与营业收入之间的关系。一般来说，营业收入增加，企业的净利也会随之增加。但是，要想提高营业净利率，则必须一方面提高营业收入，另一方面降低各种成本费用，这样才能使净利润的增长高于营业收入的增长，从而使营业净利率得到提高。

（4）在企业资产方面，主要应该分析以下两个方面。

① 分析企业的资产结构是否合理，即流动资产与非流动资产的比例是否合理。资产结构实际上反映了企业资产的流动性，它不仅关系到企业的偿债能力，也会影响企业的获利能力。

② 结合营业收入，分析企业的资产周转情况。资产周转速度直接影响企业的获利能力，如果企业资产周转较慢，就会占用大量资金，增加资金成本，减少企业的利润。对资产周转情况，不仅要分析企业总资产周转率，更要分析企业的存货周转率与应收账款周转率，并将其周转情况与资金占用情况结合分析。

总之，从杜邦分析系统可以看出，企业的获利能力涉及生产经营活动的方方面面。股东权益报酬率与企业的筹资结构、销售规模、成本水平、资产管理等因素密切相关，这些因素构成了一个完整的系统，而系统内部各因素之间又相互作用。只有协调好系统内部各个因素之间的关系，才能使股东权益报酬率得到提高，从而实现股东财富最大化的理财目标。

11.5.2　Excel 在企业财务状况综合分析的应用

1．运用 Excel 进行财务比率综合评分

以 11.2 节工作簿中"财务比率分析表"中的数据为例（见图 11-12）。具体操作步骤如下。

（1）打开该工作簿后，插入一个新的工作表，并将其命名为"财务比率综合评分表"。

（2）选择评价企业财务状况的财务比率。在所选择的财务比率中，财务比率要具有全面性、代表性和一致性，根据企业的不同情况，选择合适的财务比率。经过综合考虑，将该企业中有代表性的财务比率分别输入 A3～A11 单元格中，如图 11-27 所示。

图 11-27　财务比率综合评分表

（3）设定评分值。根据各项财务比率的重要程度，确定其标准评分值，即重要性系数，并分别输入到对应的单元格 B3～B11 中，如图 11-28 所示。

（4）设定标准值。确定各项财务比率的标准值，即企业现实条件下比率的最优值。标准值也可以参考同行业的平均水平，并经过调整后确定。分别将标准值输入相应的单元格 C3～C11 中，如图 11-29 所示。

图 11-28　确定评分值

图 11-29　确定标准值

（5）计算企业在某一定时期内的各项财务比率的实际值。这里仍然采用数据链接的方式。每个财务比率计算所引用的公式及单元格位置，如图 11-30 所示。

图 11-30　实际值的引用公式

（6）计算企业在该时期内各项财务比率的实际值与标准值之比，即计算关系比率。单击单元格 E3，输入计算公式"=D3/C3"。利用 Excel 的公式复制功能，将单元格 E3 中所使用的公式复制并粘贴到单元格区域 D4～D11 中，如图 11-31 所示。

图 11-31　计算关系比率值

（7）利用关系比率计算出各项财务比率的实际得分。各项财务比率的实际得分是关系比率和标

准评分值的乘积。单击单元格 F3，输入计算公式"=E3×B3"。利用 Excel 的公式复制功能，将单元格 F3 中所使用的公式复制并粘贴到单元格区域 F4～F11 中，如图 11-32 所示。

财务比率综合评分表					
财务比率	评分值	标准值	实际值	关系比率	实际得分
流动比率	10	1.62	2.01	1.24	12.42
速动比率	10	1.1	0.68	0.61	6.14
资产负债率	12	0.43	0.28	0.66	7.89
存货周转率	10	6.5	2.38	0.37	3.67
应收账款周转率	8	13	16.31	1.25	10.04
总资产周转率	10	2.1	0.92	0.44	4.39
总资产报酬率	15	0.32	0.20	0.61	9.17
净资产收益率	15	0.58	0.15	0.26	3.95
营业利润率	10	0.15	0.22	1.48	14.78

图 11-32　计算各项财务比率的实际得分

（8）计算总得分。单击单元格 F12，并单击"求和"按钮 Σ，按 Enter 键后得到合计值。或采用输入计算公式"=SUM(F3:F11)"的方法得到合计值，如图 11-33 所示的是数据结果。

财务比率综合评分表					
财务比率	评分值	标准值	实际值	关系比率	实际得分
流动比率	10	1.62	2.01	1.24	12.42
速动比率	10	1.1	0.68	0.61	6.14
资产负债率	12	0.43	0.28	0.66	7.89
存货周转率	10	6.5	2.38	0.37	3.67
应收账款周转率	8	13	16.31	1.25	10.04
总资产周转率	10	2.1	0.92	0.44	4.39
总资产报酬率	15	0.32	0.20	0.61	9.17
净资产收益率	15	0.58	0.15	0.26	3.95
营业利润率	10	0.15	0.22	1.48	14.78
					72.44

图 11-33　财务比率综合评分表

如果综合得分等于或接近 100 分，说明其财务状况良好，达到了预先确定的标准；如果综合得分过低，说明其财务状况较差，应该采取措施加以改善；如果综合得分超过 100 分，说明财务状况很理想。

在本例中，该企业的财务比率综合评分为 72.44 分，说明该企业的财务状况不太理想，低于同行平均水平。需要决策者对此财务状况加以分析，了解造成不理想状态的成因，并加以改进。

2．运用 Excel 进行杜邦分析

下面以某企业为例，借助杜邦分析系统，说明该方法在 Excel 中的应用。具体操作步骤如下。

（1）打开工作簿，建立新工作表，并将其命名为"杜邦分析表"，然后输入相关比率及数据，如图 11-34 所示。

图 11-34　杜邦分析法的公式、数据图

（2）在图中需要输入公式的单元格中输入相应的公式，如图 11-35 所示。

图 11-35　杜邦分析法的公式表示

（3）按 Enter 键显示计算结果，如图 11-36 所示。

图 11-36　杜邦分析法的数值显示

本章介绍了财务分析的各种方法，如比率分析、趋势分析、比较分析、综合分析等方法，并采用 Excel 进行具体分析。首先，浏览了财务分析的基本概念和目的，使读者建立一种表的感性认识，接下来详细介绍了各种财务分析方法的内容和特点。之后，讨论了运用 Excel 进行财务分析的过程，由于财务分析过程中需要使用的数据较多，同时也要对前期已经编制完成的报表数据进行计算，而利用 Excel 引用数据会非常方便，可以极大提高财务人员的分析效率。例如，如何创建财务会计报表、构建比率分析公式、建立企业间数据比较、构建综合分析模型等。最终学习利用得出的财务分析结果进行评价，得出结论。

1．比率分析法、趋势分析法、比较分析法、综合分析法等不同财务分析方法的分析侧重点有何不同？

2. 如何使用 Excel 进行以上财务分析？

3. 韵通公司有关财务信息如表 11-4 和表 11-5 所示。

表 11-4   详细损益资料

项 目	2011 年度	2012 年度
主营业务收入	42,768	48,253
减：主营业务成本	31,611	34,832
营业毛利	11,157	13,421
减：销售及管理费用	6,542	7,437
财务费用	960	1,086
营业利润	3,655	4,898
减：营业外支出	578	506
利润总额	3,077	4,392
减：所得税费用	936	1,182
净利润	2,141	3,210

表 11-5   资产负债表（简表）

项 目	2011 年 12 月 31 日	2012 年 12 月 31 日
资产总计	34,753	46,282
长期负债	10,760	18,491
所有者权益合计	12,993	16,793

① 根据上述资料，计算以下财务比率：毛利率、成本费用利润率、营业利润率、销售净利率、总资产利润率和长期资本报酬率。

② 对该企业的获利能力进行评价。注：为简化起见，总资产和长期负债及所有者权益直接使用期末数。

4. 下面是鸿运公司近 5 年的销售记录，如表 11-6 所示。

表 11-6   销售记录

年 份	销 售 额
2008	1,890,532
2009	2,098,490
2010	2,350,308
2011	3,432,000
2012	3,850,000

请对该公司连续 5 年的销售情况做出趋势分析图。

5. 源天公司 2012 年年末资产负债表（假定全部数据均在表中），如表 11-7 所示。

表 11-7   资产负债表

资 产	年 初 数	年 末 数	负债及所有者权益	年 初 数	年 末 数
货币资金	1,000	960	短期借款	2,000	2,800
应收账款	?	1,920	应付账款	1,000	800

资　产	年　初　数	年　末　数	负债及所有者权益	年　初　数	年　末　数
存货	?	4,400	预收账款	600	200
其他流动资产	0	64	长期借款	4,000	4,000
固定资产	5,790	6,400	所有者权益	5,680	5,944
总计	13,280	13,744	总计	13,280	13,744

补充资料：

① 年初速动比率 0.75，年初流动比率为 2.08。

② 该企业所在行业的平均流动比率为 2。

③ 该企业为拖拉机生产厂家，年初存货构成主要为原材料、零配件；年末存货构成主要为产成品（拖拉机）。

要求：

① 计算该企业年初应收账款、存货项目的金额。

② 计算该企业年末流动比率，并做出初步评价。

③ 分析该企业流动资产的质量，以及短期偿债能力。

6. 已知某企业 2011 年、2012 年的有关资料如表 11-8 所示。

表 11-8　　　　　　　　　　　　　　企业相关信息

单位：万元

项　　目	2011 年	2012 年
营业收入	280	350
全部成本	235	288
其中：营业成本	108	120
管理费用	87	98
财务费用	29	55
销售费用	11	15
利润总额	45	62
所得税费用	15	21
税后净利	30	41
资产总额	128	198
其中：固定资产	59	78
库存现金	21	39
应收账款（平均）	8	14
存货	40	67
负债总额	55	88

要求：运用杜邦财务分析体系对该企业的股东权益报酬率及其增减变动原因进行分析。

7. 假设大同公司所处行业各指标的重要性系数及其标准值和企业的实际值如表 11-9 所示。

表 11-9   重要性系数、实际值和标准值对照

指　标	重要性系数	实　际　值	标　准　值
营业利润率	0.15	14%	15%
总资产报酬率	0.15	10%	9%
净资产收益率	0.15	13%	12%
资产保值增值率	0.10	9%	8%
资产负债率	0.05	45%	50%
流动比率	0.05	1.7	2
应收账款周转率	0.05	3 次	4.5 次
存货周转率	0.05	2.5 次	3 次
社会贡献率	0.1	18%	20%
社会积累率	0.15	25%	28%
合计	1.0	—	—

要求：运用综合系数分析法对该企业的实际状况进行评价。